契诃夫文学笔记

四十个苦行僧和一万只云雀

张芬 著

创于1897
商務印書館
The Commercial Press

图书在版编目（CIP）数据

四十个苦行僧和一万只云雀：契诃夫文学笔记 / 张芬著 .--北京：商务印书馆，2025.--ISBN 978-7-100-25007-8

Ⅰ. I512.064

中国国家版本馆CIP数据核字第2025ZH1270号

四十个苦行僧和一万只云雀

契诃夫文学笔记

张芬 著

商 务 印 书 馆 出 版

（北京王府井大街 36 号 邮政编码 100710）

商 务 印 书 馆 发 行

北京新华印刷有限公司印刷

ISBN 978-7-100-25007-8

2025 年 7 月第 1 版　　开本 850×1168 1/32

2025 年 7 月北京第 1 次印刷　　印张 12 插页 4

定价：72.00 元

关于注释的说明

书中契诃夫文字主要来自汝龙译本；小说内容来自《契诃夫小说全集》（2016），契诃夫戏剧主要采用2018年和2024年上海译文出版社的《契诃夫戏剧全集》，其他契诃夫文字主要来自《契诃夫文集》（2020）。为简洁起见，书中以脚注形式列出参考来源时，只包含作者、书名（篇名）、页码，完整信息见“参考文献”。

仅有以下情况例外：无具体页码的文献和期刊文献标注全部信息；同一文献有多个中译本，根据需要标注译者或出版年。

1891 年的契诃夫

契诃夫和他的小狗（1897）

1901 年在雅尔塔

1904 年去世前的契诃夫

契诃夫墓碑

目录

自　　序

这本小书的来由很奇特，起头是我在最为幽闭的时刻用来排遣寂寞的写作（虽然那些略带自怜的文字已经被删得所剩无几）。有段时间，我每天除了因公职接电话、拆信之外，就在招待所里翻契诃夫。没想到的是，这项任务结束之后，契诃夫暗自生长，逐渐成为我门前一棵青葱茂密的大树。而契诃夫的文学，好比生命因停滞而腐烂、发出霉味后，一场雨下来，腐烂中慢慢发出微弱的翠绿色。后来，我在学者洪子诚的文章中读到，当代翻译家贾植芳说，契诃夫让他“像一个人那样活了过来”，我并不感到震惊。契诃夫教我面对生活中腐朽、不幸、有限的部分，他赋予我们正视它们的力量，因而，也许由此显示出我们的生机和强大。

大多数时候，契诃夫的文字优雅、简洁、灵动，他常常能够将写景与人物纯净的情感、心灵描摹相融合，于冲淡之中散发出一股忧伤的气息：因生活不会总是美好而忧伤，心灵也不会总能纯洁而忧郁。不过，熟悉契诃夫的读者一定知道，在本书里，我可能主要撷取契诃夫文学中比较黯淡而抽象的部分。尽管从诡辩的角度说，黑暗和明媚乃是契诃夫的一体两面。某种意义上，契诃夫文学是一场大型的实验场所。作为医生，他笃信客观、科学、精确，其小说往往截取社会形态，看起来短小而漫不经心，但又暗暗张开巨大的羽翼，包容各种各样的观点或意义。可以说，契诃夫文学像笼罩在我们生存事实周围的一层迷雾，体现着人类生活和心灵的能量或限度。所以，不同的立场或派别的人，都能从他那里找到存在的理由。当然，他们一方面在契诃夫那里自我确认，另一方面又被其营造的另外的世界或制衡方瓦解，从而反向自我审视。也许，这正是契诃夫比较迷人的地方。

契诃夫生活在 19 世纪后半期，那个时代农奴制废除、现代生活渐渐形成，报纸刊物上不痛不痒的幽默、讽刺故事随之兴起。这一时期，契诃夫短篇中除了刻意营造的小笑话，那些恬淡、天真、纯净而富于童话气息的小故事，让人想起俄罗斯文学传统中的普希金、果戈理、列斯科夫。后来，这样的成分似乎渐渐被一种凝重的气氛笼罩，他的作品越来越严肃，甚至自觉不自觉地与时代思潮，与前辈、同辈的大作家对话。他开始清醒而自觉地承担着文学的使命，但似乎也无兴致直接走向更为激进的时代任务，他写的往往是最朴素的社会各阶层的日常生活。当然，由于天然的敏感与高超的写作技艺，作为一个新兴科学与文明熏陶下的独立知识分子，他也有意无意地将这种来自时代的精神痛苦上升到普遍性之中：无法自由创造的平常个体、活在任何一个时代身边都可能充斥着的庸俗，以及随着时间的流转，因无法左右生命、情感和生活而产生的幻生幻灭、荒诞悲凉之感。

更早以前，上下班或出差的路上，我常常会读英国作家D. H. 劳伦斯，后来又顺藤摸瓜地读到杰夫·戴尔的《一怒之下：与劳伦斯搏斗》，这位带有后现代气息的当代英国作家，用自己古怪的文体接近他伟大的前辈：按照劳伦斯漫游的轨迹来完成对劳伦斯的“追踪”。结果，他没能实现“研究劳伦斯”的初衷，反而写出了一本“失败”的游历之书。我喜欢他这种与写作对象亲昵而随意的态度，也抱定决心要写一部有关契诃夫的失败、糟糕的东西。但与杰夫·戴尔富于行动力的嬉皮精神相比，因为懒惰，加上三年疫情，我的主要方式是，在契诃夫的语言世界里漫游。我读遍契诃夫的文字，探索着他的生命和思想轨迹。我读遍自己所能找到的契诃夫传记，以别人之眼反复品味这个和我亲密的灵魂。如白银时代的作家扎伊采夫，他着眼于契诃夫的内在矛盾性，即因健康带来的阴暗与追求生活的希望之间的矛盾。苏联学者叶尔米洛夫则以马克思主义者的开放态度来看待这位伟大的平民作家。格罗莫夫的《契诃夫传》虽写于苏联时期，但他似乎更愿意以人文主义的情怀拥抱契诃夫。我还翻阅了对契诃夫充满同情与激赏的女作家伊莱娜·内米洛夫斯基的《契诃夫的一生》、以传记写作负有盛名的法国作家亨利·特罗亚的《契诃夫传》，还有我国在契诃夫的引介和研究上做出突出贡献的童道明先生的《契诃夫传》[1]。这些作者以自己的方式接近契诃夫。而2024年刚刚翻

① 童道明的契诃夫是明朗、善良、正直而对人间充满爱意的，因此充满了美好气息，他本人的温和似乎让他有意规避了契诃夫身上的黑暗之物。

译出版的英国人唐纳德·雷菲尔德写的传记，据说作者花费了十几年时间在世界各地搜集文献，书中尤其披露了作家大量私人信件，给中国读者还原了一个更加“落地”的契诃夫。这是一部以滞重的笔墨书写的具有尘世之感的传记。作者甚至将备受女性读者热爱的契诃夫进行冷酷地解剖，包括认为他身上所沾染的在那个时代似乎不可避免的“厌女”问题。由此，契诃夫在原有中国读者尤其是他的粉丝心中，似乎不再仅仅是一个深具高洁、节制品格的作家。真相确乎如此吗？或者说，这部传记对于契诃夫文学来说至关重要吗？英国批评家詹姆斯·伍德就认为它写得很苍白，对契诃夫文学的理解也只是照本宣科（《什么是契诃夫所说的生活》）。更为极端的，用白银时期的思想家舍斯托夫的话来说，“传记向我们叙述除了应知道的重要事情以外的一切”。[①] 既然一切传记似乎都不能真正抵达作家的本质，那么，我们也就不用对任何一部作品求全责备，也就有理由继续书写对他的理解和诠释。

另外，以作家的身份来解析契诃夫的，有我们熟知的纳博科夫、毛姆、伍尔夫等。美国作家乔治·桑德斯有一部谈论俄国文学的《游于雨中池塘》（*A Swim in a Pond in the Rain*）[②]，熟悉契诃夫作品的读者可知，该书名来自小说《醋栗》。《醋栗》也是我最喜欢的契诃夫小说。它讲述了一个受教育之后从乡下到城市、好不容易获得在社会上一席位置的小职员，却心心念

① 舍斯托夫：《创造源自虚无——安·契诃夫》，《开端与终结》，第9页。

② George Saunders，2021.

念想要回去种醋栗、当地主，并最终完成这一“腐朽”夙愿的故事。连同其他作品如《在大车上》《宝贝儿》《在峡谷里》等，桑德斯评价说，契诃夫文学中有一种发现个体的力量，这种力量体现了“不露声色的激进”。这几乎打破了大多数契诃夫读者普遍的看法，即认为他保守、温和的表面性评价。

如此众说纷纭，至少能说明契诃夫文学的魅力吧。时过境迁，我也企图以一种更加理性的方式来理解他。如果非要给出一个写作本书的理由的话，那可能是一种与这位迷人的、至今仍然牵动我心魄的作家告别的冲动。契诃夫在日常中高密度地谈论爱、希望、未来、意义，在文学中却又以一种自我隔绝的方式怀疑这些信念和行动。契诃夫高高地举起它们，又在我们面前狠狠地摔碎。它们构成了一组真实的辩证法，就像舍斯托夫说的那样：“艺术、科学、爱、灵感、理想、未来——现在和过去的人类用以慰藉或开心的一切语词，一旦契诃夫触摸了它们，它们便刹那间凋谢、衰败和死亡。”[①] 高尔基也这样说他：“在他这种温和而抑郁的笑容里面，我们看出了一个知道语言的价值和梦想的价值的人的敏感的怀疑。”[②] 也许，正是契诃夫这种富于神经质的怀疑精神蛊惑了我。我生活在一个表面温吞而富于日常气息的时代，却深切地感受到了和他共命运、同呼吸的诡异气氛。

契诃夫很多小说通常都在说一个意思：这是一个最坏的时代，晦暗不明的世纪末，五十年后我们的后代肯定不会像我们

① 舍斯托夫：《创造源自虚无——安·契诃夫》，《开端与终结》，第 8 页。

② 高尔基：《安东·契诃夫》，《文学写照》，第 98 页。

这样——未来，面对五个工厂的家产，我不高兴其中的辛苦和剥削，我可以选择不继承；我不满意失去真爱和创造的婚姻，我可以选择离开；我不接受重复乏味的生活，我可以选择跳出。两个“五十年”，也就是一百多年后，今天，在我有限的感知下，这些问题似乎也还在。时代变得更好了吗？不好说。也许每个时代的人都有企望未来的惯性。因此，契诃夫也为我们提供了这样一个时代的“深渊”，他让我知道有一种异代同悲的力量贯穿在人类心灵的始终。他也让我像井底之蛙一样，想要从深渊中向上看到无垠的宇宙和人间永恒的平常日光。

本书书名“四十个苦行僧和十万只云雀”来源于契诃夫1890年春天写给苏沃林的信，信中他以此题辞作为致意。这时，已有盛名的契诃夫在莫斯科待得烦闷，正计划着要远行去西伯利亚、萨哈林（库页岛）。我从一位彼得堡留学的朋友那里得知，在俄罗斯宗教传统中，春天来临，春鸟回归，“四十个受难者”就要被纪念。这句题辞仿佛呈现了他将要“受难”的担忧和迎接春天的喜悦。

第三部分是本书中看起来怪异的部分。鲁迅是我博士论文研究对象，随着阅读增加，我日益发现，深谙俄罗斯文学的他，实际上和契诃夫有着某种生命联结。能够用并不学术的自由方式书写这层联结，是令我感到快意的。“影的告别”部分，是我在阅读契诃夫时自我状态的碎片，一种当下时代和契诃夫心灵互相映照的状态。我也希望有一天，我能以一种更主体的方式书写自己的生活，通过新的创造来完成和他真正的告别。疫情缓解之后，我在一次偶然的机缘下参加了阿穆尔河上的漂流。这大概是目前为止，我作为一个非俄罗斯文学或语言专业的“多余人”，在物理空间上最接近契诃夫的一次。133 年前，契诃夫就是从莫斯科经由火车、轮船、马车辛辛苦苦地跋涉到这里，然后漂流 1000 多俄里，花费 12 天，到达奔向萨哈林岛的鞑靼海峡的。他曾在写给妹妹的信中兴奋地描述来到此地看到的风景，提到这里的悬崖、植被、两岸的人烟，以及各种各样的动物，并感叹说自己看到了“一百万幅华美的风景画”，“这儿才是租住别墅的地方”。相对而言，这段旅程算是他的萨哈林之行中比较“安逸”的段落了。我也在此见证了阿穆尔河的优美和壮阔，见证它依然还保持着的野性与人文。当然，正如杰夫·戴尔寻找劳伦斯，我这次“寻找契诃夫”的走马观花之旅，更是彻底失败的。

这样算来，从开始密集地阅读契诃夫到零星地写作，大概绵延了七八年。我还记得，2017 年冬，我和一个朋友去看了童道明先生写的戏。演出后，朋友突然拉我过去，冷不丁地引荐说：我这位朋友是看契诃夫度过中年危机的。虽然当时我有些尴尬，但老先生听到后高兴地用力地握着我的手，用沙哑的声音说：“真好啊！”如今，老人家已然离世，但愿在另外的世界里，他依然能与自己最爱的安东大哥作伴。

需要说明的是，英国作家伍尔夫在《普通读者》中提到，语言和文化的障碍可能让她对俄罗斯文学的理解带有“曲解”“非难”的缺陷。[①] 作为一个没有在俄罗斯生活过和不通俄语的普通读者，我自然也自知无法精确抵达契诃夫。

这几年，我以契诃夫之名结交了一些良师益友。在这里，感谢商务印书馆熊姣女士的信任和支持。感谢清华大学图书馆任平女士为我写作过程中提供的文献资料。感谢清华大学何红梅老师对我俄语学习的指导。感谢清华大学李希光老师的“大篷车课堂”调研项目。感谢哈尔滨工业大学杜宇鹏老师为我提供别尔嘉耶夫文字翻译上的帮助。感谢翻译家孔亚雷先生在英文资料上提供的帮助。感谢安启念、马寅卯、张百春三位老师在俄罗斯哲学思想交流方面的慷慨接纳和指教。感谢小说家格非先生、契诃夫研究专家徐乐、彭涛老师在契诃夫思想、文学方面的无私交流。最后，深深致敬翻译家汝龙先生，书中引用的大部分契诃夫文字都来自他的译本。

2024 年 10 月

① 伍尔夫:《俄国人的观点》,《普通读者》，第 92 页。

第一部分

创造源自虚无

“大家都自称无所不知，

结果对什么都看得越来越不清楚了。”

第一章　世纪末熹微

既然主人都死了，
为什么那些树还生长着，
而且葱葱茏茏呢？[①]

一

流亡诗人布罗茨基曾在哈代的诗歌中看到了世纪末的微茫希望。那首据说作于 1900 年 12 月 31 日的诗歌《向晚的鸫鸟》（*The Darkling Thrush*），被后来者普遍认为是“世纪末的声音”。

向晚的鸫鸟（节选）

我倚一扇柴扉
天色黯淡　死灰色的霜冻
残冬里　丝丝萧瑟

---

① 契诃夫：《笔记本》，《契诃夫文集》第 13 卷，第 514 页。

日子看向我　眼神里布满了衰颓
藤荆缠绕着彼此　将天空划开
如一把碎掉了的七弦琴
幽灵般出没的人类
已拢够了夜里足用的柴火。
（荒人译）

19 世纪末这弥漫着黑暗的沉静，通过自然的声响，唤醒了人心中的灵性。哈代的这首诗暗示：面对自然的冷漠、灰暗，人在迷茫中升腾起自尊、自暖的力量。而 19 世纪的俄罗斯文学充满了无可比拟的风华绝代的气质，20 世纪之初，作家们或者英年早逝，或者以耄耋飘零。不过，我仍然愿意统称他们为“世纪末”的，因为在他们身上也弥漫着如此相似的精神：当宗教式微、科技隆起时，追求文明、进步和社会变革的人类似乎进入了一个全新的时代，但他们缅怀着日渐逝去的古老生活，面对新世界又无法完全信任，满怀希望又真诚痛苦。

而在本书主人公契诃夫的小说《女人们的王国》（1894）中，就有对“世纪末”的明确引用。小说呈现了在欧洲思潮的影响下，俄罗斯社会中经济和人格独立的女性在整个保守大环境下的存在困境，渲染了那个时代带给人们的无端的苦恼和晦暗的气氛。在欧洲，更早提及“世纪末”问题的有左拉的小说《杰作》（1885—1886）。据说，这部小说最大的名声还是来自一段友谊的瓦解，因为左拉的好友、印象派画家塞尚是小说中失败者克洛德的原型，小说出版后，二人因此绝交。撇开这段“八卦”，左拉的确用绵密的笔法讲述了画家克洛德在孜孜不倦而狂热的艺术追求失败后的悲惨命运——他的自杀暗示了那个时代的精神危机。结尾，送葬的途中，画家的友人作家桑多斯和前辈邦朗格感慨，克洛德的自杀可归咎于“世纪末”的病态。邦朗格这样评论：

> ……是的，在咱们这个时代确有很不健康的氛围——这个世纪末充满着破坏和毁灭，很多纪念碑都给砸碎了乱扔，大地给翻腾了不知多少遍，弥漫空气的全是死尸的恶臭！身处这样的乱局谁还能保持唯我独清，谁还能洁身自好？人的精神都快要崩溃了，到处是神经衰弱症患者，艺术变得惶惶不安，社会整体浮躁浅薄，政治混乱腐败，利己主义盛行……从来没有过像今天这样多的争论和观点的不同；大家都自称无所不知，结果对什么都看得越来越不清楚了。[①]

伴随着两人的交谈，桑多斯也说到，科学的许诺似乎并未到来，宗教神秘主义的恐惧又笼罩在世人的头顶。艺术家们则处在一种普遍的艺术病患者、现代机能神经症的状态之中。这样的生活就像一个新时代爆发之前的“高压锅”状态。

---

① 左拉:《杰作——一部关于塞尚的小说》，第 340—341 页。

现实中，在欧洲这样的文艺氛围（颓废、唯美主义等）和潮流的涌动下，俄罗斯的文学世界也因此发生着联动的反应。正如前述契诃夫 1890 年代的小说中显示的人的精神状态那样，这种悬而未决的、凝滞的、压抑的、晦暗的阶段，被基督教语境下的信徒或研究者称为“末世论”，不过据说这并非意味着一切将走向终结，而是昭示着过渡性，即终结后的新生，“它实指一种盼望、一种未来感”。[①] 正如中国现代作家鲁迅所提示的那样，俄罗斯文学传统中的“否定的哲学”正是呼唤毁灭后的新生，腐朽化作肥料之后的生长。从这个意义上说，契诃夫文学中那种绝望、惆怅、腐朽、忧郁之中的希冀，似乎也是在“末世论”的范畴中的。

契诃夫生在“传教士的儿子主张无神论，地主的儿子开始讲求农民平权”（米尔斯基）的这样一个革故鼎新的俄罗斯时代。在科学和无神论的影响下，契诃夫以孤独的智性为自己谋得生存，从一个笃信宗教的穷光蛋的儿子，逐步赢得了文学声誉和社会地位。纳博科夫说，在俄罗斯，果戈理、契诃夫、陀思妥耶夫斯基是灯，而托尔斯泰是太阳。而相比高尔基的反抗性，契诃夫不动声色的“鸽灰色”风格，是另一种沉静中的雷鸣。[②] 从时代的发展来看，托尔斯泰和陀思妥耶夫斯似乎着力于处理“人和上帝关系”，不管是托尔斯泰津津乐道的（生活

---

① 安希孟:《万物得到改造而不是毁灭——基督教末世论的含义》,《社会科学》，2000 年第 3 期，第 41 页。

② 纳博科夫:《俄罗斯文学讲稿》，第 255 页。

的）欲望还是陀思妥耶夫斯基作品中紧紧抓住的灵魂问题。而契诃夫文学似乎回到了人本身，用伍尔夫的话说，聚焦人的心灵健康问题，亦即心灵的疾病。[①]即便他谈上帝，也涵盖在此问题之内。这是笃信科学（医学）的契诃夫对人的精神或心灵世界的开拓、观察和思索的贡献，也是他在衔接这些前辈和现代生活的过渡时代的必然体现。俄罗斯文学史家米尔斯基说，1881年之后，俄罗斯文学处于“伟大的现实主义时代的秋天”，上一代的代表人物是托尔斯泰，而另一位“秋天的天才”则是契诃夫。在高尔基的革命现实主义和反现实主义的象征主义兴起之后，“一个并非作为往昔之余辉的新时期方才开始”。[②]而契诃夫就是这个“余辉”，也是开启“新时期”的过渡和实验者。因此，契诃夫的写实主义和托尔斯泰不同，这也是为什么作为“太阳”的托尔斯泰无法理解契诃夫大多数充满某种奇特诗性的戏剧作品，而对他充满人性色泽的故事《宝贝儿》[③]赞不绝口。学者徐乐这样描述契诃夫时期：

> 其时万马齐喑，人心涣散，前有灿烂辉煌的俄国现实主义的黄金时代，后有群星辈出的现代主义艺术的白银时代，这两个时代不仅储备了庞大的诗学能量，而且在思想形态上也具有明确的哲理基础。对比之下，19世纪末到

① 伍尔夫：《俄国人的观点》，《普通读者》，第97页。
② 米尔斯基：《作者序》，《俄国文学史》，2013年。
③ 作于1898年，讲述了一个依附性很强又生机勃勃的女子的故事。

20世纪初，文学艺术的整体境况似乎只是一种处于过渡状态的亚阶段，其中填满了各式各样的幽默“花絮”和自然主义的“生理学”特写。[①]

这注定了契诃夫创作时期的整个文学环境，尤其是相较1860年代，具有某种宿命般的孤独。米尔斯基也说：“80年代即将来临，氛围开始发生变化，但年轻一代仍未给出任何堪与其父辈相提并论的作品。那伟大一代之为数不多的幸存者都被视为美好时代的孤独遗存，其中最伟大者即托尔斯泰……”[②]1881年、1883年，陀思妥耶夫斯基和屠格涅夫相继去世，托尔斯泰被契诃夫有恃无恐地珍视着，直到人生的暮年，他仍觉得托尔斯泰可以以一人之力抵御时代艺术发展的粗俗、污秽和道德信仰上的迷茫，乃至慰藉他自己创作上的无所作为。[③]不过，相比对托尔斯泰和屠格涅夫的倾慕与尊重，契诃夫显然并不是很喜欢陀思妥耶夫斯基，除了其中浓烈的宗教性外，可能其缺乏节制的风格也让他感到不适。[④]然而，虽然托尔斯泰一度成为契诃夫文学上的盾牌，但契诃夫对托尔斯泰

---

① 徐乐：《契诃夫的创作与俄国思想的现代意义》，第18页。

② 米尔斯基：《俄国文学史》（下卷），第4页。

③ 1900年1月28日致米·奥·缅希科夫，《契诃夫文集》第16卷，第279页。

④ 1889年3月5日致苏沃林：“我在您的书店里买了陀思妥耶夫斯基的书，目前正在读它。这书写得好，可是未免太长，太不朴实。有许多装腔作势的地方。”《契诃夫文集》第14卷，第473页。

晚年的作品仍然持保留态度，因为后者在宗教和道德上的言行，尤其这些因素在其文学作品中的体现，在契诃夫看来滑入了某种技巧上的“虚伪”。于是，契诃夫不可避免地缺失有着更为充盈、丰沛的文学才华的写作共同体，他也常常陷入和自己同时代的庸俗对峙的孤独之中。苏联文学研究家叶尔米洛夫这样描写契诃夫的“孤独”：

> 普希金是在友情之中免除了孤独之感的。在他的周围是一群懂得珍惜美好事物的有文化的人。尽管这在当时的俄国只是非常薄弱的一个阶层，但是它减轻了诗人在生活中和创作中的痛苦。四十年代的先进人士在国内是比较多的，六十年代的时候更是如此。……契诃夫的处境则完全不同。他所接触的文学界和批评家们比他低得多，也浅薄得多。[①]

1890年之后，在俄罗斯，大众运动接连不断，马克思主义、民粹主义、东正教派以及神秘的革命派，各种各样的新思潮兴起，直到20世纪初期契诃夫死去时，这些思潮和运动还在持续高涨。但从文学环境上说，契诃夫注定是孤独的。他像一个背对“大历史”，又被时代气息笼罩着的感受力敏锐的书写者，开创了迥异于伟大的前辈作家的新表达方式。他尤其对

① 叶尔米洛夫：《契诃夫传》，第245页。

宏大的历史经验和现实的政治动荡毫无勾勒的兴趣。他能够复活的，只有日常生活和永恒的自然，包括笼罩在这些事物之上的垂死的或滑稽的时代气味。正如梅列日科夫斯基（1865—1941）所说，“仿佛当代的、日常的俄罗斯在自己完结以前，想要在契诃夫身上最后回顾一下自己”。[①]19 岁左右，契诃夫就在《没有父亲的人》这部剧作中借助地主老戈拉格列耶夫之口说出了“在我们那个时候，有爱着的人和憎恨的人，因此，也有愤怒的人和蔑视的人”，而现在“缺乏这些有血气的人就造成了现代的社会病……”[②] 这种世纪末的倦怠症，似乎早在契诃夫笔下生根。从 20 多岁使用自己的真名（不再是他自认的幽默、滑稽小说的作者“契洪特”）开始创作起，契诃夫的作品就渐渐有相当一部分充满了苦恼和痛苦。契诃夫描述并期待人们脱离这样一种“一潭死水的、灰色的、有罪的生活”（《新娘》）。而这种属于众人的苦恼、戏谑和忧伤，最后逐渐转到了他——带有孤独者或知识者责任属性——一人的肩膀上。1896 年，《万尼亚舅舅》发表之后，契诃夫遭受到批评家的非难，索洛维约夫·安德烈维奇（1866—1905）在发表于《生活》杂志的评论（1899）中说：

不，在这儿所说的，并不是冷血，也不是对灰色阴暗生活的美化，而是与两者完全无关，是让一辈人整个陷入

① 梅列日科夫斯基：《契诃夫与高尔基》，《先知》，第 306 页。

② 契诃夫：《没有父亲的人》，第 12—13 页。

> 恐怖与战栗之中，粉碎他们的希望，甚至使其中较好的代表人物，也困守在自我之中，远离生活的一种“现实”的可怕的威胁的强力。[①]

可以肯定的是，契诃夫对苦恼与痛苦主题的书写，并非仅仅来自他观念中的现实，也来自现实的观念或时代氛围的传递。但他凭着自觉的写作，告别了这个世纪末时代。他文中留下来的“多余人”，被劳伦斯几乎描述成了受难的基督。[②]而契诃夫自己，也仿佛就是（或者善于塑造）这样一个集受难与孤独于一身的农夫、医生与修士。在他的鸽灰色世界里，总有一个世纪末的人物，他疲倦、无能、孤独、神经衰弱，同时又清醒、顿悟，暗藏着新生的热望。我时常惊诧于契诃夫对这样的来自时代和自己的重负不动声色的承担，又从中感受到这种承担背后带有普遍的现代意味的共鸣和温情。

二

契诃夫创造的这种人物身上的精神基因，悲悯也罢，厌世也罢，似乎也在他的生活中以某种方式存在着。二十来岁依靠写作幽默短篇成名后，契诃夫一边因生计为不绝如缕的约稿写作，不敢有一丝怠慢，另一边，很快他就面临着孤独和厌倦。

---

① 《契诃夫高尔基通信集》，第 59 页。

② 刘志刚：《黄昏里的羁旅》（代译序），《意大利的黄昏》。

1887 年，27 岁的契诃夫在文学上已小有名气，他回到故乡塔甘罗格漫游一趟，但这次“衣锦还乡”并没有给他带来幸福和满足，未能消除灵魂上的倦怠感。他给大哥的信中说“庸俗过多”使他发生了“精神上的呕吐症”。[①] 他给女性朋友写信说，“我家里有了一盏新灯，其余的一切就都烦闷、乏味、陈旧”“新的思想没有，旧的思想呢，在我的头脑里乱成一团，好比一些蛆，装在一个绿盒子里，在太阳底下晒了五天”。[②] 戏剧作品《伊凡诺夫》正是在这样的心境下产生的。按理说，27 岁是适婚的年龄，但是他似乎早就准备好了对婚姻采取疏离的态度。他回复哥哥的那句话很著名：医学是他的合法妻子，而小说是他的情妇。[③] 前者代表着体面的社会身份，医疗的、学术的、斩钉截铁的、“有用”的社会身份；而后者则代表着私密的、创造的、自由的身份，功能性、道德的方向性没有那么明确。也就是说，科学是他的妻子，艺术是他的情妇。显然他并没有给现实中的“妻子”留下足够的位置。1890 年，30 岁的契诃夫在读了托尔斯泰的《克莱采奏鸣曲》之后，说自己受到了思想上的震撼。[④] 这部小说讲述了一对夫妻貌合神离的痛苦生活，揭示了性、贪婪、占有等对两性关系纯粹性的破坏。由此，这个“震撼”不仅来自托尔斯泰高超的文学技能，也使契诃夫对惯常的婚姻生

① 1887 年 9 月 7 日致大哥亚历山大，《契诃夫文集》第 14 卷，第 216 页。

② 1887 年 9 月 13 日致玛・符・基谢廖娃，《契诃夫文集》第 14 卷，第 221 页。

③ 1887 年 1 月 17 日致哥哥亚历山大，《契诃夫文集》第 14 卷，第 171 页。

④ 1890 年 12 月 17 日致苏沃林，《契诃夫文集》第 15 卷，第 113 页。

活有了清醒的认识。或许，这也在他的意料之中，早熟而清醒的他，只是在托尔斯泰那里找到了某种呼应而已。早在1888年，他就写出了体现虚伪而乏味的夫妻生活的作品《命名日》，这部小说讲述了一位妻子在盛大的命名日宴会上的言行以及所思所想，展示了上流社会虚伪的生活方式，尤其刻画了夫妻之间的隔膜及其给妻子带来的痛苦。尽管他也会在书信中对婚姻报以灵与肉和谐的想象和希冀，[①]但这些作品几乎某种程度上预示了契诃夫后来的戏剧作品中所展示的各种失败的婚姻生活：对庸常生活的厌倦以及无法具备承担生活的信心。

生活上如此，事业上契诃夫也抱持着一种怀疑态度。被冠以副标题“一个老人的札记”的小说《没有意思的故事》(1889)，恰恰暗示了这种知识分子式的忧郁。而写作此篇小说之时，契诃夫自觉地认识到自己的创作瓶颈或危机，虽然他已经尝试过各种各样的文体，但他也在自我怀疑和变革的迫切需求之中，所以他同作家普列谢耶夫谈到自己和同样在创作关键阶段的作家柯罗连科：“幸运之神正在抉择把我们送到哪儿去才好，上坡呢，还是下坡。”谈到在苦恼心绪下创作的这篇《没有意思的故事》，他坚信作品囊括了“整整十五种情绪”，包含“知识界的一切读者都发生兴趣的两三个新人物”“一两个新情节”，尽管它不可避免地会招致骂声一片。[②]

小说写于契诃夫在哥哥尼古拉去世之后的“坏心绪”之

---

① 1898年10月26日致米·巴·契诃夫，《契诃夫文集》第16卷，第73页。

② 1889年9月14日致普列谢耶夫，《契诃夫文集》第14卷，第528页。

下，讲述了一个六十多岁的医学教授，已然德高望重、功成名就，他和家庭、事业、生活中的各种人紧密来往，然而内心觉得灰暗无比，他忍受着自己对待生活的淡漠、疏离，忍受着这种“灵魂的麻痹”。他随时等待着死亡，又为死亡之前自己神经崩溃、不能满足周围人的期望而感到焦虑、恐惧。尽管一生勤勤恳恳，但他还是对光明的未来表示怀疑，他为知识界的平庸、保守和缺乏自由与创造而感到失望，周围充斥着的“全是些灰色的人，庸才，自高自大”①，“公众仍然存在着迷信，认为艺术和科学比农业高明，比手工业高明”。② 老人于是大发感慨：

> 如果一个人缺乏一种比外界的一切影响更高超更坚强的东西，那么当然，只要害一回重伤风就足以使他失去常态，一看见鸟就认为是猫头鹰，一听见声音就以为是狗叫。在这种时候，所有他的乐观主义或者悲观主义以及他的伟大的和渺小的思想，就只有病征的意义，没有别的意义了。③

也就是说，他要的是辨别一切现成事物或秩序的能力，一种稳定而强大的自持的力量。这也体现了那是一个相信科学与工业进步的时代，是一个风云变幻带给大多数人“风吹草动”

① 契诃夫：《没有意思的故事》，《契诃夫小说全集》第8卷，第42页。
② 契诃夫：《没有意思的故事》，《契诃夫小说全集》第8卷，第41页。
③ 契诃夫：《没有意思的故事》，《契诃夫小说全集》第8卷，第65页。

的时代。老教授为此感到孤独，面对死亡的随时降临，他又为自己精神上闪烁不定的火苗而经常在半夜失眠：

> 我半夜醒来，忽然跳下床。不知什么缘故，我觉着现在马上就要死了。为什么我会觉得这样呢？我的肉体并没有一点表明立刻要死的感觉，可是我的灵魂给一种恐怖压住，好像我忽然看见一大片不吉利的火光似的。[①]

写这篇小说时，契诃夫29岁，肺结核的折磨、美好的恋爱，他都在经历着，而富于才华的二哥尼古拉这时已然因肺结核离世。法国传记作家亨利·特罗亚认为，这些经验“非但未能使他与上帝接近，反而使他相信，上帝是人的认识所不能企及的”[②]。像小说中的老人那样孤独和烦闷，契诃夫决心离开，正像小说中的卡嘉所说，离开眼下的生活。“卡嘉”是老人监护的养女，热爱表演，是老人唯一的知音。现实中，契诃夫即将要离开莫斯科，去萨哈林岛进行考察。也可以说，为了纾解这种精神上的痛苦，他只能让自己的身体受到一次这样决定性的重压。

契诃夫去世之后，白银时期的批评家舍斯托夫认为，契诃夫从写滑稽短篇的早期阶段（“高兴快活、无忧无虑，就像飞来飞去的小鸟”）到忧郁阶段（《伊凡诺夫》《没有意思的故

① 契诃夫：《没有意思的故事》，《契诃夫小说全集》第8卷，第56—57页。
② 亨利·特罗亚：《契诃夫传》，第109页。

事》）的转变，契机是托尔斯泰的《伊凡·伊里奇之死》，那种揭露普通人的悲剧性存在的诚实的小说，使契诃夫深受影响。①几乎在同一时期，托尔斯泰在《人生论》中还称之为一种发现“痛苦和死亡”的“理性意识”，“这种理性意识的觉醒导致了对个体生命幸福的否定，产生了痛苦的内心矛盾，使人觉得生命仿佛停顿了”。②但假若仔细阅读契诃夫早期的小说和戏剧，我们已经能够感受到他这种悲剧气氛创造的自觉。或者说，契诃夫的欢快和忧郁一直是并行的，只不过随着时间的变化，主色调略有不同。这种悲剧气氛并非主要是由托尔斯泰文学揭示的。例如在托尔斯泰写出《伊凡·伊里奇之死》的同一年（1886），契诃夫也写了一则老人的故事《生活的烦闷》，它讲述了一对老夫妇失去女儿（死亡）之后，原本幸福的家庭顿时进入了“另一种生活”，他们挣扎在义诊、寻求美食等自我拯救的人生屏障上，但最终还是无法摆脱可怕的空虚。夫妇中那位被风湿病缠绕的老将军说：“年轻的时候整个生活不留痕迹地滑过去，几乎没触动思想，可是到了老年，每一个极小的感受都像钉子那样钉在头脑里，引起一大堆问题。”③也就是说，伊凡·伊里奇式的生命哲思（“另一种生活”）在契诃夫那里早已被唤醒。而几乎在同时，契诃夫还写出了《爱情和低音提琴》（1886）这样欢快浪漫的爱情故事，读起来甚至能够从中感受

---

① 舍斯托夫：《创造源自虚无》，《开端与终结》，第11页。

② 托尔斯泰：《人生论》，第46页。

③ 契诃夫：《生活的烦闷》，《契诃夫小说全集》第5卷，第98页。

到契诃夫作为作家"瞎编"故事的童话般的乐趣。因此，他的欢快和忧郁始终是并存的。像舍斯托夫说的那样，如果非要说有来自托尔斯泰的影响，那么契诃夫只不过能够在前辈的保护下更加自如地表达这一层意思罢了。

不过，有趣的是，在1879至1882年间，托尔斯泰写了对于他的人生十分重要的阶段性作品《忏悔录》，他以极尽坦诚的口吻回顾了自己的思想历程，从不信教到失去人生意义，再到从大多数民众那里获得启发，充满了对生命意义的痛苦质询。其中，托尔斯泰花费了大量篇幅讲述自己50岁左右陷入的精神危机：人在必然要面对的死亡面前如何生活？他发现，知识可以解决具体的问题，但不能回答生命的问题，而且"在思辨科学领域走得越远，陷入黑暗便越深"。[①] 他总结出四种应对方式：浑浑噩噩、寻欢作乐、强力手段（自杀）、无所作为。[②] 而对于他自己来说，只能采取最后一个办法来生活。这无疑让人想起《没有意思的故事》中老教授在科学和真理问题上的矛盾，当然，也包括他选择的最后一条路径。尽管托尔斯泰的这部作品受到了宗教检查机关的查禁，但1882年作品发表后还是在大学生群里广为流传，那时还在莫斯科读医学的契诃夫，想必也接触到了吧？这样的话，《没有意思的故事》的确并非没有托尔斯泰的影子，只不过不一定是舍斯托夫说的《伊凡·伊里奇之

① 托尔斯泰：《忏悔录》，《托尔斯泰文集》第15卷，第24页。

② 托尔斯泰：《忏悔录》，《托尔斯泰文集》第15卷，第31—32页。

死》，而更可能是《忏悔录》，或整个时代黯淡、怀疑的气氛。不过契诃夫并没有赋予《没有意思的故事》以宗教的意义，而是以逃离现有环境、重新生活的方式来寻求拯救之道。这大概是白银时期的许多思想家从契诃夫这个作品中看出某种神秘的潜质同时又感到遗憾的原因。至于后来，契诃夫作品中不断出现的自杀者"伊凡诺夫""万尼亚舅舅"以及一切在米尔斯基看来"无能的好人"，似乎都可以放在托尔斯泰所谈及的这四种应对死亡的类型当中，尤其是"无所作为"的那一类。这样看来，从契诃夫文学中提取理论思想的意义好像并不大，尤其是相较于既是思想家（思想书写者）又是文学家的托尔斯泰来说。契诃夫的文学意义显然大于他的思想意义。

总之，不管是少年时期还是从萨哈林归来之后，契诃夫像其他俄罗斯文学家一样，尝试在文学中将良心和美学融合无间。他善于怀疑，善于苦苦寻找精神的出路，尽管，在他创作的内部秩序中，有一种愚钝与理想主义、怠慢与激进并存的复杂情形。不过，作家对问题的探索，意义远远要大于解决问题。用契诃夫自己的话来说，"正确地提出问题"。[①] 正是这样一种引领、怀疑、提问、嘲讽的气质，才使得19世纪末的契诃夫文学被灌注了一种说不清楚的冷灰色调。他最后的戏剧

① "只有正确地提出问题，才是艺术家必须承担的。在《安娜·卡列尼娜》里，在《奥涅金》里，一个问题也没有解决，然而这些作品充分使您感到满足，这是因为书中所有的问题都提得正确罢了。审判官应当正确地提出问题，然后让陪审员按照各自的口味去解决问题。"1888年10月27日致苏沃林，《契诃夫文集》第14卷，第401页。

《樱桃园》中的花园愈是美丽、迷人和无用，就愈衬托出人类现状的疲乏："那些不幸的人类灵魂，都从园子里的每一棵樱桃树、每一片叶子和每一个树干的背后向你望着，你难道没有看见吗？你难道没有听见他们的声音吗？"[①]叶尔米洛夫这样称赞道："这景物既是谴责，又是苦恼，既是悲伤，又是希望。……契诃夫笔下的景物永远使人想到人们身上存在着的，但受到压制、摧残而有待于伸张的美。"[②]这是苏联文艺家的一种积极视角的理解。换言之，在契诃夫的语言中，我们看到美的不被伸张。在他建造的鸽灰色的世界里，自然以一种温和的方式冲淡着人内心的痛苦、焦灼，冲淡着人们对缺乏自由和创造力的人类生活中的"渴求、爱生气、不体恤，多疑"（《没有意思的故事》）品质的烦闷和厌倦。

正如哈代与劳伦斯在自然中寻求慰藉，契诃夫一边走向生命力的衰竭，另一方面又在希冀与这种自然力相匹配的人。他甚至跟人说自己还要写一个这样的剧本开头："多么美妙、多么寂静！听不见鸟叫、犬吠、布谷鸟的咕咕声、枭鸟的啼鸣、夜莺的鸣啭，也听不见钟声、铃铛声和蟋蟀的瞿瞿叫声。"[③]这种否定万象的无，又在否定（"听不见"）中变成了丰满实在的有。因此，舍斯托夫不由得说他：创造源自虚无。

---

① 契诃夫：《樱桃园》，《契诃夫戏剧全集》，第 227 页。

② 叶尔米洛夫：《契诃夫传》，第 118—119 页。

③ 斯坦尼斯拉夫斯基：《安·巴·契诃夫在莫斯科艺术剧院》，《同时代人回忆契诃夫》，第 435 页。

三

2015年，一部名叫《德军占领的卢浮宫》（*Francofonia*）的电影在威尼斯电影节上映。导演是才华横溢的亚历山大·索科洛夫，他将镜头对准纳粹时代的巴黎卢浮宫，以此追问战争时代政治和艺术的复杂关系。电影开头用一种近乎梦呓的形式呈现了临终前的托尔斯泰和契诃夫。托尔斯泰安静地躺着，头发苍白而凌乱，他的善思的巨大的脑袋，仿佛已经成为墓碑上横陈的雕塑。这时旁白响起："他好像能够看到未来。"接着，一扇门被推开，墙上挂着层层叠叠的画，已至人生暮年的契诃夫站在雅尔塔自己书房的深处，他戴着夹鼻眼镜，眼角和浓黑的胡须朝一个方向下垂。他的双手插在口袋里，显出拘谨、温和、朴实、平静与优雅。这张摄于世纪之交（1900）的照片在影片中渐渐被放大，好像是契诃夫的影像在移动。而紧接着的，就是他躺在雪白的床单上，这是他在生前远途旅行的最后一个去处：德国的巴登维勒旅馆。他双手轻轻地交握着，放在腹部，像睡着了一样。

19世纪俄罗斯文学的辉煌时期，起于普希金，止于契诃夫。契诃夫一只脚伸向俄罗斯"现实主义的秋天"，另一只脚正要迈入更为艰辛的20世纪，最后停留在了他生命终止的时刻（1904）。在他的身上，我听到了晦暗时代的呜呜大风，也看到了新时代川流不息的艰辛步履。大多数人在死亡之前都受尽了摧残，仿佛是为了呈现上帝如何惩罚爱生命、爱思考的人类。如果说托尔斯泰临终前像一个睡不安稳的孩子，半夜爬起来自我放逐，那么，契诃夫最后的不安似乎只体面地保存在他的内伤之中。他那里有果戈理、塞万提斯笔下莽夫的个性，有列斯科夫的天真、善良和恬静，也有托尔斯泰的细致和优美，但在叩问灵魂方面，契诃夫没有陀思妥耶夫斯基走得那样深远。或许，他有关人类自尊自重的态度，正是出自与无垠的宇宙和自然相比人类（的心灵）没有那么重要的谦卑。而陀思妥耶夫斯基的自重自尊正在于想要和上帝对话。契诃夫则是自己生命信念的上帝，拥有自己的肉身，也负责尝试对它的承受和超越。

正如电影所暗示的，在那之后，20世纪的太阳下，战争开始了。世纪末的“大闷锅”轰然爆炸。1905年，契诃夫死后第二年，托尔斯泰在俄罗斯内外环境焦灼的氛围下写出《论末世》，他以极为悲哀的口吻揭露着国家、政权、战争、暴力、奴役对人的自由的侵扰，呼告世人以慈悲之心反抗才是解脱之道。他希望通过此条路径重新唤起东亚先哲（耶稣、释迦牟尼、孔子、老子）的仁爱的力量，来代替过去纷争暴乱的“末世”。[①] 然而，世事未能如他所愿，第一次世界大战爆发了。紧接着，就是第二次世界大战。熟悉他们的人类彷徨在新世纪的黎明回望着。旁白替大家继续说：“我还能找谁呢？谁还在那里？”接着，镜头转进了实存的战争：海军、陆军，飞机、坦

① 托尔斯泰：《论末世》，《托尔斯泰文集》第15卷，第427—462页。

克，然后是逃亡、占领。解说词继续在屏幕上跳跃："这是 20 世纪的开端，父辈们已经沉入深渊"，"最艰难的时代……契诃夫先生，安东·巴甫洛维奇……醒来吧，这是世纪的黎明，这是 20 世纪的黎明"。但它们是契诃夫生前所期待的黎明吗？

袁筱一曾这样评价契诃夫："在一边建构着意义的同时，契诃夫的灵魂深处是绝望的。在 19 世纪末到 20 世纪初俄罗斯所历经的种种灾难中……加上缺乏自暖的动力（例如托尔斯泰的信仰），契诃夫的灵魂从来没有暖起来过。"[①] 不过，幸运的是，很快地，他在新世纪初，在这种灵魂深处的冷漠、疏离和孤独中离去了。

的确，契诃夫去世之后，是新的开始。正如梅列日科夫斯基所说："我们现在已经从那个大雷雨的寂静中——从契诃夫的苦闷中——走出来了；……谢天谢地！结束了日常生活，开始了大事件。"[②] 果然，契诃夫去世之后，"大事件"在俄国接踵而至，从日俄战争战败、各地的暴动，到 1905 年的革命，继而是撼动全世界的十月革命……是呀，一个新的艰难时刻终于到来了，他的鸽子灰的世界砰然被风起云涌的变革撕开了裂口。而平静的契诃夫，永远平静着，他不喜欢直接讲述流血牺牲，哪怕一些偏激与狂暴的冲突，也在他的作品中写得摇曳难辨，他将这些东西像放在搅拌器里胡乱地杂拌，似乎并不觉得可以找到有方向的答案。

---

① 袁筱一：《月亮一般的契诃夫》，《契诃夫的一生》，第 4 页。

② 梅列日科夫斯基：《契诃夫和高尔基》，《先知》，第 308—309 页。

那么，这种未指明道路的含糊，是否意味着契诃夫像很多评论家和学者所说的已经过时了呢？契诃夫小说《在朋友家里》(1898)提到，那个时代的人注定像涅克拉索夫的诗歌《铁路》中所说，“用自己的胸膛铺出这条宽阔明亮的道路”，却“无缘生活在这美好的时代里！”这里生活的一切人，包括小说中波德果陵这样“老是感到冷冷的沉闷，经常气恼，不善于适应现实生活，不善于从现实生活中取得它所能给予的东西，却难忍难熬地苦苦渴求着世界上没有，也不可能有的东西的人，也过时了”。[①] 有趣的是，为什么21世纪仍然有人与他产生心灵的共振？到底是这些人病了，过时了，腐朽了，还是那种认识生活、世界和历史的鲜明乐观的线性方式太虚妄？

白银时代的思想家舍斯托夫早就发现契诃夫对世界的探索更为客观，也更为彻底：

> 我说过，源自虚无的创作是违反人类之天性的。但是同时自然界常常剥夺人的现成材料，并且发号施令要求人进行创作。……也许，自然界比我们的贤哲要经济、英明得多，也许，假如我们未曾把人类分成无用的人和有用的人，有益的人和有害的人，善良的人和恶毒的人，我们就可能会懂得更多的东西；假如我们暂且压抑主观评价的嗜好，我们可能会试图更加相信自然界的造物？[②]

① 契诃夫：《在朋友家里》，《契诃夫小说全集》第10卷，第196页。

② 舍斯托夫：《创造源自虚无》，《开端与终结》，第23页。

也就是说，遵循人类内部的逻辑呈现文学形态，可能会把问题简单化，契诃夫提醒我们自然或虚无的视角虽然某种情况下违反人的文明成果，但它或许更具有原初的广袤的意义。中国诗人西川也这样说：我们还没能消化一些产生于 19 世纪末 20 世纪初的问题，于是这些本来属于“现代”的问题成为当代的问题。[①] 那么，这些“当代问题”又是什么呢？生与死、科学与宗教、文明与野蛮、战争与和平、阶级与剥削、城市和乡村、婚姻与爱情……吗？契诃夫知晓文学的任务是“无条件的、直率的真实”，他说文学家应该像化学家那样“客观”；“应该抛弃生活的主观态度，知道粪堆在风景画的可敬的位置，知道邪恶的感情如同善良的感情一样也是生活里本来就有的。”[②] 在这样的文学观照下，我们可以在百年前坦率而真实的契诃夫文学那里照见自己更为幽深的瘢痕。

在中国电影《小说：诗意的年代》（2007）中，作家阿城将自己有关“诗意”的漫谈回归到了西方的基督教传统，而“世纪末”，在他看来，体现了在时间上的循环或终末观，这让人们对灾难或者末世的感觉加深，现代性的重要精神源流也由此而生。而大体，正是在 19 世纪末，中国传统的诗意结构面临着外部挑战，世纪末文化打破了中国传统的时间观念，赋予一种独属于中国的现代性。在新的更为复杂的现代环境下，

---

① 西川：《世纪视野中的百年新诗》，《读书》2016 年第 3 期，第 10 页。

② 1887 年 1 月 14 日致玛·符·基谢廖娃，《契诃夫文集》第 14 卷，第 166 页。

“世纪末”的焦虑和惆怅转化并加深，传统中那种来自直觉、顿悟的诗意则被小说中的现代诗意所取代。阿城有关诗意的梳理，正是从“世纪末”思想开端的，这正可以说明东西方文化在此问题上的交融。由此，百年之后，我们还在真实的呼吸中感知生活的痛苦，世纪末的熹微绵绵不绝地在今天延伸着。契诃夫文学作为一种征候，也犹如上帝在人类当中擦响的一根火柴，燃烧着我们的生命和与之伴随的灵魂。

今天，如梅列日科夫斯基说的那样，我们的日常生活是否会被新的“大事件”的叙述再次湮灭和取代？或者我们本就生活在“大事件”之中而无动于衷？眼下，各式各样的战争还在继续，日常则在另一边随时光静静流转。“倦怠社会”已经成为一种新的大众流行词，蔓延在世界的各个角落。又或者，摆在我们面前的新生活，是否还需要契诃夫文学中这样的厌倦、忧郁、怀疑、不安和等待，来映照我们作为人永恒而不自觉的创造、欢欣和幸福的热望？

第二章　神圣的时代

蚜虫吃庄稼，锈吃铁，虚伪吃灵魂。[①]

一

在整体性的“世纪末”文艺环境下，契诃夫同样面临着俄罗斯社会的时代考验。1888 年 10 月 9 日，面对自己的作品被误解及当时庸俗的文学环境，契诃夫写信给普列谢耶夫说：“60 年代是神圣的时代，允许愚蠢的黄鼠打着它的旗号吓唬人就无异于把它庸俗化。”[②]然而，文学上相对衰落，并不意味着社会思潮的暗淡。1880 年代，激进派、自由派、社会革命党、民粹主义、虚无主义、社会革命党等成为时代的热潮。历史学家理查德·派普斯在《旧制度下的俄国》中说，当时杰出的创造者都是独立于专制制度之外的，“少数为政治服务的人则无一例外都是些不入流的平庸之辈”。不过，这些社会思想也一直在影响甚至束缚着艺术家的创作：

---

① 契诃夫:《笔记本》,《契诃夫文集》第 13 卷，第 462 页。

② 1888 年 10 月 9 日致普列谢耶夫,《契诃夫文集》第 14 卷，第 380 页。

> 诗人被要求写小说，小说家则被要求揭露社会。画家被要求用他们的艺术生动地引起全社会，尤其是未受过教育的阶层关注大众的疾苦。学者则被督促从事有社会意义的问题研究。[①]

契诃夫在写作上近乎科学或自由的精神，使他无法让自己的作品成为思想观念或派别主张的传声筒。正如鲁迅翻译的苏联文艺家所说，他是“内面底自由的文士”。[②]这种内在的自由性使他的作品往往不聚焦单向的内容和意义。因此，契诃夫必然招致习惯以道德标准面对艺术的批评家的谴责，对此，契诃夫在一次钓鱼时对他们报以热烈的嘲讽：

> 它（达克斯小狗）谄媚地咂嘴舔舌，专心地看着浮子，等到鱼儿吃食了，它就马上站起来摇尾巴，并且尖声吠叫……
>
> 有一次它在贪婪地吞一条鲈鱼，可是鲠在喉咙里一时咽不下去，脸上倒挨鲈鱼尾巴的拍打，契诃夫看了，带着厌恶的神情说：“就跟咱们的批评家一模一样！”[③]

正如福楼拜认为批评家就像是一群平庸的、在故纸堆里沙

---

① 理查德·派普斯:《旧制度下的俄国》，第401页。

② 罗嘉契夫斯基:《契诃夫与新文艺》，《鲁迅译文全集》第8卷，第334页。

③ 亚·谢列勃罗夫:《关于契诃夫》，《同时代人回忆契诃夫》，第688页。

沙作响的金龟子，契诃夫也怀疑批评家是否能够“消化”他的文学作品。在他看来，他们大多数时候就是依附于僵化理念的“笨蛋”。因此，无论是创作还是批评环境，都让契诃夫感受到了一种普遍平庸的气息。短篇小说《批评家》(1887)就描摹了这样一个平庸而不自知的、对戏剧领域进行全面批评的老人形象。正如格罗莫夫在传记中揭示的：“契诃夫的遭遇是特别艰难的。这倒并非由于障碍太多，而是由于它们是单调无变的、让人失去锐意的平庸。”[①]

二

和契诃夫交往的很多人，包括高尔基和他的前辈诗人普列谢耶夫，几乎都有过被流放的经历。而契诃夫这个表面平和的作家或知识分子，却选择了在30岁的时候自我流放；也许只有真正体会过这个国家最底层人残酷而真实的恶劣境遇，才能产生更深刻的良心和思想。很显然，这是那个时代赋予契诃夫的使命。

从萨哈林岛回来之后，契诃夫似乎更加坚定地给他一贯有些轻盈滑稽的小说赋予沉重的社会性思考，就像高尔基在1914年纪念契诃夫逝世十周年的文字中说的：“作者的心灵跟秋天的太阳一样，用一种残酷无情的光明照亮了那些踏坏了的路，曲

① 格罗莫夫：《契诃夫传》，第33页。

折的街，狭小龌龊的房屋。”[①] 高尔基以自己明朗而充满激情的语言提示着，契诃夫的这种伤感或者愁绪实际上源自对现实处境的不满：人应该是努力地、创造地活着，而不是一边堕落，一边期待。契诃夫这样对他说：

> “我们习惯了在期待和希望中活着——我们期待好天气，期待好收获，期待美满的恋爱，希望发财，希望被任命为警察局长。可是我从没有见过一个人希望自己变得更聪明的。我们心里想，换了一个新的沙皇，情形就会好转，两百年以后情形一定更好，可是并没有一个人出来努力使得这种好转明天就成为事实。总之，生活一天比一天地变得更复杂，它自己向着人们不知道的什么地方走去，而人们呢，却显著地变得更愚蠢，并且逐渐地跟生活越离越远了。”[②]

他渴望人的内在智慧的成长和创造。如柯罗连科所说，1880年代末期在他看来如一片“沉寂、倦怠、唱着哀歌的草原”，而契诃夫却“乐天、愉快，充满着朝气和力量”。[③] 随着创作日趋严肃，随着他作为一个敏感的作家越来越直面并审视

① 高尔基：《安东·契诃夫》，《文学写照》，第110页。

② 高尔基：《安东·契诃夫》，《文学写照》，第117页。

③ 符·加·柯罗连科：《安东·巴甫洛维奇·契诃夫》，《同时代人回忆契诃夫》，第86页。

着生活和时代，在契诃夫的内部，实际上也躺着一个忧伤的叔本华以及将人性彻底解剖的陀思妥耶夫斯基，只是所有的文字经过他反刍式的克制，成为看起来体面而诗意的表达，带有一种象征色彩的优雅。契诃夫仿佛在暗示时代境况的严峻，在其中的所有失败者内部，都有一种超越自身的希望或可能。而批评家们，则大多担忧契诃夫的才华没有“正确的方向”，这是契诃夫在新时代的孤独。

三

一方面受欧洲现代文学传入的影响，另一方面处在沙皇俄国新旧交替时期，这再次提醒读者：契诃夫不是简单的现代性作家，尽管在《草原》《古塞夫》《农民》《海鸥》等作品中，那些富于象征色彩的新颖形式脱颖而出。新鲜的现代空气通过地中海和中亚的海洋吹过来，与此同时，旧的哥萨克的野性和慵懒，还在狂风中的旷野与世隔绝。这真是一个神奇的民族，无数的文人圣徒苦行僧式地在俄罗斯大地上自我拷问，通过观察和思考寻找自己和民族的出路。契诃夫的文学也成为衔接俄罗斯民间世界和西欧文化的一个媒介。所以他的文字中也有这样的纠结、痛苦，仿佛在帝国爬满了虱子的银器上看到了远方可能有的光亮。

20 世纪 20 年代，俄国神学家、宗教学家 B. B. 津科夫斯基依照俄国 1917 年深刻的“历史教训”，分别指出俄国 19 世纪

60 年代成熟完善的民粹思想和西化思想的状况。民粹是俄国思想和宗教的必然结果，因为它承载着作为大多数的农奴和农民阶层：他们不需要被教导，且永远是正确且值得学习的。在他看来，这很容易走向无政府主义-社会主义的道路。而且，“泛道德化”的民族，导致了精神政治的超越和对现实的忽视。在这种情况下，内在的规则和外在的现实被割裂开来。①

而托尔斯泰和陀思妥耶夫斯基深谙欧洲文明，他们一度以为民族的未来在于欧洲，而当欧洲现实全部裸露时，他们深刻认识到必须探索一种新的路径。托尔斯泰最后走向了几乎脱离审美趣味的“心中的天国”，陀思妥耶夫斯基则恼羞成怒地认为“俄罗斯民族的未来在亚洲”。但无论如何，这时的欧洲文化已经渐渐内化到俄罗斯民族性之中。

1890 年代，契诃夫也开始对他所属的时代进行较为严肃的检视，在《万尼亚舅舅》(1895) 中，我们看到了他对知识分子的嘲讽，看到劳动和工作似乎是自我拯救之道，但在万尼亚舅舅的感叹中并没有民粹主义的倾向，而更多地是苦恼于人如何真诚地面对自己，创造并改变生活。同样，在小说《我的一生》(1896) 中，出身贵族家庭的“我”“自甘堕落”，在城市换了无数种职业，却因为这些职业的重复、无聊表现出极端的厌倦、无能、疲弱，“我”似乎认识到托尔斯泰说的“生活的全部谎言，是如此地令人痛苦，又如此地浓缩在城市中”。②

---

① B. B. 津科夫斯基:《俄国思想家与欧洲》，第 145—160 页。

② B. B. 津科夫斯基:《俄国思想家与欧洲》，第 160 页。

于是，在一名女子的感召下，“我”违背了父亲对贵族本该体面的身份要求，到了乡村结婚并选择了劳动。然而后来，“我”却同样感受到了农民的愚昧、贪婪和堕落。妻子无法忍受这种粗鲁生活，离“我”而去。由此，爱情和亲情都日渐抛弃了“我”（或者说，“我”抛弃了爱情和亲情）。最后，只剩下“我”孤身一人在乡村的“荒原”奋斗和努力。这篇小说常常被认为有托尔斯泰的影子，但可以看出，正如早期小说《没有意思的故事》和《忏悔录》《伊凡·伊里奇之死》的关系，契诃夫关心的还是何谓真正的生活，以及真正生活者本身的孤独、不幸。因此，他并不认同托尔斯泰最后的选择，即将民粹思想上升到宗教的高度。有农奴背景的他，在泥泞和贫穷里挣扎过的他，深刻知道将希望寄托于乡村、农民、贫穷是一厢情愿的，虽然他也认为，在与农民距离更近的大自然面前，人应当是谦卑的。

而渐渐地，在托尔斯泰那里，文化和审美只要对“人民”来说毫无益处，就要走到被否定的地步。显然这是契诃夫并不认同的。从他对《复活》的评价就可以看出来：“《复活》是一部出色的长篇小说。我很喜欢它，只是必须一口气，一次读完它。结局没有趣味，而且虚伪，在技巧意义上的虚伪。”① 在生命的最后时期，他甚至还说，“不应当把果戈理降低到人民的水平上去，而应当把人民提高到果戈理的水平上来”，否则这样所谓

① 1900 年 2 月 12 日致苏沃林，《契诃夫文集》第 16 卷，第 296 页。

的“人民文学”“都是胡闹”，“都是人民的糖果”。[1] 契诃夫似乎十分反感“人民”这个称谓，他觉得这样的称谓本身就带有不平等的优越意识。他在小说中也指出过，这个概念是“一种抽象的东西”。(《生活的烦闷》，1886) 如果要称呼这个词语的话，“人民”应包括所有人。[2] 他更愿意在一种横向平等的空间的意义上来谈论俄罗斯人的生活。基于这样的期待，他在《新娘》(1903) 中甚至说，“顶重要的是我们所谓的群众，照现在那样生活着的群众，这种恶劣现象，到那时候就不再存在，因为人人都会有信仰，人人都会知道自己为什么活着，再也不会有人到群众里面去寻求支持”。[3] 这就指向了契诃夫所期待的：民众在整体上的提升要胜过任何慈善事业。这点在纳博科夫的契诃夫批评中也有显现：“纯粹的艺术、纯粹的科学、纯粹的学问，它们不和大众发生直接的联系，但最终来看，它们的成效会远远超过那些慈善家们的笨拙糊涂的努力。”[4] 道德退回它应该在的位置，“群众”和“人民”的称谓也将自行消亡。显然这和托尔斯泰的“人民观”“艺术观”完全不同，托尔斯泰曾在《忏悔录》中深刻反思，如果自己所属阶层的文学艺术不能让大众

---

① 1903年11月2日致斯坦尼斯拉夫斯基，《契诃夫文集》第16卷，第534页。

② “凡是比我们愚蠢而肮脏的，那就是人民，(而我们不是人民。) 行政机关把人分为纳税阶层和特权阶层。然而任何分法都是不适当的，因为我们都是人民，凡是我们所做的最好的工作都是人民的工作。”契诃夫：《笔记本》，《契诃夫文集》第13卷，第422页。

③ 契诃夫：《新娘》，《契诃夫小说全集》第10卷，第442页。

④ 纳博科夫：《俄罗斯文学讲稿》，第253页。

懂，就不是好的艺术，就是孤芳自赏的剥削的艺术，也是脱离大众的艺术。[①]虽然同样希望致力于社会改良，但他们的出发点或者标准是不同的。托尔斯泰的努力来自对死亡的追问和与此相关的悲天悯人，这让他放弃了契诃夫那样“艺术本位”的标准，他认为艺术不是万能的，尤其在道德面前。

至于什么是契诃夫所说的《复活》在“技巧意义上的虚伪”，我们可以从契诃夫的另外一封信中得到映照：“当然，把艺术和说教结合起来是很好，但是对我来说这么做极为困难，从技术的原因上讲其实是不可能的。”[②]可以看出，这里的“虚伪”，是指允许“技巧”屈从于道德，从而带来艺术上无效的后果。可见，契诃夫对泛道德化、民粹及其与艺术的关系有着自己的思考。在他看来，泛道德化容易美化某一阶层，而将艺术与道德等同，则会伤害艺术规律，从而落入“虚伪”的圈套。正是因为这样，民粹思想的批评家才认为他没有方向和目标，质疑他的小说《第六病室》“漠不关心地把自己卓越的艺术细胞奉献给燕子和自杀者，奉献给苍蝇和大象，奉献给泪和水”。[③]然而，具体关切正是契诃夫在写作中时时警惕的，尽管他在作品之外常有明确的是非判断和道德议论，但他不愿意将这些内容在作品中明确显现，因为那样可能会陷入文学上的“虚伪”。

非常有趣的是，传记作者别尔德尼科夫通过考察契诃夫

---

① 托尔斯泰：《忏悔录》，《托尔斯泰文集》第15卷，第4—64页。

② 1890年4月1日致苏沃林，《契诃夫文集》第15卷，第35页。

③ 帕佩尔内：《契诃夫怎样写作》，第113页。

1880年代的创作，发现了一个非常有趣的现象。那就是“当作家感到非常‘气愤’，当他决定写一些抗议性质的小说、带有‘倾向性’的小说时，这种接近就表现得格外明显”。[①] 也就是说，契诃夫最早从《安娜·卡列尼娜》《伊凡·伊里奇之死》看到了反现实虚伪性的一面，这鼓励他更加自如地“接近”或加入这样一种反思现实虚伪性的文学创作。但同时，当托尔斯泰在文学中将道德渐渐上升到越来越本质的层面时，这种反虚伪的道德性渐渐可能沦落到另一个艺术虚伪的层面。这是契诃夫所不能认同的。因此，技巧上的“虚伪”，可能恰恰来自类似托尔斯泰小说《复活》结尾在道德层面的宗教救赎或训谕。这种情况下，在整个1880年代，无论从文学艺术界的整体诉求还是前辈大师托尔斯泰那里，契诃夫都隐约感受到同一种社会批判、道德诉求的高度统一性。这对讲求艺术创作只以真和自由为标准的契诃夫来说，无疑是僵硬、乏味和压抑的。

四

契诃夫虽然没有屈服于前辈对他文学创作的道德强压，却在自己制造的孤独和痛苦的牢笼里不能自拔。他的忧伤和沉闷，仿佛是在缺少自由氧气的朦胧雾气之中，有人在说着看起来没有必要的梦话。契诃夫懂得生而渺小的道理，也懂得人内

---

① 别尔德尼科夫:《契诃夫传》，第182页。

心深处崇高追求的真切。正是这样一种深层的矛盾，让他的表达有一种失语或顾左右而言他的状态。正如他在梅特林克的戏剧作品《盲人》中看到的一种“静止的冲突”，一种“古怪而美妙的东西”[①]，但这昭示着更为激烈的深层情绪。契诃夫并不完全认同和宗教密切关联的民粹思想，正如后来白银时代的思想家布尔加科夫认为，契诃夫这种带有颓废色彩的静止和沉闷，正是来源于宗教的匮乏。

> 在拒绝基督之后，知识分子在自己心中携带他的印迹，在对他的无意识思念中徘徊，不知道如何消除自己的精神饥渴。这个极度不安，这个对非此世真理的非此世的梦想在他们身上留下特殊痕迹，让他们变得非常奇怪、狂暴、喜怒无常，如同中了魔似的。[②]

布尔加科夫揭露了在变革时代，旧有的宗教传统在知识分子身上所遗留的痕迹，以及对他们自身存在的困扰。但对于契诃夫这样一位成长于平民背景和科学时代的年轻人来说，回

① “我看完了他的《盲人》(*Les aveugles*)、《不速之客》(*L'intruse*)，正在看《阿格拉凡和赛莉塞特》(*Aglavaine et Selysette*)。这都是些古怪而美妙的东西，可是给人留下巨大的印象；如果我有一个剧院，那我一定会上演他的《盲人》。”1897 年 7 月 12 日致苏沃林，《契诃夫文集》第 15 卷，第 539 页。

② 谢·尼·布尔加科夫：《英雄主义与苦修主义》，《路标：论俄国知识分子文集》，第 117 页。

到笃定的宗教信仰显然是虚妄的。他曾在手记中不无犀利地谈到信仰和科学的区别。他说，当你口渴的时候，你想喝下去整个大海，这是信仰；当真正喝起来，也顶多是一两杯水就能解渴，而这是科学。[①] 这个说法十分形象地解释了科学和信仰的本质区别。早在 1882 年，托尔斯泰在《忏悔录》中就十分痛苦地反思从生命必死的科学理性推导到生命无意义的问题（一两杯水），只能从非理性的民众的信仰之中获得慰藉（大海）。不过，和托尔斯泰不同的是，在契诃夫那个时代，科学和艺术的世界冲击着传统的宗教信仰，他作为这种环境下的科学从业者（医学），已经不能像他的父亲那样保持一种宁静、自足而坚定的信仰状态。因此，他的那些宗教题材或含有宗教元素的作品，往往源于对人存在方式的观察，和某种追忆的热情和悲悯，有时甚至带有一丝童话或喜剧色彩。他写独自去教堂忏悔的儿童（《在受难周》），写因为酗酒和多子在世俗生活中挣扎的神父和助祭（《信》），写因为复活日未能施舍而陷入自责乃至影响到后半生的善良人（《哥萨克》），写见识到人间流动的奢靡与欲望之后不能再平静唱诗的修道院长老和修士（《无题》），这些故事似乎并非缅怀宗教的"无意识徘徊"，而是一种普遍的生之苦恼。它们似乎继承了果戈理、列斯科夫的书写传统，但并没有因此陷入神秘。契诃夫的神秘性似乎从来都和宗教信仰无关，而是一种对当下科学的有限性、对无法解释的

① 契诃夫:《笔记本》,《契诃夫文集》第 13 卷，528 页。

决定性力量的猜想。而这种普遍的"生之苦恼"，恰恰也在20世纪焕发的新的存在哲学和艺术中得到印证。

与揭露社会性矛盾、表达一种观念和思想相比，契诃夫的批判似乎并不在这些明显可见的问题上，他更加着力的似乎是生活普遍的平庸状态，并不得不在客观上允许这种平庸持续下去，一直到无可挽救的地步。这种无孔不入的描述乃至批判，似乎是他和前辈作家不同的地方。或许，我们也可以从宗教的角度认识这个问题：上帝死后，被放逐的人类身上弥散着一种均等、均质的存在，平庸滑稽，但又仿佛还在等待什么救赎的力量。既然这样，失去"规约"和可能的惩戒而一盘散沙之后，人们就可以任凭慵懒、虚伪、贪婪等人性之恶泛滥吗？因此，与关注更为宏大的叙事和主要的社会矛盾相比，契诃夫更在乎每个个体内在充盈的流动的力量。在更早期，他只是呈现这种被上帝放逐之后暴晒在阳光下的日常生活。时光静静地流淌，有的甚至慢慢结着蛛网，无法挽回（《一个暴躁的人的札记》）；有的奔向未知，奔向不可控的方向，然而无可挽回，似乎也无须挽回（《风滚草》）。而后，随着年龄增长，他的故事被更为浓厚的情绪或思想的影子笼罩了。

当然，在契诃夫后期的小说和戏剧中，的确常常充盈着一种寻找解释一切的意志的愿望和冲动，一种似乎能够取代上帝的神秘气息。因此，他会被别尔嘉耶夫（1874—1948）一类白银时代的作者赋予宗教属性。但毕竟，契诃夫寻找的这个"神秘力量"，不是使人被决定，而是被解释的力量：随着时间的流逝，那些留给人自身的黑暗隧道可以解码，但永不能完全解码。他有时希望或相信生活是进步的，是美的，科学的。几百年以后的生活自然是灿烂的。(《三姊妹》)从这个意义上说，他身上的确保留着彼岸世界的特殊痕迹，是宗教时代的“后遗症”，一种想要解释一切的终极惯性和冲动，但鉴于契诃夫的时代语境与科学经验，它已然不是宗教的。正如帕佩尔内所说：“托尔斯泰的原则是：丰富的细节；契诃夫的原则是：细节的丰富性，这个细节令人不自觉地游离出来，它好像在重复中发生变异，同已经变化了的自身相遇。”[①]“丰富的细节”服从于远大而坚定的目标，这在托尔斯泰的写作中愈发鲜明，而契诃夫“细节的丰富性”把读者带去茫茫无所住的世界，“多余”、“七零八落”。[②]它令人惊奇、心灵震颤，或迷茫，或欢喜，或伤感。

而且，契诃夫所崇敬的60年代不仅仅是民粹思想成熟的时代，还是一批知识分子在探讨国家未来的时代。他的许多看似孤立的人道的举动，都是在那个年代生长出来的。这时农奴制改革开启了俄罗斯美好未来的序幕，地方自治、法制改革，年轻人有各种各样的机会参与到社会公共服务之中。因此，有历史学家说，“19世纪50年代末至60年代初是一个罕见的同心同德的时代，左、中、右各路力量都团结一心协助政府执行其宏伟的改革计划”。[③]而俄国知识分子这时普遍具有一种究天

① 帕佩尔内:《契诃夫怎样写作》，第106页。

② 列夫·托尔斯泰:《列夫·托尔斯泰论创作》，第59页。

③ 理查德·派普斯:《旧制度下的俄国》，第388页。

人之际的真诚，契诃夫所缅怀的，正是这种60年代传统。在他看来，这是小市民生活繁荣的80年代所不能及的。

但是，契诃夫的孤独并没有让他傲然众人。与托尔斯泰相比，一方面，他不太在作品中增设过多明确的说教内容与暗示。另一方面，在他那里，除了创作，真正的自由来自于克制。就像梅列日科夫斯基所说的那样：

> 契诃夫比屠格涅夫质朴，后者有时候为了美或好看而牺牲质朴；比陀思妥耶夫斯基质朴，后者要经历终极的复杂，为的是达到终极的质朴；比托尔斯泰质朴，后者有时候太处心积虑地要成为质朴的人。[①]

这种文学上的“质朴”就是基于科学和自然的“克制”，包括对美与善书写的适可而止。而且，品性上的质朴让他成为一个正直、谦卑而受人称赞的人。所以有一天，托尔斯泰会打电话同他说：“今天我过得多么好！我的灵魂非常快乐，所以我希望您也快乐！特别是您！您是个好人，很好的人。”[②] 大多数时候，契诃夫的作品带着温情的笑，好像是饱经沧桑的老人向人谈及自己相熟的同乡或者记忆中的人，一边还燃着篝火，喝着温暖的茶或者酒。说起可爱的事情，笑出眼泪，说起可悲的事情，也笑出眼泪。而那个述说的老者，就是契诃夫本人。然

---

① 梅列日科夫斯基:《契诃夫和高尔基》,《先知》，第302页。

② 高尔基:《列夫·托尔斯泰》,《文学写照》，第37页。

后，随着时间的进展，苦痛越来越深，讲述者变得越来越忧郁，色调变得阴冷起来，刮起了风，下起了雨，屋子里有些潮湿，低沉的情绪中，故事变得游离、伤感，语焉不详，夹杂着心酸的嘲讽、永恒的苦恼。也就是说，他傲然众人的，不是道德说教，完全相反，是对人类内部确定不易的世界观、价值观与既定存在方式的深刻怀疑与消解。

五

晚年的托尔斯泰似乎没有契诃夫那样淡定，或者说没有契诃夫隐藏得那样体面。托尔斯泰观察上帝的癖好源于观察死亡，基于对死亡的恐惧和焦虑："他离开他们远远地一个人隐居在荒原上，用了他全部精神力量，孤独地，一心一意地去探究那个'最主要的东西'：死。"① 正因为对生命的渴望和强大的精神力量，所以他上下求索，最后，他意识到解决问题的办法是人人互相的"爱"。② 而他因为童年的经历和某种宿命般的嘲讽，却似乎并没有充分的"爱"的能力，甚至因此有了某种专制的倾向："殉道者和受难者中很少有不是专制者和暴君的"，"专制的意向，就是想增加他的教训的重量，使他的说教成为不可

① 高尔基：《列夫·托尔斯泰》，《文学写照》，第 42 页。

② "死亡和痛苦像一群吓人的东西从四面八方威胁着他，把他赶到一条为他开放的、服从理性法则、表现为爱的人生道路上去。"托尔斯泰：《人生论》，第 197 页。

辩驳的东西，并且拿他的受苦来使它在别人的眼里成为神圣不可侵犯的，他好强迫他们来接受它”。[①]高尔基这种有些脱离宗教语境的刻薄评价，的确彰显了晚年托尔斯泰的某些道德的力量。他要在别人的目光之中转向另一个更良善的世界，并且认为自己能够引领“人民”到这样一个世界。

高尔基继续形容托尔斯泰说：“有时候人觉得这个老巫师在戏弄着死，他在跟死调情，他试着用这样的话来欺骗她：‘我不怕你；我爱你；我在等着你。’他又一直用那对锐利的小眼睛偷偷地看她：‘你究竟是个什么样子？你后面究竟有些什么？你要把我完全毁灭吗？或者我还有一些东西可以继续生存？’”[②]托尔斯泰思想的重大转折的确来源于对死亡的深刻思考，这在他的《忏悔录》中能够明显看出来，他也关心着人在死后能否永恒（“长生不死”）的问题；1897年，契诃夫在莫斯科突然吐血病重，托尔斯泰来探望，后来契诃夫对此次谈话的追忆和议论也体现出这一点。[③]但托尔斯泰似乎并不止于关心自己的死亡，他将目光投向全人类的幸福和解脱，并希望文学能够为此发挥正向的积极的能量而非反作用。而相比之下契诃夫并不关心死后的世界，虽然他对生活的叩问常常来自于死亡，他常常讲述关于以死（“终点”）为出发点的生活，探寻其背后的意义。他让作品

① 高尔基：《列夫·托尔斯泰》，《文学写照》，第40页。

② 高尔基：《列夫·托尔斯泰》，《文学写照》，第45页。

③ 1897年4月16日致米·奥·缅希科夫，《契诃夫文集》第15卷，第511—512页。

中的自杀者一次一次地完成对它的操练，抑或，用对厌倦生活的抑郁人的书写来对必然的死亡进行隐秘的反刍。托尔斯泰在《忏悔录》中列举了四种应对人必死和生之欲望的矛盾的办法：浑浑噩噩、寻欢作乐、强力手段（自杀）、无所作为。很显然，契诃夫对这四种办法都采取了不同方式的文学呈现，包括对它们的批判。或者，我们可以说，契诃夫的全部作品都是在以形形色色的方式表达这四种生活表征。但他并没有紧接着走向人民或宗教，而是以文学的方式停留在这样的有限的哲思当中。很显然，在文学中，无论是人民还是宗教，都不是契诃夫最终信任的。顶多，他将宗教审美化处理，就像他写那些富于浓烈悲悯气息、宗教元素丰富的小说一样。而托尔斯泰渐渐和他相反，将审美置入宗教或道德之中。托尔斯泰心中的良知和对生命的热爱（对死亡的恐惧）渐渐压倒了一切，他必须寻找办法首先来解决这个对他和整个基督教世界来说更为重要的问题。

在契诃夫和托尔斯泰少有的几次会面中，有一张珍贵的合影。1901 年 9 月 12 日，他们坐在阳台上，桌上放着小小杯盏。托尔斯泰在向契诃夫“训示”着什么，契诃夫谦卑地将双手合并在一起，低着脑袋，就像手插在袖筒中的温顺的农妇那样，倾听着他的教诲。这种景象让人想起契诃夫那句著名的话：如果托尔斯泰还活在这个世界上，他就觉得自己即使写不出什么，也感到坦然。[①] 现在，他眼前坐着的不是上帝的使者，而

---

① 1900年1月28日致米·奥·缅希科夫，《契诃夫文集》第16卷，第279页。

是一个可以笼罩着他的文学事业的艺术上的文学巨人，尽管这个巨人已经到了文学生命的黄昏。很显然，契诃夫的温顺让这样一个强大的“专制者”感到高兴，托尔斯泰认为契诃夫的作品和列斯科夫的作品一样，有着自己民族的风格。

> 他一直喜欢契诃夫，每次他望着安·巴的时候，眼光总是变得很柔和，他的眼光似乎在爱抚他的脸。有一天安·巴跟亚历山德拉·里沃夫娜一块儿在花园里小道上散步，当时托尔斯泰的病还没有好，他坐在露台上一把靠手椅上面，他的整个身子好像都在朝着他们伸过去似的，他喃喃地说：
>
> “阿，多么可爱的人，多么完美的人：谦虚，温柔得像一位小姐似的。他走起路来也像一位小姐。他真是个了不起的人。”①

而这个温和优雅的后辈的灵魂深处，有着与他完全不同的生命观、生活观、宗教观、死亡观，而且，随着托尔斯泰把宗教道德扩大化（笼罩艺术），这种最根本的分歧越来越严重。例如，谈到果戈理《死魂灵》第二部时，托尔斯泰发出“好心的微笑”：

> 我们全是很厉害的发明家！我也是一样的。我们写作

① 高尔基：《列夫·托尔斯泰》，《文学写照》，第56页。

> 的时候，会突然对一个人物起了怜悯心，于是就给他添上一点好的性质，又给另一个人物减去一点好的性质，为了使他不致显得比别人坏。[①]

于是，《复活》的结尾和《死魂灵》第二部由于宗教屈服而被烧毁的归宿一样，只是完成了作者对上帝和道德生活深沉而谦卑的臣服。托尔斯泰在临死前的最后几天里，还说："我深深感觉到写作的诱惑和罪恶——我感觉到这种诱惑和罪恶，一方面是为着别人，另一方面，尤其是为着我自己。"[②]托尔斯泰用自己的道德真诚替代了艺术的真诚，所以他一时认为艺术"是谎话，是欺骗，是专断，而且是对人有害的东西"。[③]和艺术相比，他更在意的是生命的最终归宿和全人类的福祉，而艺术所能扮演的角色太有限、太动荡和犹疑不定了。果戈理在他深邃的带有中世纪色彩的艺术洞窟中，以诡异之光照见了俄罗斯民族的腐朽和无聊，最后在宗教性的自我怀疑中发狂死去。托尔斯泰更是用反复、细密而富丽的语言翻转着俄罗斯民族性中的褶皱，他们在自己的艺术里登峰造极，就像无止境地奔跑的马车，一直在路上，直到能量用尽。而他们最后的怀疑或者臣服于上帝，或许也是艺术能量耗尽的表现。而作为医生的契诃夫，摒弃了如上种种渲染和挣扎，默默无闻地结束这一

① 高尔基:《列夫·托尔斯泰》,《文学写照》，第 68 页。

② 高尔基:《列夫·托尔斯泰》,《文学写照》，第 84 页。

③ 高尔基:《列夫·托尔斯泰》,《文学写照》，第 68 页。

切。与他们相比，契诃夫太正常了，正如吉皮乌斯在回忆录中所说："'正常'一词简直就是为契诃夫而想出来的。"[①] 他拒绝将生活和死亡过分浪漫化或神秘化。在托尔斯泰那里，创作可能是他庞大的财富和欲望的一部分，而对契诃夫来说，创作只是一件平常的乐趣，是谋生的技艺。作为读者，你常常能够从中感受到他作为天才的能量（忍不住想说："妈的，太有才华了！"）和被迫写作的任务（忍不住想说："契诃夫，你又在瞎编故事了吗？"）并行的诡异气氛。契诃夫早就意识到死亡的存在，意识到生活中潜在的有限和无望，所以他随时准备着。虽然他不信仰上帝，但是在生活面前，他相信介乎信仰和不信仰之间的具有智性的"个别的人"，[②] 充满希望的时候，他希冀他们能够通过自身的自觉和努力改变世界。尽管，这"个别的人"也往往使他感到悲观：

> 有一个聪明人就有一千个糊涂人，有一句聪明话就有一千句糊涂话，这个一千压倒一切；所以城市和乡村才进展得这样缓慢。大多数人，群众，总是糊涂的，他们总是压倒一切，让聪明人放弃把他们教育和提高到自己水平上来的希望吧；让他去修铁路，装设电话和电报吧，他会用这些征服一切，把生活推向前去。[③]

---

① 吉皮乌斯：《往事如昨——吉皮乌斯回忆录》，第214页。

② 1899年2月22日致伊·伊·奥尔洛夫，《契诃夫文集》第15卷，第151页。

③ 契诃夫：《笔记本》，《契诃夫文集》第13卷，第482页。

与前述把“人民”的水平提升上去，而不是让所有人降落到“人民”的理想相比，现实往往是与之相反的。所以，本着客观的态度，他的创作也不会随着生命的终结而发生本质上的变化，这也是他对待死亡的稳定冷静的态度。在托尔斯泰那里，上帝或道德是他抵御死亡的最好归宿，他将自己交付给上帝，也许，这正是生命力或欲望一直不甘随着死亡到来而形神俱灭的体现。

六

早在 1894 年，不满于托尔斯泰的道德训诫和他对退回苦修生活的提倡，正值创作旺盛期的契诃夫写信给苏沃林说：“不管怎样，托尔斯泰已经消失，他不在我的灵魂里了，而他在离开我的时候说：我一走，您的房子可就空了。我就此变得空空如也。”[①] 后来没多久，托尔斯泰读完他的《文学教师》，也表示出了无限的隔膜感：“他本人没有任何坚实的东西，因此他不可能教育别人。他永远在动摇和探索。”[②] 总之，从那时候开始，契诃夫只能面对自己的写作，因为没有谁再能让他在文学的世界中有所敬畏和崇拜，或代替自己来写作了。这“空房子”里坐着的，只有他自己，或者，什么也没有。尽管在生命的后期，他和托尔斯泰依然维持着非常亲密的友谊。但可以说，在

---

① 1894 年 3 月 27 日致苏沃林，《契诃夫文集》第 15 卷，第 342 页。

② 列夫·托尔斯泰：《列夫·托尔斯泰论创作》，第 56 页。

文学界，从批评到创作环境，契诃夫都是孤独的。

写于1897年的小说《佩彻涅格人》，似乎暗合了这种处境。一个老人，退伍的军官穆日兴，在日渐衰老行将就木的情境下，总希望能够有个彻底的信仰，他喜欢在夜晚思考“重大而严肃的事情”，他希望自己像路上偶遇的吃素的律师先生，因为有信仰而“活像搬不开的大石头”，“有所寄托”“心里踏实”。他孜孜不倦地追求，罔顾眼前的生活，议论时代的思潮，议论人类的进步，而实际上，他的灵魂并没有变化，给人一种空虚和虚弱之感。“他琢磨着死亡已经临近，为了拯救自己的灵魂，最好不要再游手好闲”，“比方步行到很远很远的一个什么地方，或者像这个年轻人一样戒绝肉食”。[1]半夜里，老人因为睡不着，要和律师聊天，于是他们从穿堂走到外面，月光下一望无际的草原景色异常美好。契诃夫似乎在这部小说中回答了那个时代关于艺术和道德之关系的问题，那些漫无天际的月色，那目前正在进行的真实的日常生活，正可以说明存在之神秘与永恒，也说明了契诃夫作为过渡时代的生活者所承担的新的责任。

---

① 契诃夫:《佩彻涅格人》,《契诃夫小说全集》第10卷，第148页。

第三章 “黑葡萄酒”

艺术家的全部精力应当用在两种力量上：人和自然。[①]

一

《草原》(1888)是契诃夫成名之后，在批评家和他尊敬的文学长辈催促下写出的相对长篇且严肃的作品。正如前述俄罗斯1880年代思想潮流对作家创作的影响，对其批评大多指向作品内容及思想配不上他的才华。虽然写作这篇小说只花了三个月左右，但对习惯一周一个短篇的契诃夫来说，仍然是艰苦的。他反复同别人说，自己在写一个“大东西”，初次为“大杂志”所写。[②]他为此耗费了很多精力，甚至来不及写短篇小说挣钱。在这部小说中，他把自己严肃的思考还有自己喜欢的题材和人物都放了进去。但他写得也很享受，缓慢琢磨，以至于到后来感到有些厌倦。[③]

---

① 1888年1月12日致德·瓦·格利果罗维奇，《契诃夫文集》第14卷，第256页。

② 1888年1月9日致符·加·柯罗连科，《契诃夫文集》第14卷，第252页。

③ 1888年1月18日致亚·彼·波隆斯基，《契诃夫文集》第14卷，第261页。

契诃夫自述，在写得舒适时，他觉得仿佛周围散发着夏日甘草的味道。《草原》的发表，一时间又掀起了对他名声的散播。契诃夫跟他的妹妹写信说：“不管走到哪儿，到处都在议论我的《草原》。”大编辑苏沃林家里的孩子，也像看明星那样看着契诃夫，把他们养的小狗也改名为《草原》中小狗的名字。[①] 契诃夫因此得到很大一笔稿费（1000 卢布）。人们称赞契诃夫拿起了一个仿佛被遗忘的素材，使他们知道俄罗斯还有美好的遗产。《新时报》评论家布列宁也将契诃夫与果戈理和托尔斯泰相提并论。契诃夫则谦称该作品四分之三都没有写好，在文学上却占领了“草原国王”果戈理的领土。[②]

《草原》的结构有点像几个短篇的连缀，契诃夫自述就像一个“卡德里尔舞曲”的五个舞式，但他更在意的是感觉和气味。[③] 之后他还计划写更长的小说，关于一个县城的家族和风景，可惜这篇小说没能写完并留存下来。[④] 他声称，好的长篇小说要写上好几年，但是他的问题是很容易厌倦，“我有一种本领，到了今年就不会喜欢去年写的东西”。[⑤] 在《草原》发表

---

① 1888年3月15日致玛·契诃娃，《契诃夫文集》第14卷，第296—297页。

② 1888年2月5日致德·瓦·格利果罗维奇，《契诃夫文集》第14卷，第275页。

③ 1888年1月12日致德·瓦·格利果罗维奇，《契诃夫文集》第14卷，第255页。

④ 契诃夫几次想写长篇小说，例如讲述县城故事的《我的朋友们生活的故事》等，都没能完成。见《契诃夫文集》第14卷，第256页。

⑤ 1888年10月9日致德·瓦·格利果罗维奇，《契诃夫文集》第14卷，第376页。

之后，契诃夫想要将它扩充成长篇的愿望也因这种厌倦而慢慢搁浅。

正如谈到文学史上的许多伟大的短篇小说家能否写长篇，我们会问：这究竟是作家的偶然还是必然，是否涉及他们创作基因中的某种秘密？这对契诃夫来说也不例外。这里，不妨回到他 16 岁时写的一首诗（契诃夫曾经一直梦想成为莱蒙托夫那样的诗人，而且，少年时期，他喜读诗歌胜过散文）：

> 巴布金诺的明亮的星星！
> 青春像快板乐曲一样转瞬即逝，
> 鲜美的樱桃留下的是小核，
> 豪放的酒宴留下的是狂热的芥末。

这首诗还有作者附言："这四行诗是在'痴迷的哲学情绪控制下'写的。"[①] 显然，它并非一般意义上那种自然流畅、含蓄蕴藉的抒情诗。而"痴迷的哲学情绪"在诗中显示为物象的永恒性（星星、小核）与生命、情绪的有限性（青春、乐曲、樱桃、芥末）之间的关联。其趣味和情感，以及富于象征意味的青春风调随之急转直下。这似乎暗示契诃夫在诗歌中也并没有讲故事或抒情方面的漫长热情。（虽然，在这部小作品中还能看出普希金的影子。）契诃夫少年时期还写了一些短诗，也都以

① 格罗莫夫：《契诃夫传》，第 67 页。

诙谐、趣味见长。这样的诗歌或许能够给我们提供契诃夫写作（包括篇幅习惯）的某些秘密。据说，他写小说是先有形象或情节，然后加以连缀，故事的逻辑性并不是他最感兴趣的。[①] 契诃夫也曾经自述，写开头和结尾是他最乐意的，中间部分则显得乏味和冗长。[②] 这样的话，《草原》的长篇改写失败，就可能不仅是因为新鲜感的缺失；他后来试图写的县城几代人的长篇故事搁浅，似乎也不是没有类似根由的。实际上，在写作《草原》之前，契诃夫就写过一些草原题材的短章、速写，例如《幸福》（1887）等，如果将之以某种方式内嵌到《草原》中，也不会令读者感到突兀，可见即便篇幅稍长，其结构也是散文化的。

二

《草原》的故事大体是这样的：九岁的小男孩戈鲁什卡跟着卖羊毛的舅舅库兹米巧夫去外地上学，和舅舅同行的还有替女婿去卖羊毛的神父赫利斯托弗，以及马车夫简尼斯卡。他们赶着马车横跨草原，从塔甘罗格到乌克兰的基辅，一路经历了各种景象和人事。《草原》几乎用一个孩子的视角撑起了整个故事。戈鲁什卡的内心因着周边环境的变化而变化：平静、害

---

① 符·加·柯罗连科：《安东·巴甫洛维奇·契诃夫》，《同时代人回忆契诃夫》，第 87 页。

② “我写惯了篇幅很小、只包括开头和结局的短篇小说，我感到在写中间部分的时候，就烦闷起来，写得啰里啰唆了。” 1888 年 10 月 9 日致普列谢耶夫信，《契诃夫文集》第 14 卷，第 378 页。

羞、恼怒、委屈、孤独……伴随着这些的，是幽灵一样可爱的人们：那烈烈夏日中的马车和商队，孤独的旷野、寂寞的河边、无所事事的被爱情冲昏了头脑的猎人，穷苦的、为了钱的犹太旅馆老板夫妇，以及“我”母亲小时候的闺蜜，等等。当小男孩被送到寄宿的母亲闺蜜的家，一路相伴的舅舅和神父告别了他，那种已经习惯的旷野中的孤独感和安全感又被剥夺了，他又需要培养起新的“孤独”，也就是，小男孩新的“流放”又开始了。因此，同时代的作家列斯科夫看完《草原》之后，认为自己读了一部契诃夫版的“苦儿流浪记”。

《草原》令人感动的地方，在于它深深地呈现了一个孩子的孤独心灵和俄罗斯民族生活中天真和昏暗的相得益彰。契诃夫曾说：“显然，美好的、永恒的东西是有的，然而在生活之外。”①《草原》大概就是他在俄罗斯的自然和民族性之中所描写的“美好、永恒的东西”。而这并不完全在现实之中，还在俄罗斯古老的民族情绪里，在其文学传统如果戈理的文学那里。

《草原》中还蕴含着契诃夫自己的经历。据说某些片段和在塔甘罗格的时候母亲的回忆性叙述有关。作为呢绒商的外祖父在经商的路上死于霍乱，外祖母带着当时还年幼的母亲租了一辆车子，长途跋涉，横跨草原、穿过森林，去寻找丈夫的坟墓。契诃夫的母亲喜欢跟他们讲述这场漫游，这也是最令她惊心动魄的童年回忆。就这样，草原深深地印记在契诃夫的内

① 契诃夫：《笔记本》，《契诃夫文集》第13卷，第578页。

心，并且催生更宽大的想象世界，让他淳朴的内心的孤独得到慰藉与释放。这使《草原》中天然的人在忧郁的环境里，或忧郁的人在天然的环境里无间地融合。

某种意义上，这篇小说也是以一个孩子的视角来呈现俄罗斯大地（草原）和它的国民性之间的同呼吸、共命运。据说，契诃夫在去世前不久，曾听到年轻诗人圭利亚罗夫斯基向他讲述最近的一次草原之行：

> 契诃夫感叹道：“啊！草原！草原！你真幸福！那里是诗情画意的王国和力量的天地。草原到处是黑黝黝的，跟我们这里截然不同！”随后契诃夫又靠到枕头上，紧闭双眼，脸上露出纯真的微笑。[①]

几乎每个诚恳的作家都曾被自己的祖国吸引并“折磨”。契诃夫也在其中塑造了天真、淳朴甚至混沌的俄罗斯民众性格。《草原》中，马队的人听着潘捷列讲的故事，这个“走遍俄罗斯，见闻那么广博，妻子儿女已经活活烧死”的人，却尽讲述那些“没有发生过的事情”。然而，听故事的人，却不管真假，都投入信任和感情。

> 他们喝稀饭的时候，都闷声不响，只想着刚才听到的故事。生活可怕而奇异，所以在俄罗斯不管讲多么可怕的

① 亨利·特罗亚：《契诃夫传》，第340页。

> 故事，也不管拿什么强盗窝啦、长刀啦、种种奇迹啦，来装饰它，那故事总会在听讲人的灵魂中引起真实的感受，也许只有学识丰富的人才会怀疑地斜起眼睛，不过就连他也会一声不响。路边的十字架、黑压压的羊毛捆、辽阔的平原、聚在篝火旁边的那些人的命运，这一切本身就又奇异又可怕，传说和神话的离奇怪诞反倒苍白失色，跟生活混淆起来了。①

正是这种混沌、沉醉的特征使俄罗斯民族的生活昏暗、沉闷又充满了生气，他们似乎也安于这样的生活。契诃夫抓住了这一最为矛盾的特征，在小说中塑造了一个又一个这样带有普遍性的角色。白银时代的哲学家别尔嘉耶夫后来在《俄罗斯命运》（1918）中反思了这种品性。他将俄罗斯民族这种非理性的带有迷醉色彩的性格，比作“黑葡萄酒”，它“把我们的历史转化为幻想，变作一部与实际不相符合的浪漫小说”。他认为，这对于俄罗斯的未来发展是不利的：“我们拥有的是一个幻想性的与隐藏在政权背后的黑色的、非理性的、迷醉的力量相调和的枯燥、理性的彼得堡官僚制度。”②

从政治现实的角度考虑，这种“黑葡萄酒”的确可能会灌注出昏庸的政治，但从俄罗斯文艺的事实和民族根基的角度，它又是不可或缺的“俄罗斯灵魂”。《草原》沿着果戈理以来的

---

① 契诃夫：《草原》，《契诃夫小说全集》第 7 卷，第 202 页。

② 别尔嘉耶夫：《黑葡萄酒》，《别尔嘉耶夫集》，第 28—32 页。

书写传统，可以说是对俄罗斯民族（包括乌克兰）的这种“黑葡萄酒”进行了重新“酿造”。与别尔嘉耶夫这种分明的批评态度相比，契诃夫面对俄罗斯和西欧派，似乎自始至终都没有着急“站队”，他对二者当中的任何一面都保持着疏离和怀疑的态度。例如，在后来为写作小说《三年》准备的笔记中，有这样一则对话：

> 他在写《俄罗斯的灵魂》。高度的理想主义正是这个灵魂所固有的。让西欧派不相信奇迹，不相信超自然的东西吧，可是西欧派不应该胆敢破坏对俄罗斯灵魂的信仰，因为这是一种（注定）要拯救欧洲的理想主义。
>
> “可是这儿你没有写到为什么应该拯救它。”
>
> “这是不言而喻的。”[①]

这段对话中呈现了西欧派和斯拉夫派矛盾的事实，但契诃夫这则笔记并没有给出答案，“不言而喻”的回答含糊而意味深长。但这正体现了科学和时代的变化对俄罗斯宗教体系的冲击，给俄罗斯人带来的信仰危机。而在小说《三年》（1895）中，契诃夫所塑造的说出这番争论的主人公的哥哥费多尔（笔记中的“他”）似乎代表着当时俄罗斯的一种思想，甚至，它预见了俄罗斯白银时代某些主张和论争。在现实中，契诃夫职

① 契诃夫：《笔记本》，《契诃夫文集》第13卷，第436页。

业化的体面和农夫般的诚实下，掩藏着一个客观而游离的灵魂。他像一面通透的镜子，不加修饰地照见民族。于是，他最能看到这种“葡萄的颜色”。而越是这样简单自然的写作，越带着一种绚丽的美。小说这样描写旅途中夏日的草原上将要下雨的场景：

> 忽然间一阵狂风，来势那么猛，差点儿刮跑了叶戈鲁什卡的包袱和篷布。篷布被风吹动，向四面八方飞舞，拍打着货包和叶戈鲁什卡的脸。风呼啸着，在草原上飞驰，滴溜溜地乱转，刮得青草发出一声响声，雷声和车轮的吱嘎声反而听不见了。这风从黑色的雨云里刮下来，卷起滚滚的灰尘，带来雨水和潮湿土地的气味。月光昏暗，仿佛变得肮脏了。星星越发黯淡。人可以看见滚滚的烟尘跟它的阴影顺着大道的边沿急急忙忙跑到后面什么地方去。这时候旋风盘旋着，从地面上的尘土里卷走枯草和羽毛，它们一定害怕得很！可是透过迷眼的灰土，除了闪电的亮光以外，什么也看不见。[①]

这是《草原》的高潮部分，昏沉的草原和闷热压抑的夏日气息终于在一场风雨中爆发。这从遥远的昏暗世界传递过来的“鸽灰色”的世界，终于酝酿了金色的闪电，继而是一场迷醉

---

① 契诃夫：《草原》，《契诃夫小说全集》第7卷，第217页。

的洗礼，好比是一幅库尔贝的风景画。“黑葡萄酒”一方面体现了俄罗斯民族的慵懒性和“村妇性”（别尔嘉耶夫），但由它带来的审美质素同时又吸引着艺术家们，无论是果戈理、陀思妥耶夫斯基还是列斯科夫，都是擅长书写这样的俄罗斯灵魂的使者；虽然后来，它也因为经过内部革命和欧洲大战的洗礼被时时重新反思。

三

在这部小说写作前，1887 年 12 月 30 日，契诃夫在文学上的长辈和“恩人”格利果罗维奇致信给他，他期望契诃夫能写一个遭到俄罗斯民族重压的 17 岁的青年“爬进屋顶小室”自杀的故事，他的忧愁要远远超过歌德笔下的少年维特。然而，契诃夫在回信中坚称：“对一个把大家折磨到极点的问题应该作出令人痛苦的强烈的回答，而我们有足够的内在力量吗？没有。”[①] 他似乎对处理这样的带有沉重使命感的社会题材保持着谨慎的态度。他曾反复提及俄罗斯广阔的土地对俄罗斯人情绪和性格的影响。

> 您那个俄罗斯青年的自杀是一种欧洲人所不熟悉的专门现象。艺术家的全部精力应当用到两种力量上：人和

---

① 1888 年 1 月 12 日致德·瓦·格利果罗维奇，《契诃夫文集》第 14 卷，第 256 页。

自然。一方面是身体虚弱、神经质、春情发动提前、热烈地渴求生活和真理、巴望草原那样广阔的活动、心神不宁地进行分析、知识的贫乏和思想的奔放同时并存；另一方面是辽阔的平原、寒冷的气候、无知、冷酷的人民以及他们的沉重而平淡的历史、暴力统治、官僚制度、贫穷、愚昧、京城的潮湿、斯拉夫人的冷漠等。俄罗斯生活把俄罗斯人砸得粉身碎骨，如同一块一千普特重的石头砸下来一样。在西欧，人们灭亡是因为生活又挤又闷，可是在我们这儿却是因为地方太广阔而活不下去……空间那么大，弄得小人物没有力量确定方向了……

这是我对俄罗斯的自杀事件的看法……[1]

虽然无从知道是否参考契诃夫，后来别尔嘉耶夫的《俄罗斯命运》中，“论空间对俄罗斯民族灵魂的统治”这一节也有类似的概括：“俄罗斯人，土地的主人，感到无能统治这些空间，使它们秩序化。它们过分习惯于把这种秩序委托给中央政权，仿佛那是先天如此的。他们在个人的灵魂中感到了那种无法承受的无边无际。”“俄罗斯的惰性、满不在乎、缺乏首创精神、责任感薄弱，都与此相关。”[2] 契诃夫在写完《草原》后，告诉格利果罗维奇，《草原》中这个九岁的小男孩在忧郁而广

---

① 1888 年 1 月 12 日致德・瓦・格利果罗维奇，《契诃夫文集》第 14 卷，第 256—257 页。

② 别尔嘉耶夫：《俄罗斯命运》，第 57—58 页。

阔的祖国成长，到后来即便到了莫斯科或者彼得堡，也“一定不会有好结局”。这虽然某种程度上回应了《草原》与这位前辈作家对他的期许，但从《草原》的内容来看，契诃夫这种说法显然带有某种对长辈的迎合色彩，但他不会因为前辈的压力而使自己屈服于不属于自己的写作，尽管在书信中，他和前辈、好友、创作上的同仁无数次地谈到俄罗斯的社会问题，并给出坦率的意见。更多地，正如高尔基在回忆文章中所说，这篇小说是契诃夫为他自己写的。[①]

契诃夫不喜欢也不擅长描写明确的政治运动和时代斗争，或者直接回答严肃重大的社会问题。他只能在这样自然的世界里忧郁、关怀和悲伤，但这种忧郁和悲伤的感染力量似乎要远远超过许多看似明确包含暴力或斗争的题材。他认为导致世界上互相作战的力量不是知识、真理、是非，而是人。人在不懂的时候不在自己内部寻找原因，而向外求时就因为不理解“打起仗来”。[②] 因此，他将人放置在一个更为广阔的世界之中，呈现其有限性，这让他的写作不期然地获得了某种现代性，获得了 20 世纪的读者。当然，相应地，他也因此遭到同时代及后来人的批评乃至批判。

《草原》完成之后，同时期的天才作家迦尔洵非常喜欢这部作品。但没多久就传来迦尔洵跳楼去世的消息，这让契诃夫开始反思自己给老作家格利果罗维奇的回信中可能存在的冷

① 高尔基:《安・巴・契诃夫》,《同时代人回忆契诃夫》，第 537 页。

② 1889 年 5 月 15 日致苏沃林,《契诃夫论文学》，第 178 页。

漠。后来他以迦尔洵为原型写《精神错乱》，以及用文学表现抑郁情绪的《伊凡诺夫》，想必都是在尝试直面上述的时代问题。契诃夫发现，伊凡诺夫性格中的“狂热、负罪感、厌倦，这些都纯粹是俄罗斯式的……”[①] 他尝试以自己的方式继承对这一民族性格的书写，尽管他的写法并不像托尔斯泰与左拉那样带有明晰的社会学色彩。

不过，很有趣的是，1890 年，契诃夫在出版小说集《闷闷不乐的人们》时，对一个讲述青春期少年烦恼的故事《沃洛嘉》（1887）的结尾进行了改编，即让 17 岁（原稿为 18 岁）的少年沃洛嘉开枪自杀。处于青春期的少年沃洛嘉对生活迷茫，朦胧之中爱上一个 30 岁的少妇后又被其羞辱，他潜意识里总感觉当下生活肮脏、无聊，找不到自己想要的生活：“阳光和声音都在述说着这个世界上有个地方存在着纯洁优美而富于诗意的生活。可是那种生活在哪儿呢？”自杀的结尾仿佛是回应前辈作家格利果罗维奇的建议，也是对塔甘罗格的同乡医生叶烈美耶夫写信告诉他的有关当地 17 岁少年自杀的社会现状的回应。[②] 当然，虽然是回应前辈的期待，但这篇小说修改之后并不让人感到突兀，沃洛嘉的苦恼与自尊的逐层推进，的确有一种少年维特的悲剧意味。不过，这则故事是否能够因此承担“俄罗斯民族的重压”是值得怀疑的，契诃夫并不善于书写宏大叙事和崇高的道德理想感召下被摧毁的个体。

---

① 1888 年 12 月 30 日致苏沃林，转引自亨利·特罗亚：《契诃夫传》，第 101 页。

② 《沃洛嘉》题解，《契诃夫小说全集》第 6 卷，第 438 页。

《伊凡诺夫》也是契诃夫对“典型的俄罗斯人的性格”的呈现和反思，正如契诃夫在信中所表示的，俄罗斯民族中的青年因为各种各样的原因过早地陷入重压，走向毁灭。但这则故事也仿佛是契诃夫过早地对自己的生活和文学宿命做了一个预见性的总结。它表现了“长大了的少年维特”在切切实实的生活中所表现出的冰冷和麻木，以及陷入激情和疲倦的交替所带来的怀疑和痛苦，他害怕在这样循环之中继续彷徨和犹疑。于是伊凡诺夫选择了自杀。在孤独处境中的伊凡诺夫高度对象化自己的生活，并俯视它，将其中可能存在的崇高性解构，由此过早地陷入质朴的虚无。既然一切的朽坏都必然会发生，那么就让它不要发生，这就像钟表的摆动，在左右摇晃的时候，居于中间状态的静止实际上也许蓄积了更无限的能量。这正是伊凡诺夫所爆发的令人窒息的灵魂休止的状态。但在最后，伊凡诺夫还是选择终止这种摆动。正如结尾暗示的，只有这样他才能摆脱“旧我”，重获新生。

不过，这样的故事显然惹怒了大批的读者和评论家，1889年2月8日，契诃夫给苏沃林写信说：“关于《伊凡诺夫》，我接到了匿名信和非匿名信。有一个社会主义者（大概如此）在匿名信上大发雷霆，给我送来了辛辣的责难；他写到有一个青年看过我的戏以后自杀了，我的剧本有害等。”接着，契诃夫淡然地评价此事：“显然，人们看懂了，因此我很高兴……”[①]

---

① 1889年2月8日致苏沃林，《契诃夫论文学》，第158页。

这封信再次显示了契诃夫不将自己的创作屈服于某一方面某一派系的社会责任和道德说教，而只负责表现他所理解的世界和时代的真相。尽管这种基于文学的敬业与自由精神又呈现了某种冷酷色彩。

正如前述契诃夫所言：“艺术家全部精力应当用到两种力量上：人和自然。”如果说《伊凡诺夫》体现了对人现有的生活全部的不信任和反思，那么，在《草原》的自然书写中，我们看到了能够带给人生活之外的慰藉的部分。“人与自然”是契诃夫最为在意的，一方面，作为有创造潜能的个体，人似乎能够为所欲为；另一方面，广袤的宇宙和自然与短暂生命相比，会让人陷入永恒的伤感。这方面，我们在他后来的戏剧《海鸥》中妮娜在湖边舞台上那段乍看诡异而滑稽的“世界灵魂”的独白中也能够体会到。因此，契诃夫具有一种将人类置身自然与广袤莽苍的历史迷雾的自觉，这使其人物的痛苦并非具体的痛苦，使其怜悯并非具体的怜悯，使其良心也非具体的良心。

不过，后来，面临现代性的冲击，别尔嘉耶夫甚至这样哀其不幸地“诋毁”俄罗斯由此出发的精神文化：

> 俄罗斯知识界的广大阶层尤其生活于词语的伪装和表象的幻景里。……但知识分子自以为是思想和意识的代表，他们很难原谅思想的这种惰性和萎靡……生活于现实是十分困难的，就此而言，需要精神的独立劳动、独立实验和独立思想。在幻景、词语和事物表象中生存就容易一些。

> 大众习惯于将他人制造的词语和类型信以为真，寄生性地在别人的经验上生活。[1]

别尔嘉耶夫这种带有西方现代视角的批判，恰恰来源于对俄罗斯知识分子文学本质的深刻领会。当然，无论契诃夫作品中充满了多少被“黑葡萄酒”灌醉的俄罗斯国民，他同时也还是一个有“独立劳动、独立实验和独立思想”的人。作为世纪末的作家，契诃夫也并非像果戈理、列斯科夫那样，他注意到科学和哲学对俄罗斯世界的渗入，因此他又希望这部小说像他后来的《萨哈林旅行记》那样：“我的《草原》不像中篇小说，而像草原的百科全书。”[2] 一些评论常常引用这句话作为一种对小说含糊的称赞，但我想，这里的意思更指向其写作距离“科学”也很近：草原上的母子、牧羊人、飞禽，以及天地风物的变幻，除了人事的部分，的确是可以作为博物学来读的（当然，把人作为生物放进去也未尝不可）。也就是说，除了作为俄罗斯文学的丰碑之外，它也可以作为俄国文学的风俗志、博物志、民族志来研究。契诃夫给这部小说题名时，还附以“游记”二字，似乎暗示读者他是在以虚构的笔法来写作非虚构的作品。

当然，《草原》又远非纯粹的科学非虚构，其布满悲悯、爱与柔情的生动笔触，饱含着作者对于这个民族和包容它的大自然的热爱。契诃夫饱含深情地描述，一旦凝望自然，保持清

① 别尔嘉耶夫：《俄罗斯的命运》，第 187 页。

② 1888年2月3日致阿·尼·普列谢耶夫，《契诃夫文集》第14卷，第269页。

醒，便在天地之间感到无边的孤独：

> 每逢不移开自己的眼睛，久久地凝望着深邃的天空，那么不知道什么缘故，思想和感情就会汇合成一种孤独的感觉。人们开始感到一种无可补救的孤独，凡是平素感到接近和亲切的东西都变得无限疏远，没有价值了。那些千万年来一直在天空俯视大地的星星，那本身使人无法理解、同时又对人的短促生涯漠不关心的天空和暗影，当人跟它们面对面、极力想了解它们的意义的时候，却用它们的沉默压迫人的灵魂，那种在坟墓里等着我们每个人的孤独，就来到人的心头，生活的实质就显得使人绝望，显得可怕了……[1]

在自然和人的这种矛盾体系中，人最终还是被俄罗斯广袤的自然吞没了，或者说消解了，尽管它仍然给人带来了孤独和对死亡的恐惧。因此，契诃夫在《草原》中“安置”了一个做商人的神父，神父身上弥漫对上帝的虔诚和爱，同时又能为家族办好实事，为草原冷漠的自然性平添了悲悯、爱和柔情。《草原》似乎平衡了果戈理、列斯科夫、托尔斯泰对自然和人关系的处理。相比于单独的人类，契诃夫更在意包裹这些信仰和非理性情感的充满生机的更广阔的大自然。而《草原》就是

① 契诃夫：《草原》，《契诃夫小说全集》第 7 卷，第 194 页。

科学性（自然）与艺术性（人类心灵）结合的完美体现。

四

与别尔嘉耶夫学说相关的是，在俄罗斯白银时代，渐渐形成一股反契诃夫的潮流，他们大多拿他和托尔斯泰、陀思妥耶夫斯基对比，从而确认其不足。[①] 梅列日科夫斯基，这个和契诃夫同时期的批评家，非常透彻地对其文学品质进行了精准的揭示。在《契诃夫和高尔基》一文中，他这样说：

> 契诃夫的质朴是这样的质朴，即有时候由于它而觉得可怕：似乎沿着这条路再走一步——就是艺术的终结，生活本身的终结；质朴将是虚无——是不存在（死亡）；如此的质朴，以至于仿佛什么都没有，因此应当全神贯注地定睛观看，以在这几乎什么都没有中间看到一切。[②]
>
> 契诃夫的日常生活是目前的日常生活，没有过去，没有未来，只是凝滞不动的瞬间，是俄罗斯当代的一个死点，与世界历史和世界文化没有任何联系。[③]

这样看来，梅列日科夫斯基的“质朴”即是“日常”，它

① 徐乐：《白银时代俄国的“反契诃夫学”》，《外国文学研究》，2017 年第 3 期，第 60—70 页。

② 梅列日科夫斯基：《契诃夫和高尔基》，《先知》，第 302—333 页。

③ 梅列日科夫斯基：《契诃夫和高尔基》，《先知》，第 305 页。

们共同指向一个凝滞的“死点”，即虚无和死亡。他将契诃夫和高尔基并置，不仅仅因为二者共同体现了“当代性”的一面，而且因为二者都远离宗教，或者说，将个人的存在作为宗教。深受梅列日科夫斯基影响的别尔嘉耶夫在1904年契诃夫去世时写过一篇悼念文章。他认为那篇“老人札记”《没有意思的故事》体现了“宗教意识”。“在这里，契诃夫超越了暂时的社会状况，道出了永恒的愁苦，而这种愁苦是无法仅靠外在的生活重组来解决的。”因此，他认为：“他不必成为传教士或道德家，但他以一种令人震惊的简单而真诚的形式向我们传授了真理。”[①] 显然，这里所说的“宗教意识”，并不是单指实体的宗教，而是一种对内在生活的发现，是探索永恒真理的精神。别尔嘉耶夫后来在自己的宗教哲学中，更加认同他从这篇小说中提炼出来的这种思想。

> 意义应当能与自己的命运相比较。对我来说，客体化的意义取消了所有的意义，意义只能存在于主观性之中，在客观性中只有对意义的侮辱。实际上，这种意义对他独特的个人命运没有任何关系。……多少人是服从人或服从自己的傻瓜！（《我的宗教-哲学-信仰-末日论的世界》[②]，1949）

① 别尔家耶夫：《悼念契诃夫》，《基辅评论》，1904年第227卷第17号。

② 别尔嘉耶夫：《自我认识——思想自传》，第270—271页。

晚年的别尔嘉耶夫认识到了在宗教和自我之间建立或连接以主体性（“主观性”）的重要意义。小说《没有意思的故事》恰恰在暗示，一个成功奴役于日常和外在世界的医学教授，尚且不如自由探寻内心的名不见经传的天真少女。1895年，契诃夫写了一篇完全宗教主题的小说《凶杀》。它讲述了一个在家祷告的商人在信仰和仪式受到破坏之后萌生暴力的故事。在这个故事中，契诃夫似乎探讨了仪式、习惯、人的孤傲品性和信仰之间的关系，商人犯罪后被流放为终身苦役犯之后，却找到了真正的信仰：为罪恶而吃苦、对受苦的人类怀有悲悯和拯救之心。这则故事探讨的真理意义和价值，似乎也能够以别尔嘉耶夫的思想逻辑来确认。

梅列日科夫斯基精准地认识到的契诃夫的“质朴”，还和契诃夫对世界科学的、冷漠的态度有关，当然，也和他拒绝具体的宗教和一切人为的深刻有关。而此质朴的世界中有两个最最普遍的问题，那就是日常生活和死亡。日常带来的对死亡的焦虑可能胜过传奇和故事，而死于日常是大多数情况下的客观真实。契诃夫的“质朴”往往让他褪去了对一切超越性讲述的热情。这种态度，让他的文学吸引了一批顽固而清醒的“生活分子”，当然也因此排除了白银时代大量寻找超越、象征和精神愉悦的知识分子、文人和艺术家。也许，这也是当初契诃夫和梅列日科夫斯基夫妇在雅尔塔度假时相遇，彼此并没有留下良好印象的原因。

如此，再回到《草原》。在莫斯科的青年契诃夫，以《草原》回望遥远的故乡，让故乡的一切风物都被赋予生命，裹挟着天真、有趣的粼光，在其中，故事似乎并不重要，风物或人事的细节，如波纹或风一样支撑起整个小说。遥远的距离和记忆的酝酿，给小说镶嵌着一股优美的情感。这是他的小说尚未被一种伊凡诺夫式的现代愁绪完全破坏之前所讲述的温馨而略带伤感的故事，同时诠释着俄罗斯民族古老而神奇的“黑葡萄精神”。在此之后，契诃夫几乎没有这样纯粹优雅、温情的长篇抒情诗一样的作品了。正如他在给友人的信中说的那样，叶戈鲁什卡长大之后，到了城市，并不乐观。

基于此，我们能够在别尔嘉耶夫前（《俄罗斯命运》）后（《我的宗教-哲学-信仰-末日论世界》）思想的变化中看到契诃夫作品所体现出来的被批判的和被称扬的部分。契诃夫作品一方面保留了俄罗斯民族非理性的具有审美色彩的“黑葡萄精神”，尽管它可能被后来已具备新世纪西方现代视野的俄罗斯知识分子所批评（《草原》），但另一方面，契诃夫身上的现代科学精神又蕴藏在他的知识分子的日常苦恼中（《没有意思的故事》《伊凡诺夫》）。他不能退回到神秘的民间，也不能上升到神圣纯粹的宗教世界，更不愿意毫不保留地走向现代。他以一种诚恳的怀疑精神书写着同时代俄罗斯人的精神困境：彷徨犹疑，真诚质朴，没有答案。用他自己的话说，横亘在神和人之间。[1]

---

① 契诃夫:《笔记本》,《契诃夫文集》第 13 卷，第 452 页。

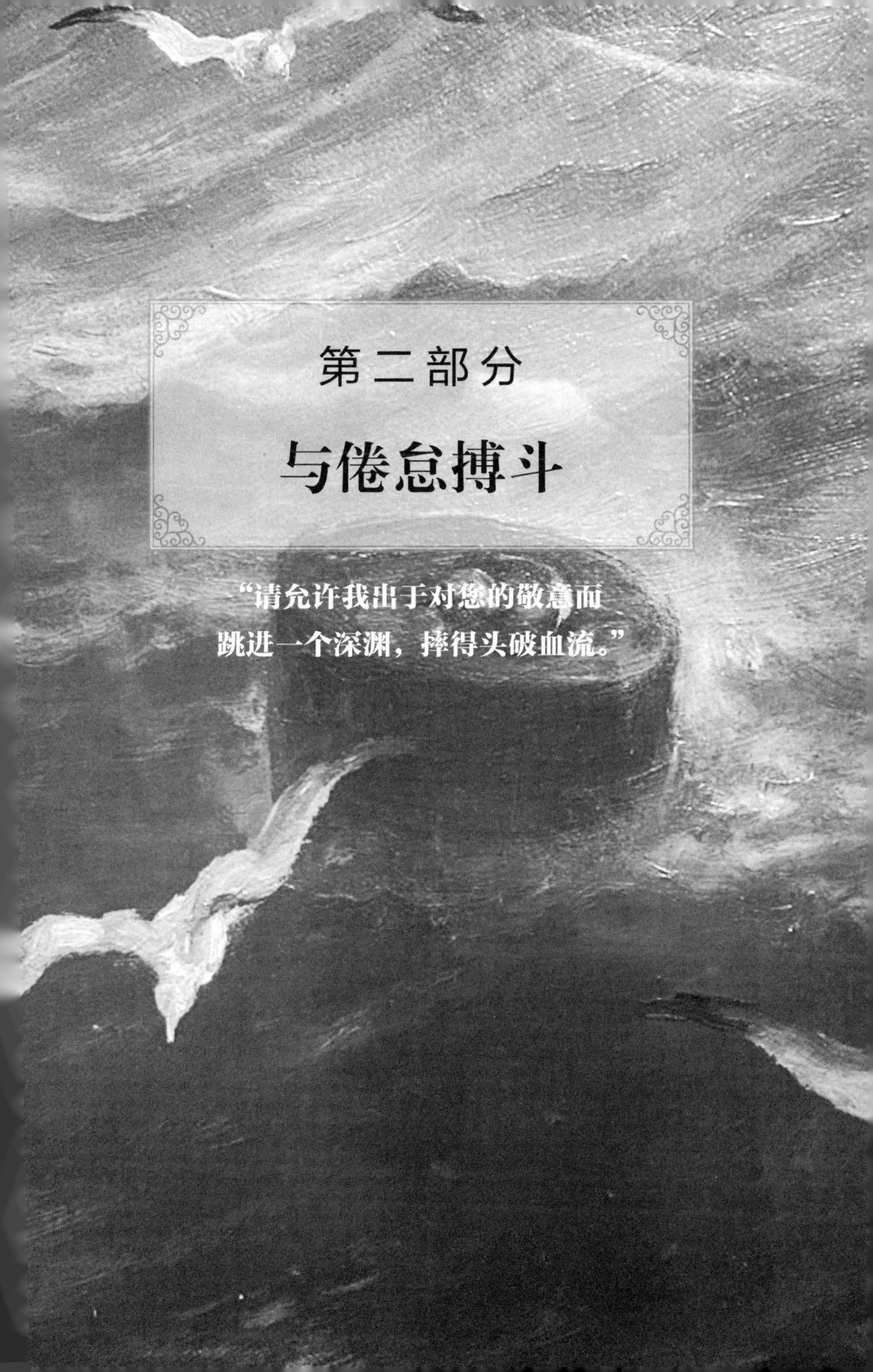

第二部分

与倦怠搏斗

“请允许我出于对您的敬意而
跳进一个深渊，摔得头破血流。”

第四章　死亡

这棵树干枯了，
可是它仍旧同别的树一起在风中摇晃。[①]

一

在所有有关死亡的诗歌中，我最喜欢两首。一首来自莎士比亚滑稽而悲情的戏剧《暴风雨》，它是缥缈的精灵爱丽儿唱给那不勒斯王子费迪南德的歌曲。后者以为自己的父亲葬送海难，陷入迷茫和悲伤：

五呀的水深处躺着你的父亲，
他的骨骼已化成珊瑚；
他眼睛是耀眼的明珠；
他消失的全身没有一处不曾
受到海水神奇的变幻，
化成瑰宝，富丽的珍怪。

---

① 契诃夫:《笔记本》,《契诃夫文集》第 13 卷，第 501 页。

海的女神时时摇起他的丧钟，（和声）
叮！咚！
听！我现在听到了叮咚的丧钟。
（朱生豪译）

这段喜剧中的歌唱让人感受到死亡的神秘与浪漫，海洋的物质性似乎能包容人肉身殒灭的悲伤，其永恒性也能够消解人存在的有限性的痛苦。同样地，还有一首，1929 年冬，英国作家 D.H. 劳伦斯（1885—1930）在病逝之前，在诗歌“Middle of the World”中这样描述他眼中的地中海：

这海绝不会死去
不会衰老
也不会褪去湛蓝
不会不在黎明
耸起它的波峰浪岭
载着酒神狄奥尼索斯黑色的扁舟
桅杆上缠绕着葡萄藤
伴着跳跃的海豚
航行
（黑马译）

这里，永恒的澎湃的阔大的海洋似乎也在哼唱着万物渺小短暂的瑰丽安魂曲。劳伦斯承继着他的前辈哈代的忧郁、恬静、深沉，将这种永恒与死亡的变奏关系寄托在对大海与人类历史、神话的神秘想象上。在自然面前，两首诗共同呈现了人类心灵里富于自尊和敬畏的现代感。

这让人想起彼得·布鲁克对契诃夫戏剧的评价："死亡的感觉与生命的渴望并行不悖。"[①] 正如短暂消泯于永恒，生命终止于自然。契诃夫文学中笼罩的末世感，让人无所行动，进而处于死亡的冲动和生命的热情之间摇摇欲坠的状态，因此，死亡和厌倦一样，是契诃夫基于璀璨的生命意志而催生的文学命题。在《三姊妹》中，契诃夫借助医生屠森巴赫之口说："你看，这棵树，已经死了；可是它还和别的树一样在风里摇摆。所以我觉得，如果我要是死了，我还是会参加到生活中来的，无论是采取怎样的一个方式。"[②] 也就是说，更为广阔、神秘、永恒的自然，可以无限地消泯掉个体的愁苦、衰弱乃至陨落，这时的死亡，似乎也变得安全和温柔，充满了死者的尊严和希望。这体现了契诃夫悲悯的柔情。

二

记得是某个新年假日前的下午，我一个人在空荡荡的办公室阅读契诃夫的戏剧集，先是《伊凡诺夫》，看到最后，他拒

---

① 童道明:《契诃夫戏剧全集》导言。

② 契诃夫:《三姊妹》,《契诃夫戏剧全集》，第 169 页。

绝了结婚并决定选择自我毁灭，又看《海鸥》《万尼亚舅舅》，结果主人公多半又要选择去死。后来，我在唐纳德·雷菲尔德那里看到他有些戏谑地这样总结契诃夫最后的剧作《樱桃园》："这是安东·契诃夫唯一一部不以枪而是以斧头结尾的剧本。"[①] 而剧本集封面上写着诗人马雅可夫斯基的话："别的作家要靠自杀来解决的问题，契诃夫仅仅用一句话就把它表现出来了。"这是什么意思呢？是契诃夫依靠文学找到了生命的真谛，还是他在自己的作品中完成了无数次的自杀？在此之前，契诃夫留给我的印象，如洪子诚先生的阅读经验一样，是《宝贝儿》那样的初印象[②]。它曾是我津津有味地与朋友笑谈其中的生趣与天真的文学范本。而这一次的阅读，让我猝不及防地从暗影的一面进入了契诃夫的精神世界。

由于疾病恶化，契诃夫生命最后几年（1898—1904）的岁月几乎是在克里米亚半岛上的雅尔塔度过的，作为欧洲疗养胜地，俄罗斯的上层人士，包括文化、政府界官员、知识分子都常到这里来旅行。后来成为白银时代的卓越代表人物的梅列日科夫斯基夫妇也曾来到这里。虽然看起来是同道中人，都热衷于文艺和思想，但他们与这位"质朴"、谦逊的作家相处得并不愉快。哪怕是在欧洲旅行，契诃夫也对谈论当地神圣的艺术和文化的兴趣不大。他似乎更看重对日常的生活样态的观察。

---

① 唐纳德·雷菲尔德：《契诃夫传》，第 759 页。

② 洪子诚：《有神与无神之间，隔着广大的空间》，《读书》，2022 年第 8 期，第 139—144 页。

不过，此时契诃夫也有一则与此相关的日记，内容是和梅列日科夫斯基谈论死亡到深夜。[1] 显然，和陀思妥耶夫斯基、托尔斯泰一样，对梅列日科夫斯基来说，死亡（尤其是其归属和相关的超越性）在他的精神世界中有着清晰的坐标。而对契诃夫来说，死亡好像就是死亡本身，它可以在自然中获得一种宽慰、超越，但不是在宗教秩序之中。

我们已经无法复现两位“时代精英”彻夜谈论死亡的场景，但至少，契诃夫的生活和他的作品可以传递给我们他有关死亡态度的讯息。其中与此相关的话题，还有自杀。显然，更深层意义上，它似乎是契诃夫作品中非常重要又激烈的生命象征，连带着的，是对上述托尔斯泰精神危机般的存在焦虑，是对生活的厌倦以及对创造失败或结束之后的终结。这些生活中的酒神、废物、失败者，莫名承担着存在的重负，但又对那些遵循“固有规律”的生存者报以感喟乃至嘲讽：“哦，我的上帝！像那些人那样劳苦神思，挖空心思，像他们那样，为了生活享受而不得不折腰，像他们那样懒洋洋、惊慌失措、忧心忡忡……但生活本身就是如此，也只能如此，无法改变，还要保持原样，遵循着自己固有的规律。”[2] 因此，改变生活或死亡是对此最好的终止与反抗方式。而且，不同于世俗意义上的死亡，他们的死，是自发的，主动的，即便最终没能完成，这愿望依然如影随形。

---

① 契诃夫:《笔记本》,《契诃夫文集》第 13 卷，第 420 页。

② 契诃夫:《契诃夫手记》，第 241—242 页。

一方面，这与契诃夫的创作密码（包括某种宿命般的文学基因）有关，另外一面，这当然也和他作为一名敏感的作家对俄罗斯时代与社会的观察有关。而这些都可归结于一个医生对所属时代普遍的“神经质”疾病（当然也包括抑郁、结核、神经衰弱等疾病）的敏锐发现。1895 年，面对女作家叶·米·沙甫洛娃信中对文学中存在的“紧张时代”病态人书写的诟病，契诃夫回信谈到自己的看法：“我不承认‘我们紧张的时代’，因为人类在一切时代都是神经质的。谁害怕神经质，就让谁变鲟鱼或刺鱼好了。”并且，契诃夫申明，作为作家，他的创作兴趣并非在所有的疾病，而“仅仅在疾病成为说明性格的（因素）范围内，或者在它构成画面的时候才描写病人”。[①] 于是，在他那些著名的描写“病人”的篇章中，契诃夫一方面专注于这些疾病的科学规律，另一方面，又重点将这些问题带向具有社会学或人类学（“性格”）色彩的症候探索中。正如弗洛伊德在 20 世纪初期开始分析自戏剧诞生以来主人公的神经症特征与规律（《戏剧中的精神变态人物》），契诃夫也尝试在疾病和文学之间搭建起这样一种与死亡有密切关系的象征人物谱系。

三

而现实生活中，契诃夫很早就经历过同时代人的自杀。年

① 1895 年 2 月 28 日致叶·米·沙甫洛娃，《契诃夫文集》第 15 卷，第 380 页。

轻作家迦尔洵（1855—1888）就是其中之一。创作上，迦尔洵继承了陀思妥耶夫斯基深沉的心理流动的呈现，如短篇小说《四日》《红花》等，将精神上的敏感、痛苦与对人类的悲悯、对罪恶的深刻反思结合。正如其许多作品结尾经常暗示的，作家本人最终也未能忍受这种精神的折磨，从楼梯中空处跳下。而在他去世前不久，契诃夫还去看望过这位与他惺惺相惜的年轻人。

在一封写给出版家苏沃林的信中，契诃夫称迦尔洵是“很好而又不狭隘的人”，“其余的作家都庸庸碌碌，他们钻进文学里来只是因为文学是一个可以进行谄媚、容易挣钱、能够偷懒的广大场所罢了”。[①] 随着创作的成熟，契诃夫也渐渐善于描写一些陷于社会重压的人的颓唐、疯狂，甚至死亡。从《精神错乱》《黑修士》到《第六病室》，用他自己的话说，这些仿佛都是在回望年轻艺术家迦尔洵那段自杀的“又黑又脏”的楼梯。[②]

契诃夫曾经预定把《精神错乱》发表在纪念迦尔洵的集子上。这篇小说完成于 1888 年，描述了一个年轻的大学生瓦西里耶夫面对城市妓女处境问题而产生精神困惑，继而走向自我崩溃的过程。

> 瓦西里耶夫的一个朋友曾经谈论瓦西里耶夫，说他是个有才能的人。有的人有写作的才能、演戏的才能、绘画

① 1888 年 4 月 3 日致苏沃林，《契诃夫文集》第 14 卷，第 308 页。

② 同上。

> 的才能，可是他有一种特别的才能——博爱的才能。他对一切痛苦有敏锐的感觉。……也善于在自己的灵魂里体会别人的痛苦。他看见别人哭泣，自己就流泪。他在病人身旁，就觉得自己也有病，呻吟起来。要是看到暴力，他就觉得暴力正在摧残自己，害怕得跟小孩似的，而且等到害怕过后总要跑过去搭救。别人的痛苦刺激他，使他激动，弄得他放不下，摆不开，等等。[①]

这段陈述了瓦西里耶夫天性中的悲悯品质。不同于汝龙译本，在1950年代的译本中，张守慎在叶尔米洛夫写的契诃夫传记中将“博爱的才能”译作“人的才能”。[②]“人的才能”是对人类各类困境天然的觉察和敏感，是一种普遍的人类品质，像是孟子所说的“性本善”。而“博爱的才能”则是“无数的人们都与我有关”，它们都指向对人性有着深刻的敏感度和思考能力。因此鲁迅后来在翻译《四日》后，称迦尔洵“悲世至深，遂狂易”。[③]

不管怎样，瓦西里耶夫和迦尔洵一样，都患上了这种“才能”。这篇小说和后来的《第六病室》相比算不上杰作，但年轻人瓦西里耶夫疾病与道德重压于一身的形象十分逼真。另一位同时代作家柯罗连科被流放到西伯利亚，回来后他和契诃夫谈

---

① 契诃夫:《精神错乱》,《契诃夫小说全集》第7卷，第370页。

② 叶尔米洛夫:《契诃夫传》，第120页。

③ 鲁迅:《杂识》,《译文序跋集》,《鲁迅全集》第10卷，第159页。

到，如果迦尔洵也能远离文学和政治，体验一下忧郁而雄伟的大自然，也许就不会选择死亡。对此契诃夫反驳说，“脑子里的某些分子分散以后，再也没法使它们聚合在一起了”。[①] 也就是说，这种心灵的疾病、痛苦或时代责任感并不会随着环境的变化而变化。一旦它成为思想的因子，就会开启“另一种生活”。

这大概和契诃夫对人的身心痛苦同样异常敏感有关。契诃夫作为医生也作为病人，自然能够深刻领会他的角色的生活和心灵。在小说《精神错乱》的末尾，瓦西里耶夫吃了医生开的镇静剂，状态缓和，为之前的“发狂”感到羞赧。这恰恰暗示了他可能随时再次发病，即“人的才能”的情感与心理会再次被唤起乃至爆发。

19 世纪到 20 世纪初，迦尔洵文学中这些典型经由不同的作家转化成不同的文学形象，启蒙着各自所属的文化和社会。以中国近现代的视角看，从迦尔洵《红花》到契诃夫《精神错乱》（1888）再到鲁迅《狂人日记》（1918），种种疯人形象，镜像着一个社会普遍存在的神经质特征，它们共同以一种激进的方式敲响了各自所属时代的警钟。

在这样的氛围下，这种“说明性格”的死亡或疾病书写，正如契诃夫所说，并非某一具体时代特征。而死亡和疾病，一旦被文学阐释出来，就是具有普遍性的。对于 1860 年代出生的契诃夫来说，当他面对激烈变革中的俄罗斯和世界时，首先

---

① 符·加·柯罗连科：《安东·巴甫洛维奇·契诃夫》，《同时代人回忆契诃夫》，第 91 页。

观察到的就是这么一群人。他们位处时代的边缘和放逐之地，进而也是被时代所裹挟的，最敏感、最无力进而也生有最锐利的触角的个体。在契诃夫更早的作品《没有父亲的人》中，普拉东诺夫这样的人被称作现代生活的不确定者。因此，契诃夫对这个充斥着不幸、疾病和死亡人群的观察与书写，都是将现实背景板虚化而凸显“人”的不确定存在的自觉选择。

1884 年，24 岁的契诃夫第一次咳血，未经诊断，他就写信给人坚称这次咯血“不是肺结核性的”。[①] 后来，家族病史的宿命感让他减轻了痛苦，当然，也放任了疾病的慢慢生长。他由此也渐渐发出一种“大家生活得都很糟”的感喟：

> 每逢我心情严肃，我总是觉得人们对死亡心存厌恶是不合逻辑的。依我对世道的理解，生活纯粹是由灾祸、纠纷、庸俗构成的。它们混在一起，互相更替……[②]

1887 年被确诊为肺结核之后，契诃夫就开始了度假疗养的生活。除了对疾病的觉察之外，这样的感喟中或许还有契诃夫缺乏爱的童年，长大后，他又过早地承担着生活责任，并且尽己所能地维持着他作为一个家庭成员和新兴作家的得体——这对讲求“灵魂自由”的他不能不说是沉重的负担。对生活的理解过分早熟、清醒，以至于这样一种“严肃心情”，也成为他

① 1884 年 12 月 17 日致彼阿谢尔盖延科，《契诃夫文集》第 14 卷，第 79 页。

② 1886 年 9 月 29 日致玛・符・基谢廖娃，《契诃夫文集》第 14 卷，第 151 页。

后来作品中的某种灰暗底色。已有的传记或研究通常会认为契诃夫的疾病注定让他走向了这种晦暗与绝望的文学主题书写，但这种说法似乎也有点舍本逐末，不然读者无法解释为什么他在十几岁时就塑造出了《没有父亲的人》中的普拉东诺夫这样一个困顿于时代和生活的典型形象。

因此，契诃夫面对现实生活有着惊人的冷静和悲观，28岁时，他给大哥亚历山大写信："死亡的时辰是不会放过我们的，我们还能活着的日子是不会长久的。所以不管我的文学也好，我的名望也好，我的文学上的错误也好，我都不赋予严重的意义。"[①]30岁之后，当他再次吐血或患病时，他告诉大哥说，自己顶多还能活五到十年。（几乎完全准确地预测了自己的寿命！）成年之后，他总是和亲人朋友写信表达类似这种对生活的冷漠和厌倦感，仿佛"灵魂在领略冬眠的味道"。[②]可以说，契诃夫早就已经做好"向死而生"的准备。因而，面对死亡，他早就没有了恐惧，"可怕的不是骷髅，而是我已经不怕这些骷髅了"[③]。这样过早地拿死亡"垫底"，可以让他活得很开阔、自由，但也容易让他骨子里对世俗生活不够认真和专注。

在契诃夫那里，问题的关键似乎还在于：死亡和生活到底

---

① 1888年9月24日致亚·巴·契诃夫，《契诃夫文集》第14卷，第367页。

② "我老了！我老了，或者懒得生活了，我不知道这是怎么回事，就是不太渴望生活了。我不是想死，然而活得好像厌烦了。一句话，我的灵魂在领略冬眠的味道。"1892年10月27日致苏沃林，《契诃夫文集》第15卷，第256页。

③ 契诃夫：《笔记本》，《契诃夫文集》第13卷，第504页。

是一种什么样的关系？他对前辈苏沃林坦诚地讲述过他那一代人的痛苦："我们缺乏政治，我们不相信革命，我们没有上帝，我们不怕幽灵，至于我个人，连死亡和失明都不怕。凡是无所要求、无所指望、无所畏惧的人就不能成为艺术家。……我不会像迦尔洵那样跳楼自杀，然而我也不用对美好的未来的希望来迷惑自己。"①

发表《精神错乱》的同一年，契诃夫还创作了小说《灯光》，讲述作为医生的"我"在迷路后遇到铁路工程师阿纳尼耶夫和他的大学生助手冯·希千堡。大学生年纪轻轻，却过早地对人世悲观，因为他会随时想到死亡，于是也就在言行中随时消解活着的意义。这种想法遭到了工程师的谴责："这类思想只应当用来结束生活，而不是开始生活，您还很年轻，不应该想这些。""我们的不幸恰恰在于我们从终点开始思索。"②而年轻人对此毫不信任，于是工程师讲述了自己十年前的一段爱情经验，想要证明这类思想"是长久的内心活动和饱经忧患的产物"，而没有经过人生经验的洗练和深思的累积，就是一种虚伪、自私和逃避的体现。小说最终在医生（"我"）和他们告别并感叹"这个世界上的事谁也弄不明白"中结束。

这篇小说写得舒朗、阴郁而荡气回肠，工程师的回忆里高加索的海滨风景与他的心境形成某种惆怅而感伤的氛围，而小

---

① 1892年11月25日致苏沃林，《契诃夫文集》第15卷，第265页。

② 契诃夫：《灯光》，《契诃夫小说全集》第七卷，第264、267页。

说中感伤的还乡故事，想必也来源于他在故乡塔甘罗格看到的物是人非的沧桑感，“一代人怎样匆匆忙忙地荣归故里时替换另一代人”。

有趣的是，小说交代，在克里米亚战争之后，悲观主义思想在俄罗斯社会滋生。1870 年代“这种思想在社会人士当中盛行，后来到 80 年代初期，又从社会人士当中渐渐转到文学上，转到科学和政治上去”。(《灯光》）似乎呼应了 1880 年代契诃夫在文学上致力于对此问题的探索，这篇小说中，医生、工程师、大学生，可以说都是契诃夫有关死亡问题（“悲观主义”）触发分配出去的角色（这种写法已经具有契诃夫后来小说的某种人物结构的方式了）。不过，《灯光》一发表，就遭到了批评，批评的方向有两点：一是工程师的爱情故事和悲观主义有什么关系吗？二是作为医生和作家的作者为什么不给出答案呢？[①] 对于第一点，这篇小说的确表现出了契诃夫文学常常带有的某种散漫化的气息。但就第二点，契诃夫在给苏沃林的信件中依然用艺术家的职责在于客观地陈写真实而非道德指引来回应。

而且，这篇小说写于契诃夫集中思考死亡的发轫时期，另外的篇章如《美人》《鞋匠与魔鬼》都是在启示美好与丑陋的生活都同样要面临的死亡。契诃夫这些小说写得如此地“从终点出发”，以至于有些令人感觉不到他早期小说天真烂漫和热

---

① 《题解》，《契诃夫小说全集》第 7 卷，第 431—432 页。

情洋溢的一面。但在某种程度上，它们帮助完成了契诃夫有关死亡或悲观主义话题的内在的对话。

由此，契诃夫在青春年华就过早地开始了对死亡的深切思考，从更早时期的短篇作品中无聊赖的欢快中闪过的念头，到后来《生活的烦闷》,《灯光》中的大学生，总是从“终点”出发，以老者或者忧郁的年轻人、中年蹉跎者的形象，在文学中自由地释放着这些关于必死的生命和存在的深沉思索。《草原》大获成功之后，他放弃小品和幽默短篇的写作，试图成为一名文学上的“医生”。不过，一切并没有因为带来家庭境遇的好转而使作家变得革命式乐观，他始终没有治疗好自己作品中的这种忧郁病。

四

1889 年初春，二哥尼古拉肺结核恶化，作为医生的契诃夫亲自护理几个月之后，突然感到疲倦，向往着出去透透气，于是去拜访波尔塔瓦省的朋友斯玛京。没料到的是，他出门不久，尼古拉便与世长辞。虽然在此之前，契诃夫时刻意识到尼古拉可能会死，但当他真正逝去时，契诃夫仍然难以承受。他写信给朋友说：

> 您想象得到我的心情。我只好坐上马车回到火车站去，然后再坐火车；我在火车站上等了八个小时……在罗

姆内，我又等火车，从傍晚七点钟等到夜间两点。我心里烦闷，就到城里去逛荡。我记得，我在一个公园坐下来；四下里黑沉沉，天气非常冷，我心里烦闷得要命，我坐在一道棕色的围墙旁边，围墙的那一边有些演员在排演什么传奇剧。

到家里我正赶上办丧事。我们一家人还没见过死人，这是我们头一次在自己家里看到棺材。[①]

火车站上混杂着痛苦、冷静、理智、恐惧的漫长的等待时光，对契诃夫来说是一种煎熬。后来，大哥写信给父亲介绍当时的场景说："我们的精神被压垮了，泪水使我们透不过气来。大家都在哭泣。只有安东没有哭。这是一个坏兆头。"[②] 九年之后，患有疝气的父亲也跟着去世。同样令契诃夫痛心的是，父亲死时，他在雅尔塔疗养度假，直到"整个雅尔塔都知道了这个消息"，他才知道。他怅恨地写信告诉人："如果我在家，绝不会让父亲的肠子坏死，也绝不会把他送到莫斯科去，他还会活很久的。"[③] 在契诃夫二十多岁的时候，父亲就渐渐成了家里的边缘人。虽然年少时被父亲打骂的不快在他的信件中常被提及，但他仍然尊敬和爱戴他，包括对他晚年的赡养。平时，他

① 1889年6月26日致普列谢耶夫，《契诃夫文集》第14卷，第516—517页。

② 1889年6月19日亚历山大致父亲，转引自亨利·特罗亚：《契诃夫传》，第107页。

③ 1898年10月17日契诃夫致苏沃林，《契诃夫文集》第16卷，第63页。

们也有着幸福和谐的一面。据弟弟米哈伊尔回忆，契诃夫生平发表的第一篇带有诙谐和调侃色彩的小说《写给有学问的邻居的信》就是以父亲写给祖父的信为原材料。[①]在妹妹玛丽雅的描述中，父亲后来成了梅里霍沃庄园一个低调的劳动者，他负责种蔬菜和果树，而契诃夫负责种花。休息时，父亲就祷告和读经。[②]（这些宗教习惯虽然是他们童年不幸的来源之一，但也潜移默化地被契诃夫移植到自己有关宗教题材的小说创作中。）正是父亲的死，让他们决心离开苦心经营多年的“伤心地”（梅里霍沃庄园），搬去了克里米亚半岛的雅尔塔。

总之，两个亲人的死亡，都在契诃夫不在场的情况下，作为一个责任感深厚的家庭成员和医生，契诃夫是如何消化这种痛苦的？二哥尼古拉的死，对他有双重意义：一方面，他初次深深体会到亲人离别的痛苦；另一方面，尼古拉的死也是一种暗喻：同样患病的他，早晚会像哥哥这样慢慢枯萎。尽管作为医生，契诃夫面对过无数次死亡。但身边亲人的死，会更加强化他对待生命和人生的这种淡漠感。既然一切亲密的、亲近的、亲爱的事物或人早晚都守不住，那么，在接下来的逝去还未来临之前，还如何打起精神，好像什么都不会发生一样活着呢？于是，即便是平常人眼中的那些幸福生活，在契诃夫看来也是一种欺骗。契诃夫曾经玩笑似的在自己的笔记中杜撰过这

① 米哈伊尔·契诃夫：《契诃夫和他的作品中的题材》，《契诃夫手记》，第259页。

② 玛·契诃娃：《遥远的过去》，第110—111页。

样一个故事："一个青年人收集了一百万张邮票，躺在那上面，开枪自杀了。"[①] 熟悉契诃夫的人都知道，他是一个狂热的集邮爱好者。

总之，此后，契诃夫未对哥哥的死做过过多渲染，只是，没多久，他就有了去萨哈林岛的打算。这样算起来，契诃夫从少年时期就经历过身边人的死亡：疼爱他的祖父母，二哥尼古拉，大哥的爱人和孩子，父亲，好友列维坦，女友丽卡的女儿……还有无数次身边的人自杀，如迦尔洵。而他身边的朋友，不少都曾经遭受精神疾病的困扰。柯罗连科说，"普希金称果戈理为'快活的忧郁症患者'，而这一中肯的形容语适用于上述所有作家——果戈理、乌斯宾斯基、谢德林和契诃夫"。[②]

渐渐地，契诃夫善于在看似明媚的作品中书写暗藏的死亡。尤其在戏剧中，自然的永恒、辽阔、优美，似乎都是为了衬托其中之人的慵懒、无聊、疲倦。反之亦然。继而，在这样的环境中，有人无法忍受，选择呐喊或死亡，或者无声无息地归于"毁灭"。契诃夫认识到了人的渺小与庄严，而"渺小与庄严"是一对悖论。因为渺小，人类不可避免地是一场悲剧，死亡是不可避免的事实。他说："死是可怕的，可是，人会永远活下去而绝不死掉的想法更加可怕。"[③] 而因为人类有迥异于其他生物的智慧，有发现"真理"和创造的冲动、自觉和精神，

---

① 契诃夫：《笔记本》，《契诃夫文集》第 13 卷，第 480 页。

② 符·加·柯罗连科：《安东·巴甫洛维奇·契诃夫》，《同时代人回忆契诃夫》，第 93 页。

③ 契诃夫：《笔记本》，《契诃夫文集》第 13 卷，第 492 页。

才让他们不甘于这样慢慢消磨于日常生活和疾病的有限性中。正是在这样的苦境之中，契诃夫通过不断的死亡书写或生活实验，来纾解这种矛盾。

五

许多文艺家和学者都对契诃夫这种深渊般的世界保持着兴趣，有的痛恨，有的迷恋。托尔斯泰说契诃夫的小说不直接写恐惧，但是很令人害怕。[①] 毛姆说，契诃夫的小说人物像是地狱中的幽灵。[②] 高尔基说，读契诃夫的小说像是身处忧郁的秋天。[③] 梅列日科夫斯基似乎也看穿了契诃夫这种华丽、优雅之下覆盖的“阴暗”。他说契诃夫文学“整个内部是死气沉沉、腐朽的；只要碰一下就足以使它灰飞烟灭，就像放在棺材里的那些腐烂的布。”[④] 其小说的两大主题是日常生活和死亡。[⑤] 契诃

---

① 转引自罗嘉契夫斯基：《契诃夫与新文艺》，《鲁迅译文全集》第 8 卷，第 335 页。

② “这些奇特而无用的人物——对他们的外表描写，只不过是一种说明而已，就像放在博物馆陈列品旁边的说明书一样——他们一个个行动诡秘，神秘莫测。他们就像但丁在地狱里看到的那些受着种种折磨的鬼魂。”毛姆：《毛姆读书心得》，第 209 页。

③ 高尔基：《安东·契诃夫》，《文学写照》，第 110 页。

④ 梅列日科夫斯基：《契诃夫和高尔基》，《先知》，第 306 页。

⑤ “契诃夫的主人公没有生命，有的只是日常生活——没有事件发生的日常生活，或者只有一个事件，即死亡，日常生活的终结，生命的终结。日常生活和死亡——这就是契诃夫世界中的两个静止不动的极点。”梅列日科夫斯基：《契诃夫和高尔基》，《先知》，第 306 页。

夫对日常生活的书写，正是暗示着“腐烂的布”下面覆盖着的“棺材”。既然日常才是生活的真相，我们该如何去度过与死亡这样亲近的日常呢?

在契诃夫较早的戏剧《没有父亲的人》里，普拉东诺夫呻吟着:“等到身体好了，我再腐化。”[①] 多么令人绝望的声音，仿佛意味着生活就是这样不可避免的重复循环与消耗。掀开这些腐朽的盖着棺材的布，那棺材里就是死亡的一切。由此，墓园也是契诃夫在作品中常用的死亡符号或物象。他常常也有意无意地陷入书写墓园景色的愉悦之中。儿时在故乡塔甘罗格，他最喜欢去的就是附近的乡村公墓。公墓里种着柏树、洋槐和樱桃树。成年后，他也经常和密友苏沃林在城市的墓园散步。27岁“衣锦还乡”时，他还同喜欢冷嘲热讽的同乡女孩“淡黄头发的玛尼雅·霍达科甫斯卡雅”在墓园里散步。[②] 后来他有了购置房产的能力，干脆在克里米亚鞑靼人的墓地旁边买了一块地建造房子。

墓园好比是契诃夫在小说中晾晒的可见的“终点”，这样他就可以安心、耐心地让他的人物从生活的出发点演进自己的故事。也因为墓园的存在，即便是深沉、严肃地探讨存在意义的故事，本身也充满了琐屑、笑谑和滑稽色彩。也因为墓园的存在，它好像可以承载人物的所有痛苦，带给故事中活着

① 契诃夫:《没有父亲的人》，第236页。

② 1887年4月7日至19日致玛·契诃娃，《契诃夫文集》第14卷，第199页。

的人一种极大的宽慰。在这样一动一静、一生一死的格局之中，契诃夫构建了自己小说中某种带有极强的生命诗意的哲学结构。

发表于1885年的《老年》，讲述了五等文官建筑师乌节尔科夫返乡修复家乡墓园中教堂的故事。20年前，他和妻子离婚后就离开了村庄，妻子死后被他安葬在这里。写到“妻子”墓碑时，作者语调恬静而深情：

> 枝叶脱落的樱桃树和洋槐树，灰色的十字架和墓碑，都披着重霜而颜色银白。每颗小小的雪粒上都映着明亮晴朗的白昼。四下里弥漫着墓园里常有的气味：神香和刨开的泥土味。[①]

乌节尔科夫在死去的妻子坟墓上看到“小小的白色的墓碑沉思而忧郁地瞧着他，显得那么纯朴，仿佛下面躺着的是个少女”。这时的墓碑，与妻子的死和对妻子的爱，交绕在一起，充满了温柔和诗意的色彩。

1886年的《墓园之夜》讲述了一个醉鬼的故事。主人公伊凡·伊凡内奇在一个圣诞之夜误入墓园，然后因恐惧而听到“鬼”的号叫，甚至感到有“人”抓住了他的肩膀。等他醒来后，才发现是因为醉酒而产生的幻觉。比较有意思的是小说开

---

① 契诃夫:《老年》,《契诃夫小说全集》第4卷，第154页。

头醉鬼对节日的“哲思”：

> 依我看来，迎接新年不应当高兴，倒应当痛苦，哭泣，起意自杀才对。不要忘记，新年越来越多，离死亡就越近，秃顶就越宽，皱纹就越深，妻子就越老，孩子就越多，钱却越少了。(《墓园之夜——圣诞节故事》)[1]

醉鬼继而大发议论说“生活是无聊的事”，“这不过是空虚没有意义的鬼混……空中楼阁了”。[2] 他因此更加贪杯，而真到了迷路误入死亡集合地的墓园时，他反而害怕起来。看来是生活令人厌恶，而死亡更令人恐惧。这让人想起当代法国哲学家齐奥朗那句厌世者口中常常令人啼笑皆非的话：“为什么我不自杀？因为我对死亡和生命一样厌恶。”[3] 当然，小说的结尾是，在墓园中，鬼魂并不存在，除了物质性的坟墓和其中的尸体，什么也没有。

同样，在一篇名为《祸事》(1887）的小说中，契诃夫讲述了一个守墓人遭遇盗贼的故事。一个老人来到墓园引开守墓人以便他的同伙偷盗，于是小说以很大的篇幅讲述老人和守墓人有关死亡的交谈，以及大量有关夜晚墓园的风物描写。“富人睡了，穷人也睡了，聪明人睡了，愚人也睡了，现在他们统

---

① 契诃夫：《墓园之夜》，《契诃夫小说全集》第4卷，第240页。

② 契诃夫：《墓园之夜》，《契诃夫小说全集》第4卷，第241页。

③ 齐奥朗：《在绝望之巅》，第86页。

统一个样儿了。”[①] 种种气氛的渲染，让读者感觉到死亡才是主题，而故事的主线偷盗似乎显得没有那么重要了。而前述小说《灯光》中，工程师重返故里，和他年轻时的恋人也是在夜晚的墓园旁徘徊，墓园的门口写着：“时候要到，凡在坟墓里的，都要听见上帝的儿子的声音。”工程师一时感到，所有活着的人，“都会躺在围墙里那些乌黑的树木底下。”[②]

那部带有怀旧和抒情气味的经典作品《草原》(1888)，也有关于墓园的描写：

> 白十字架和白墓碑快活地从墙里面向外张望。它们掩藏在苍翠的樱桃树中间，远远看去像是些白斑点。叶戈鲁什卡想起来每逢樱桃树开花，那些白斑点就同樱桃花混在一起，化成一片白色的海洋。等到樱桃熟透，白墓碑和白十字架上就点缀了许多紫红的小点儿，像血一样。在围墙里的樱桃树荫下，叶戈鲁什卡的父亲和祖母季娜伊达·丹尼洛芙娜一天到晚躺在那儿。[③]

9 岁的少年叶戈鲁什卡被商人舅舅带离熟悉的故乡，去外地寄宿、上学的途中，从车上远眺家园，这时故乡的景色还没有彻底远离，父亲和祖母“一天到晚躺在那儿”，这暗示着少

---

① 契诃夫：《祸事》，《契诃夫小说全集》第 6 卷，第 106 页。
② 契诃夫：《灯光》，《契诃夫小说全集》第 7 卷，第 288 页。
③ 契诃夫：《草原》，《契诃夫小说全集》第 7 卷，第 135 页。

年叶戈鲁什卡的童年是不幸的。然而，渐行渐远的夏日墓园，也因此变得哀艳、温馨起来。

10年后，契诃夫在《约内奇》（1898）中讲述，女孩科契克天真烂漫，崇尚艺术，拒绝县自治局医生约内奇的求婚。后来，她去了莫斯科学习音乐，回来后发现自己和母亲一样平凡，毫无才华。小说开头，科契克和约内奇的约会也在墓园：

> 这是跟人世不一样的另一个天地，月光柔和美妙，就跟躺在摇篮里睡熟了似的，在这个世界里没有生命，无论什么样的生命都没有，不过每棵漆黑的白杨、每个坟堆，都使人感到其中有一种神秘，它应许了一种宁静、美丽、永恒的生活。石板、残花、连同秋叶的清香都在倾吐着宽恕、悲伤、安宁。[①]

这种安谧气氛的传达，让人意识到，契诃夫给整个作品的基调和走向都设置了一种无望的绳索：笔下那些活灵活现的人物，仿佛在回望他们的前世，而天真烂漫的科契克，最终注定会消磨掉美好的青春和梦想。这些失败和不幸，也最终都会被死亡终结和宽恕。契诃夫的弟弟米哈伊尔证实说，这里所写的公墓正是他们故乡塔甘罗格的公墓。[②]而在晚期小说《我的一

---

① 契诃夫：《约内奇》，《契诃夫小说全集》第10卷，第245页。

② 米哈伊尔·契诃夫：《契诃夫和他的作品中的题材》，《契诃夫手记》，第259页。

生》(1896)里，出身贵族的米萨伊尔（“我”）也撤退回墓园旁的庄园，开始了他的劳作生活。这时的墓园又仿佛带有某种温柔和陪伴的色彩。比较有趣的是，《草原》中“塔甘罗格的樱桃树”，在契诃夫人生最后的戏剧《樱桃园》中再次出现，这些“像血一样的紫红色的小点”暗示着契诃夫的命运和整个时代，是一部带有象征意味的挽歌。

但凡涉及乡村书写的，只要抓住机会，契诃夫就会不自觉地使用墓园的元素。仿佛这样更能渲染出故事中人的生之苦恼。据说，在契诃夫许多个未完成的写作计划中，有关于一个长篇小说开头部分的细节描述。据他的作家友人回忆，这个开头是“一个建立在铁路旁边的墓园中举行的葬礼”，一边是春天气息中的葬礼，另一面则是火车站上的热闹场景，它们一同呈现了“生与死的忧郁的对比”。[①]

可见，墓园的意象是契诃夫书写死亡的直接音符。当然，更重要的是，在他的作品中有着一种因死亡而生发的诗意和魅力。这种暗藏的情绪，能够神奇地唤起人们面对生活的苦恼和热情。有如腐朽之地很肥沃，随时都能开出生命之花；有如所有的告别，似乎都是在迎接什么新的世界到来。这种物质性既带来了对死亡态度的冷漠、残酷，同时也纾解了人作为一种生物的有限性带来的焦灼。

当然，墓园意象只是契诃夫死亡书写热情的一个表征，在

① 伊万·列昂季耶维奇·谢格洛夫:《回忆契诃夫》,《同时代人回忆契诃夫》，第132页。

他的小说和戏剧中有死亡带给人心灵伤痕和命运停顿的大量轨迹。完整的天然的人在欢快的生活之中遭到死亡的重创之后，进入另一种无法摆脱死亡忧郁的生活；觉醒的文明个体发现死亡的永恒存在之后，陷入迟钝、慵懒、虚无，心不在焉。契诃夫的小说中有相当一部分都在探索，在这样的境遇之下，人如何还能保持坦然而天真的生活状态。这种杞人忧天式的诗意存在，构筑了契诃夫作品中无数个忧郁的个体，不管是普通生活着的个体，还是徘徊在生活边缘的、失去动能的、痛苦的知识分子。这时，只有永恒和无声变易的自然才是不受影响的。

于是，从死亡书写，到揭示人的有限性，再到世界的物质性，宇宙万物与自然便完成了对人的消解，人及其理念变得没有那么重要了。正如纳博科夫所说，"契诃夫的世界则是一个波浪而不是物质粒子的世界。而这恰好更接近于对宇宙的现代科学的理解"。[①] 契诃夫有句看起来非常朴素的著名的话，是他19岁时在写给小弟弟的信上说的：人只有在上帝、智慧、大自然和美那里才能感受到人的渺小，或者说有限性。[②] 某种意义上，这个表达奠定了契诃夫后来写作的基调。也就是，他创造了世界当中万物平等的宇宙观，在这样的宇宙观之下，所有人类的价值观、哲学思想、看起来深邃的创造，都土崩瓦解（舍

---

① 纳博科夫：《俄罗斯文学讲稿》，第263页。

② 契诃夫19岁时曾经给自称"卑微、平庸"的弟弟米哈伊尔回信说："你知道在什么场合下人才视自己为渺小的吗？在上帝面前，在智慧面前，在大自然与美的面前，但不应当是在人的面前。在人群之中，要意识到的是尊严。"1879年4月6—8日致米·巴·契诃夫，《契诃夫文集》第14卷，2020年，第11页。

斯托夫也说他“对公认的思想和世界观毫不掩饰地表现出极大的嫌恶”。[①]）。在这样的理念下，那些文学中更可亲的形象，反而是小动物、大自然、风景，以及毫无智识的普通农民，因为后者身上有一种朴实的、和自然接近的东西。他在短篇小说里时常自如地跑题，例如在小说《纠纷》（1888）中，他主要讲述医生知识分子和粗鲁的助手之间的矛盾，写到半路却津津有味地记下小鸭子怎么成群结队地游走在池塘附近，小鸟如何叽叽喳喳地在窗台犹疑要不要害怕人类的靠近，最后决定次第飞走。用舍斯托夫的话说，“生物界的呼声优胜于偶然沾染的文化习惯”。[②]在这种情况下，契诃夫就把人——文明中的人、理念中的人，或者稳定的、封闭的价值观的人，送到大自然或者物质世界，送到未知的庞大思想的“坟墓”当中去了。另一种意义上，他把人置身在他的宇宙当中，为他们完成了一种自由，也是一种解放，尽管人们拿这种“自由”不知所措。

这是契诃夫文学世界，是他极具有虚无色彩、自由色彩和破坏色彩的地方。如果从阶级论的角度去理解社会，我们会发现，理论上，解决了这层矛盾，社会问题就可以迎刃而解。但在契诃夫那里，人类内部的问题，似乎根本不能在人类内部解决，或者说，它无时无刻不充塞在人群内部，让人变得停顿、犹疑、战栗、沉默、呐喊、不知所云。就像舍斯托夫引的波德莱尔那首诗：“忍耐吧，我的心，愿你沉睡不醒。”要么，我沉

---

① 舍斯托夫：《创造源自虚无》，《开端与终结》，第24页。

② 同上，第22页。

睡不醒，昏昏沉沉，要么无所依傍，以头撞墙。由此，这种来自宇宙观的歇斯底里的重压，加上人本身对这样的世界敏感的觉察，和与此相关的病理性存在，都容纳到契诃夫所建构的文学世界当中去了。

2019年，以色列左翼戏剧导演汉诺赫·列文根据契诃夫小说改编的《安魂曲》在中国上演。对契诃夫这一戏剧的改编，恰恰体现了导演对其死亡主题的敏锐捕捉。这部戏剧作品融合了契诃夫三部聚焦或涉及死亡主题的小说，以《洛希尔的提琴》（1894）为故事主线，穿插了《在峡谷里》和《苦恼》中的死亡叙事，以极具悲歌色彩的方式渲染了死亡带给人的无限愁苦。《洛希尔的提琴》讲述棺材商亚科甫人到老年，突然醒悟自己浑浑噩噩的一生，尤其惆怅于未能善待自己即将死去的妻子。戏剧作品增添了“天使”形象，带给故事中不幸离世的孩子和寿终的老人死亡的祝福，用富于宗教气息的“安魂”部分取代了原小说中充斥的世俗生活的温柔、轻盈。显然，创作这部作品时已病入膏肓的剧作家，在改编中突出了悲伤的那一部分，对其中富于悲悯色彩的和解、宽宥、柔情进行了解构。小说原作《洛希尔的提琴》除了讲述老年面临死亡的惆怅之外，还以提琴为辅线讲述了老人在临死前的自我救赎：把自己最爱的提琴送给了喜欢它的犹太演奏者。这部分在戏剧中也被削减掉了。列文的戏剧改编将其中的死亡、忏悔和另外两部作品中的不幸（被他人狠心用开水烫死的孩子、不幸在医院死去的孩子）结合，这样就完全提取了其中忧郁、悲伤的部分，使得作品更加具有普遍的象征色彩。不过，这整体上强化了契诃夫作品中的哀伤、可能的反抗，同时也失去了契诃夫原作中的荒诞和丰富性。

无论如何，正因此，后来的戏剧家们从契诃夫这样的“死亡”隐喻中似乎看到了许多秘密，例如贝克特等人就是从契诃夫这种迥异于现实主义的现实状态中抽离出来，走向一种更为失序的荒诞性。总之，契诃夫的知音遍布世界，而由死亡引起的契诃夫式的哲思，被这些不同的艺术家们溶解在给人们带来震撼和影响的新形式中去了。

第五章　萨哈林

码头上，守卫室附近放着一条鲸鱼的骨架，当初它幸福，活泼，在北方海洋的空旷海面上遨游，如今这个勇士的白骨却落在泥地里，听凭风吹雨淋……[①]

一

1889年是契诃夫人生的“多事之秋”，6月份哥哥尼古拉去世，让他陷入恶劣的心绪。他开始在雅尔塔和敖德萨旅行、漫游，同友人写信描述自己的恶劣心绪，他在雅尔塔游泳，差点被一个农人用杆子打死，他想到的却是“这个奇迹般的免于一死的情形在我的头脑里引起各种不同的、适合于当时情况的思想”。[②]他在敖德萨的“海里游泳，用自己的汁水，也就是汗水，熬自己”（俄国成语：独行其是）。[③]小说和戏剧创作上，他也迫切地希望自己能够实现内在思想的变革，在与友人

① 契诃夫：《萨哈林岛（旅行札记）》，《契诃夫文集》第13卷，第196页。

② 1889年8月3日致普列谢耶夫，《契诃夫文集》第13卷，第522页。

③ 1889年8月13日致列依金，《契诃夫文集》第13卷，第524页。

的信中，他坦率地谈到自己置身迷茫之中，想要自我变化的迫切之心溢于言表。从哥哥的死，到创作《没有意思的故事》，再到喜剧《林妖》的尝试失败，批评家们的平庸、空洞、无能让他对文学界感到厌倦和烦闷，也让他在艺术之路的探索之中陷入痛苦的精神摇曳，这一切仿佛使他想要开始一种新的生活。

1889年底，契诃夫读到了弟弟米哈伊尔一堂刑法课上的笔记，他说道："我们对于犯人的注意力，一直集中到宣布判决时为止。当犯人被送进监狱，我们就把他彻底遗忘了。然而，监狱里的情况又怎样呢？"[①] 而后，契诃夫将俄罗斯充满苦役犯的人间地狱（萨哈林岛）作为自己"注意力终止"的突破口。西伯利亚作为俄罗斯知识分子的流放地，也是他想要关注的焦点。他说："流放大概是人类关于生命和真理的假定概念中所能想得出的最可怕、最荒谬的东西。"[②] 与此相关的是，契诃夫后来的小说写实色彩增强，客观上造成的批判性也逐渐明确，例如对峡谷中的农民、县城落后的精神病院、可怜的囚犯、城市的妓女等怀着持久的关切。

在这期间，有两封信让契诃夫的上述道德自觉和后来的自我"辩解"构成某种悖论关系。一封是写给列昂捷夫的，信中他以一种教徒般的自问反驳别人对他的道德谴责："不错，我生

① 亨利·特罗亚：《契诃夫传》，第113页。

② 弗拉基米尔·尼古拉耶维奇·拉德任斯基：《在黄昏》，《同时代人回忆契诃夫》，第274页。

活懒散，开怀大笑、吃得过饱、喝得过量、流于放荡，可是要知道这些都是私事，并不妨碍我认为在道德方面我同普通人不相上下。"[①]半个多月之后，他又写了一封绝交信给《俄罗斯思想》杂志的主编伏·米·拉甫罗夫，同样为自己所遭受对方的类似责难（"专门写毫无原则的作品的作家"）而愤怒，对指责他作为一名已经声名显赫的作家未能承担"伟大责任"表明坚决的反抗态度。[②]

可见，契诃夫的萨哈林之行，多少也有道德责任上的考虑，包括回应文坛上对他的谴责。另外，在30岁的年纪，他已经能够养活整个家庭，甚至获得显赫名声。这样的生活似乎也已达到了顶点，这让他有一种改变的需要，无论是来自外在还是内部的压力。

二

出发之前，契诃夫阅读了许多书籍，包括探险游记和地图、民族志、医学著作、监狱制度、法律案例等，这期间，他和家人、苏沃林书籍、书信往还，时而高兴，时而担忧，时而充满了崇高的感情，时而又为自己的处境厌倦。他在书信中不

① 1890年3月22日致伊·列·列昂捷夫信，《契诃夫文集》第15卷，第31页。

② "至于在您这种责难之后，我们之间非但不能有业务上的联系，就连普通的点头之交的关系也不能维持，这是不言而喻的。"1890年4月10日致伏·米·拉甫罗夫信，《契诃夫文集》第15卷，第38页。

断地念叨着西伯利亚和萨哈林，好像这样他就可以脱离当下的处境，就可以鼓起勇气接受这样一个决定了似的。他一边希冀着，一边又害怕因为反复分享这个消息而不能最终实现或失去兴趣。

> 我整天坐在家里读书，做札记。我的脑子里和我的纸上没有别的，只有萨哈林岛。这是一种疯狂。①

> 我们的地质学家、鱼类学家、动物学家等先生们都是些学问很糟糕的人。他们用干巴巴的语言写作，不但读起来乏味，有时甚至要修改他们的句子才能看懂他们的意思。可是另一方面，妄自尊大和一本正经又多得不得了。……我想写一本至少一两百页的书，借此略偿还我对我的医学欠下的债……②

可见，除了外在道德压力和内在的需要之外，契诃夫还希望通过萨哈林之行来扭转现有的科学和博物学写作的枯燥和乏味，完成自己同时作为一个科学（包括医学）工作者的责任和义务。

实际上，3月9日契诃夫给苏沃林写了一封很长的信，这封信充满诚意，而且他显然决心已定。信的最后，他说："请允许

① 1890年2月15日致阿·尼·普列谢耶夫，《契诃夫文集》第15卷，第88页。
② 1890年2月28日、3月9日致苏沃林，《契诃夫文集》第15卷，第16—17页。

我出于对您的敬意而跳进一个深渊，摔得头破血流。”[①] 在信件中，契诃夫说到自己去萨哈林的几个直接原因。其一，医学上的偿还。对他来说，科学考察又激活了自己大学时期严肃、扎实的学术探索。其二，他厌倦了眼下的处境，他说，“我的金钱和时间一文不值”。他想通过有强度的身心劳动调整状态。其三，研究罪犯移民的形成过程。这是俄罗斯知识分子普遍的心态。因此，信中契诃夫认为罪犯的境遇责任在“我们全体”。

早在 1888 年，契诃夫就已经对自己的“成功”和“荣誉”表示厌倦，既而生出逃离的心。“我的生活使我厌倦。有时，我竟然对一切都感到厌恶；这在过去是从未有过的事。……我所缺少的，只是不幸的爱情。”[②] 后来，一旦财力允许，他就从一个地方游到另一个地方，像一只不安分的鸟儿。除了养病之外，萨哈林之行似乎是他唯一怀有严肃目的的旅行。1890 年，契诃夫只写了两篇小说，一篇是去萨哈林之前写的《贼》，另一篇是根据从萨哈林返航途中的经历写的《古塞夫》。而《贼》正暗示着契诃夫试图摆脱现有生活的心境。小说讲述了一个医士误入一个客栈的贼窝，这些贼野性而放荡，他们偷盗、喝酒、说脏话，与漂亮的姑娘柳布卡调情。这正是置身于文明而乏味的生活中的医士感到羡慕的。而且，在更早的时期，他在戏剧如《大路上》等都塑造了这样带有喧哗和浪漫主义色彩的盗贼。这一传统形象似乎来自莱蒙托夫或普希金，但有着契诃

① 1890 年 3 月 9 日致苏沃林，《契诃夫文集》第 15 卷，第 21 页。

② 转引自亨利·特罗亚:《契诃夫传》，第 103 页。

夫自己的书写角度。医士不小心掉进贼窝，从一开始的戒备、不解，到理解、羡慕，甚至开始反思自己的生活。小说的结尾，医士的感叹仿佛解构了世俗伦理道德统御下的生活方式：

> 我的上帝啊，天空是多么深邃，它多么广阔无垠地笼罩着这个世界呀！这个世界创造得挺好，只是，医士暗想，为了什么缘故，有什么理由，把人们分成清醒的和酗酒的，有职业的和被辞退的，等等？……这是谁想出来的办法？为什么天上的飞禽和树林里的走兽并不工作，也不领薪水，却生活得逍遥自在呢？[①]

看来，那些挣脱社会文明规则的野蛮生活有被迫的，也有自觉的。契诃夫在这里赋予贼的生活狂热甚至浪漫化色彩。而文明社会中的医士（契诃夫）生活在他们当中是不适和无力的。任何作家都有一种自觉，即跳出自己的身份、职业，想要探索人的存在或生活的边界，感受他人的生活，尤其是那些异于常人的生活，从而突破固有的伦理滤镜，进入一种更为独特而广阔的观察视角。从这个意义上说，萨哈林的“宇宙”是契诃夫摆脱现有生活方式的需要，也是他新的艺术（文学）观察的需要。当然，小说发表之后，就遭到了读者及评论家的批评，例如出版家苏沃林就认为其中体现了某种“客观主义”的

① 契诃夫：《贼》，《契诃夫小说全集》第8卷，第88页。

问题，缺少道德方向。契诃夫则回应说，作家的任务是表现真实性，“主观性”“读者是自会加进去的”。[①] 尽管契诃夫做出这样的解释，我们仍然无法回避作品中他对普希金和莱蒙托夫色彩的野性生活的热情和酣畅书写。

有趣的是，他的作家朋友阿维洛娃将萨哈林之行解释为对她的失恋，这似乎高估了爱情之于契诃夫的意义。契诃夫当然很渴望“不幸的爱情”，但他和当时的画家好友列维坦显然是两种性格的人。就在契诃夫动身前的这段岁月里，他还给人写信说到列维坦：“他在信上谈的大半是女人，我不喜欢。”（1890 年 3 月 16 日）。[②]

不管怎样，1890 年的春天，对契诃夫来说是不一样的。一方面他满怀激情，另一方面又给友人解释说，“为了照一种不同于我生活到现在的方式生活半年而已”。[③] 从冰天雪地到万物复苏，契诃夫欣然地关注着云雀的到来，他不无遗憾而又有点骄傲地写信给苏沃林：“明天是春天了，再过十到十五天云雀就要飞来了。可是，唉！即将来临的春天我觉得是别人的，因为我要离开它走了。”[④] 十天后，春天来临，他便以一种孤注一掷的、百感交集的心态，在信中向苏沃林致以春天的敬意：“四十个苦行僧和十万只云雀。”[⑤]

① 契诃夫：《贼》，《契诃夫小说全集》第 8 卷，第 443—444 页。

② 1890 年 3 月 16 日致亚·巴·连斯基，《契诃夫文集》第 15 卷，第 27 页。

③ 1890 年 3 月 22 日致列昂捷夫，《契诃夫文集》第 15 卷，第 30 页。

④ 1890 年 2 月 28 日致苏沃林，《契诃夫文集》第 15 卷，第 16 页。

⑤ 1890 年 3 月 9 日致苏沃林，《契诃夫文集》第 15 卷，第 21 页。

三

如果跳出作家和文人的思索路径，契诃夫的这次旅行并非一场浪漫的道德行为。从 19 世纪开始，随着国家领土的扩张，俄罗斯的“公职人员、商人、传教士、旅行家进行了数次环球考察”。1845 年，俄罗斯成立了地理学会，设立民族学部。60 年代之后，随着农奴制废除，民族学进一步兴起，在契诃夫大学时代，西方的民族学思想和理论已经流传到俄罗斯。[①] 契诃夫在这种学术氛围下成长，医学专业出身的他，又将自身的学术兴趣天然地与生物、地质、博物学相联系。[②]

1888 年，在中亚细亚一带考察的旅行家普尔热瓦斯基因为结肠炎在路上去世。青年契诃夫为此还写过一篇热情洋溢的悼念文章。在这篇文章里，他赞颂了旅行家顽强的冒险精神，称他是俄罗斯必要时候的“建功立业者”：

> 在我们这个病态的时代，在懒惰、生活的苦闷、信仰的缺乏正在侵袭欧洲社会的时候，在到处盛行的对生的厌恶和对死的恐惧这二者古怪地结合在一起的时候，在甚至最优秀的人也无所事事，借口缺乏明确的生活目标而为自己的懒惰

---

① 贾东海、孙振玉主编：《世界民族学史》，第 110 页。

② 1860 年之后的领土割让（包含库页岛，即萨哈林在内的一百多万平方公里），让契诃夫的这次旅行也在大国关系的背景下展开。

和放荡辩护的时候，建功立业者就像太阳一样必要。[①]

也许，这也是契诃夫去萨哈林的一个重要原因，他要摆脱当时莫斯科蔓延的这种懒惰、苦闷、厌世的人的环境，像普尔热瓦斯基那样成为具有苦行僧精神的科学工作者。

> 他们的顽强精神，为任何困苦、危险、个人幸福的诱惑所不能战胜的对既定目标的追求，他们知识的丰富和劳动的辛勤，对炎热、对饥饿、对故乡的思念、对折磨人的热病的习以为常，他们对基督教文明、对科学的狂热的信心，使得他们在人民的心中成为体现最高道德力量的建功立业者。[②]

如此盛赞他人在契诃公开的文字中是少有的。他以这样的旅行家为标榜，对他这种带有“道德力量”的自我放逐和苦行满怀憧憬。（当然，普尔热瓦斯基作为最早期的人类学探索者，身上有着不可避免的争议性，例如默许俄罗斯对中亚一带民族的侵略。）他仿佛已经厌倦了眼下看似高深、高雅、文明实则慵懒而不可救药的无聊环境，对这位探险家身上简单纯粹的行动力充满了敬仰。

---

① 契诃夫：《尼·米·普尔热瓦斯基》，《契诃夫文集》第13卷，第391页。
② 契诃夫：《尼·米·普尔热瓦斯基》，《契诃夫文集》第13卷，第390页。

因此，与其说是为了“建立功勋”，不如说契诃夫是为了逃离现有的环境，正如他的小说或戏剧经常在无所救中发出的议论，行动或出走才是最终得救的方法。这样综合看来，他在为获得一个在萨哈林考察的“通牒”而给当地官员写信时，声称抱着“科学和文学的目的”，也并非虚托之辞：

> 今年春天我打算抱着科学和文学的目的到西伯利亚东部去，顺便访问萨哈林岛中部和南部……①

四

就这样，4 月底，契诃夫离开了莫斯科。大体像计划的那样，他从莫斯科到西伯利亚，从伊尔库茨克到贝加尔湖，然后穿过阿穆尔河，进入太平洋。经过三个月的跋涉，他终于来到萨哈林。从莫斯科到萨哈林岛，这一万多公里路程，几乎是同样的艰辛苦寒，从陆地、森林到江河，从马车、火车到轮渡、小舟……他的认真和忍耐，坚毅和苦修，也让他罕见地在萨哈林岛上待了三个月，完成了计划中的调研。

旅行途中，他“不断地同大水、寒冷、泥泞不堪的道路、饥饿、睡意搏斗”，“苦涩和寂寞”，甚至累得吐血。②“我体

---

① 1890 年 1 月 20 日致米・尼・加尔金–符拉斯基，《契诃夫文集》第 15 卷，第 4 页。

② 1890 年 5 月 16 日致玛・契诃娃，《契诃夫文集》第 15 卷，第 57 页。

验到各种感触，那是在莫斯科哪怕出一百万卢布也体会不到的。”[①] 返航时，他从库页岛到了海参崴，经过香港抵达新加坡，然后看到了印度洋南部锡兰岛屿上遍地的棕榈林和“古铜色的女人”。这样，又历经一个多月，他才于1890年底返回莫斯科。

在旅途中，契诃夫写了许多信。这些信件显示了新经验给他的冲击，这些经验有来自自然环境的，也有来自所遇到的各种人事。旅途中的艰苦和空虚，令食物成为他反复提及的对象：他一边抱怨路上的茶和咖啡很难喝，一边又不舍得喝随身带的很好的咖啡、茶和能够解乏驱寒的酒。很难想象，遗留下的文字之外，他还度过了多少艰辛和旅途上不可避免的空虚寂寞的时刻。

正如计划中的，这次旅行的最突出的成果，有人们所熟悉的《寄自西伯利亚》和《萨哈林旅行记》。前者带有通讯性质，和他的私人书信形成相互映照的关系。在其中，契诃夫以一种比较公开明朗的方式记录了途中的见闻及思考。虽然忍受了饥饿、寒冷、孤独，但他还是记载了遇见的苦役犯、车夫、邮车驿员、流浪汉、农民、铁匠、木匠、官僚以及知识分子等。其中所见的一些奇异现象也被他记录下来：一个被母亲抛下的弃婴、一个“别巴别巴”地叫着的傻子、一个有18个孩子的马车夫等。这些人都经受着西伯利亚残酷的环境。

---

① 1890年6月5日致苏沃林，《契诃夫文集》第15卷，第76页。

如果一定要说萨哈林是最终目的，那么《寄自西伯利亚》则是契诃夫的“在路上”。在西伯利亚的路上，他除了记录人类，对动物、鸟类等的热情观察，还充满情感地写了叶尼塞河，以及无边无际、可以把人类吞没的原始森林。

这无边际的广阔的自然风景，给他带来绝望和安慰相掺杂的感受。他记得在从雅罗斯拉夫利到彼尔姆的船上，寒风吹起，河岸传来手风琴的声音，他看到迎面行驶过来的驳船，一个披着羊皮袄的老人，身影一动不动，“仿佛凝固在无限的痛苦之中”[①]。正因为这辽阔无边的自然世界，让置身其中的人类变成了动物一般渺小的存在，让文明秩序无法网罗其中。契诃夫多次强调这里的人对政治、军事和艺术毫无兴趣，听到了也只会打呵欠。他这样记载伏尔加、叶尼塞河和原始森林：

> 在伏尔加河上，人先是心情豪迈，最后却以一种被称为歌曲的呻吟结束；人的灿烂的、黄金般的希望换成一种通常称为俄国的悲观主义的虚弱；可是在叶尼塞河上，生活却从呻吟开始，而以我们在梦里都见不到的豪迈结束。……我站在那儿暗想：日后会有多么充实、明智、勇敢的生活使得两岸大放光彩啊！[②]

---

① 1890年4月29日致玛·契诃娃，《契诃夫文集》第15卷，第45页。

② 契诃夫：《寄自西伯利亚》，《契诃夫文集》第13卷，第38页。

> 原始林的力量和魅力不在于高大的树木，也不在于坟墓般的寂静，而在于也许只有候鸟才知道这片树林在什么地方到尽头。……在松林旁有一个逃犯慢腾腾地走着，身上背着背包和小锅，同广大的原始林相比，他的罪行、他的痛苦以及他本人都显得多么渺小和微不足道啊！……人类通常的标准在原始林里是不适用的。[①]

从城市文明（伏尔加河）到西伯利亚（叶尼塞河与原始森林），壮美的自然渐渐给了他一种愈发开阔的心境。他也仿佛飞鸟一样从文明的牢笼之中冲出，重获自由和新生。这样的风景，“新奇、雄伟、瑰丽”，是西伯利亚抒情诗人的“金矿”，[②]大自然仿佛也完成了对个人罪行的宽宥，这让契诃夫怀着一种悲悯的壮怀走在路上：既感到人的渺小艰辛，又感到激情澎湃。除了《草原》，契诃夫很少专门花费如此大的篇幅来写风景。《寄自西伯利亚》中的河流、森林，带给他的震撼是相似的，都是自然的伟力让人变得微不足道。正如他后来在《海鸥》中咏叹的，是对沉闷生活情绪的纾解，也是对人精神强度的挑战。

但寂寞也是随时的，他在马车里、在船上、在途经的旅社和村庄，常常猛然间有一种强烈的孤独感。鉴于这样的苦

---

① 契诃夫：《寄自西伯利亚》，《契诃夫文集》第 13 卷，第 39—40 页。

② 契诃夫：《寄自西伯利亚》，《契诃夫文集》第 13 卷，第 37 页。

劳和孤独,《黑修士》似的作茧自缚的自大的故事，暂时不会在他初返后的文字中出现。因为人在辽阔而冷漠的大自然中久了，反而不会有自己是天使或幽灵的假象。西伯利亚壮阔的森林和河流，很显然满足了契诃夫对“另一种生活”的审视，这对想要成为一个自然科学工作者的契诃夫来说，显然是“过瘾”的。当然，这些记忆和经验也暗合了他的创作，成为作品中一种冲淡和化解封闭的人间与世俗世界的愁苦的力量。例如《林妖》《万尼亚舅舅》中的那些守护和歌咏大自然（森林）的角色（赫鲁舒夫、阿斯特罗夫），就成为戏剧中带有平衡色彩的拯救力量，同时为作品增添了更为神秘、深邃的诗意。他在戏剧中反对人对森林的破坏，暗示人和森林的共生关系，并且，他揭示人的内在和无垠的森林的关联。赫鲁舒夫说：“在你们所有人的心里都藏着一个林妖，你们所有人都在黑暗的森林中游荡。”（《林妖》）阿斯特罗夫说：“当一个人在深夜穿过森林的时候，只要能看见远远有一道小小的光亮引导着他，他就会忘了疲乏，忘了黑暗……我有时候痛苦得无法忍受，我看不见能够引导我的光亮。”（《万尼亚舅舅》）这都显示着契诃夫想用无垠的森林暗示人的生命和心灵与自然的共振。比较有趣的是，新近有一篇讨论契诃夫和西伯利亚之行的文章《契诃夫〈寄自西伯利亚〉：将西伯利亚“写入”俄罗斯》，作者徐乐发现契诃夫在记录西伯利亚时“特意疏漏和压缩了‘人’在西伯利亚的存在，而以俄罗斯欧洲部分为标准确立了西伯利亚空间的‘反常’特征，即寒冷和野蛮”。[①] 从上述作品中，正可以确认契诃夫眼中的自然或野性在人类世界中所应扮演的角色。对契诃夫来说，西伯利亚的意义是与现代文明对峙的自然的物质的意义。它同时打开了契诃夫的文学书写空间。也就是说，尽管《寄自西伯利亚》具有自然科学、民族志色彩，但它仍然是和契诃夫文学构成统一关系的文本。

五

不过虽然契诃夫此行可能主要是为了回应知识分子色彩浓厚的刊物《俄罗斯思想》对他漠视道德责任的批评和质疑，[②] 但嘲讽的是，《萨哈林旅行记》的篇章主要在这个刊物上陆续发表。因涉及敏感话题，完整著作在四五年后才最终出版。

和《寄自西伯利亚》相比，这部相对带有更强的科学和道德色彩的作品写得并不顺利，他几经修改才找到想要的叙述基调，其中一个需要克服的重要的部分是“虚伪”。他同苏沃林写信说：“虚伪的地方在于我似乎要用我的《萨哈林旅行记》开导什么人，同时似乎隐瞒着什么，忍住了不说。”[③]

在《萨哈林旅行记》中，契诃夫尽可能用克制而含蓄的语

① 徐乐：《契诃夫〈寄自西伯利亚〉：将西伯利亚“写入”俄罗斯》，《外国文学评论》，2020 年第 2 期，第 5—37 页。

② 《题解》，《契诃夫文集》第 13 卷，第 610 页。

③ 1893 年 7 月 28 日致苏沃林，《契诃夫文集》第 15 卷，第 308 页。

言表达自己看到的残酷和不公。他拿着当地警察局印刷的统计卡片，一家一户地行走，身边有时跟着热心的领路人，有时跟着荷枪实弹的卫兵，在这期间，他记载了苦役犯、自由民、移民、原住民。他见闻了各式各样的家庭、生活方式。这些人大多冷漠、麻木地承受着萨哈林岛上的贫瘠生活。然而，艺术家的本能又使契诃夫忍不住在其中以一种客观、非虚构的方式铺陈他对其中生活表象的好奇和热情，其间有许多自然主义色彩（“流水账”）的有趣闲笔。例如，一到萨哈林，他就在一个服满苦役的生意人（曾经是近卫军官）家里做客。陪同做客的还有当地的四个文官，他们的日常闲聊充满了趣味。但每当写到执政者或者审查系统的情况时，契诃夫就会采用一种异乎寻常的“官话”，字里行间似乎显示着他在自觉应付审查制度。例如他这样描写总督的品性：

> 他五年前来过萨哈林，现在发现此地有了超出一切预料的重大进步。他的赞美词在人们的意识里同饥饿、被流放的女人的普遍卖淫、残酷的体罚等现象是不能相容的，可是听讲的人大概都相信他：同五年前的情况相比，当前几乎要算是黄金时代的开端了。[①]

这样既给总督及其治理业绩留足了面子，又表现出对这

① 契诃夫：《萨哈林岛（旅行札记）》，《契诃夫文集》第13卷，第69页。

种体面和赞誉背后的反讽气息。总督似乎把他当成了记者，口授了一篇他自己命名为《不幸者的生活描述》的文章，并以他们的现状得到改善为结论。契诃夫都认真地记录下来，并且照做。很显然，来到萨哈林以后，他逐渐知道如何审时度势游弋其中，以完成对它的观察任务。这时候，他阅读民族志所得的经验在这里得到了操练。卡片上记载了以下内容：哨所和村庄名、户号、身份、名字、年龄、宗教信仰、出生地、来萨哈林的时间、职业、文化程度、家庭情况、是否领到补贴。最后一条仿佛是契诃夫确保自己调查安全的落脚点，人们在和盘托出之余也可以争取获得好处。

不过，他去做这种机械的辛苦的调研时，总会碰到各色的人，文学家的自觉同样让他耐心细致地、津津有味地对这些人进行描写：

> 我在另一所木房里还遇见一大伙人，在我去那儿以前他们正在打牌；他们的脸上显示出困窘、烦闷、期望的神色：什么时候我才能走掉，好让他们再打牌呢？①

他还见过美丽的日本姑娘：

> 她们是些身材矮小的黑发女人，头发扎成又大又复杂

① 契诃夫：《萨哈林岛（旅行札记）》，《契诃夫文集》第13卷，第78—79页。

的发髻，身材好看，而且依我看大腿似乎比较短。她们穿着漂亮。在她们的话语里“茨”（……）的声音特别多。[1]

因此，萨哈林之行，既是他自己所说的医学（科学）的偿还，也是充满了传奇色彩的天然的故事大宝藏。契诃夫虽然书写他们的苦难，但并非以纯然的道德来面对，正如他自己所说，他大概认为这样是“虚伪”的。他尽可能找到一种平实、客观的笔调。文学者的自觉迫使他书写那些来自真实性的震撼。正如契诃夫出发前有人嘲讽他这次出行是为了写作，对一个在日常生活之中编故事的人而言，这次出行的确算是跳进了素材的海洋。其中那些充满了蒙昧色彩的、天然的、粗糙的人，为契诃夫后来的“国民书写”拓展了空间。

除此之外，他还写了英国、日本的殖民者如何对待萨哈林岛上的居民。他反思俄国人如何在这块土地上实行着粗暴的治理，谈到了途经日本和中国香港：

在我的旅途中，头一个外国港口是香港。那儿的海湾极好，海上的交通繁忙，我就连在画片上也从没见过这样的情景；道路、有轨马车、登山铁路、博物馆、植物园都很出色；不管你往哪儿看，到处都可以看到英国人对他们的职员关心备至，甚至为海员设立俱乐部。我坐了人力

① 1890年6月27日致苏沃林，《契诃夫文集》第15卷，第97页。

> 车，也就是由人拉的车，我在中国人那儿买了各式各样的小玩意儿；我听见同路的俄国人骂英国人剥削外国人就暗自愤慨。我心想：是的，英国人剥削中国人、印度兵、印度人，可是另一方面给了他们道路、自来水、博物馆、基督教，你们也剥削，可是你们给了什么呢？[①]

一些研究者通过对俄国文学的勘察来探索它们潜在的帝国意识。例如，在卜键的《库页岛往事》中，他用一种富于感情的笔法表达了库页岛和中国历史的密切关联，并且将契诃夫对库页岛的描写当成是一种民族情感的引子。[②]但是，作为作家，契诃夫的主要兴趣似乎并不在这里，他关注的是岛上的人文世界或者尘世的苦难，他直率地批评俄罗斯的殖民治理，无非是想“触摸”和反思人的生存处境。

六

从萨哈林返回之后，契诃夫在整理这部游记时一度感到艰辛和踌躇，那“一箱子的苦役犯的档案材料”真的全部都写进去了吗？相比写一部调查类的医学或者法学专著，他似乎更擅长写小说。归来后，他的写作计划是这样的。他将一周分成两个部分：每周一、二、三用来写萨哈林岛，其他时间用来写小

① 1890年12月9日致苏沃林，《契诃夫文集》第15卷，第105页。

② 卜键：《库页岛往事》，2021年。

说。[①]“他甚至经常作弊，将本来准备写报告文学的时间整天用来写小说。”[②]可见，在“科学”的任务下，他的创作热情重又燃起，这样至少可以逃避艰涩考究的学者式书写。

不过，他最终还是不得不面对，必须将这项研究善始善终。对萨哈林的枯燥冷静的写作：

> ……萨哈林岛套在我脖子上了。……不过这又是一种枯燥的、细致的工作，吃力不讨好：为了一行可恶的文字就得花整整一个小时翻阅文件，浏览各种乏味的东西。描写天气，或者根据许多片断的材料来对苦役进行历史的、批判的特写，这是多么乏味啊，我的上帝！[③]

可见，相对于自如的文学表达，学术工作所需要的笨功夫，对他来说是枯燥和乏味的。但这种写作背后，的确有着来自道德良心的考量。他同苏沃林说，他所作的这些是同萨哈林岛上的“终身的惩罚做斗争”，同“流放犯的法律做斗争”。[④]尽管如此，与晚年的托尔斯泰不同，他观察与书写世界表象的热情，要大于对自己的道德律令。晚年的托尔斯泰摈弃了自己的财富，摈弃了文学中的一切艺术性，从文豪变成了只喜欢谈

---

① 1891 年 5 月 10 日致苏沃林，《契诃夫文集》第 15 卷，第 135 页。

② 亨利·特罗亚：《契诃夫传》，第 140 页。

③ 1891 年 5 月 27 日致苏沃林，《契诃夫文集》第 15 卷，第 141—142 页。

④ 1891 年 5 月 13 日致苏沃林，《契诃夫文集》第 15 卷，第 138 页。

论“上帝、农人、女人”[1] 的人。契诃夫没有用繁复的语言进行反思或教化性的思考，而是就事论事地完成了这样一本著作。

契诃夫懂得体恤人间的苦难，也能用幽默、好奇的口吻来书写他所见的奇异的人或事。萨哈林的书写的确呈现了他的正直、谦逊和幽默。他会在水上津津有味地垂钓，也会在岛上被他称作苦难集中营的医院问诊和手术，保持着一名医生的埃斯库拉皮乌斯（希腊神话中的医神）的尊严。这样的书写自然而然，没有一丝骄傲、自矜与矫揉造作，更没有托尔斯泰式深沉的宗教感伤和心灵救赎，正如梅列日科夫斯基所说，和契诃夫的“质朴”相比，托尔斯泰的“质朴”显得更“处心积虑”。

从萨哈林归来之后，契诃夫第一篇完整的小说创作是《古塞夫》，它以一种异常现代化的意识流式的描写方法，讲述了海上害热病的古塞夫[2] 在回家的海路上病死并被抛进大海的故事。小说结尾，古塞夫的尸体在大海飘荡下沉的场景异常唯美而抒情。正如叶尔米洛夫所言，是“一支悲伤肃穆的安魂曲”[3]。这印证了契诃夫萨哈林之行的过往经验。可以说，通过萨哈林，契诃夫增强了自己的人物忍受命运和苦恼的能力，于是，他将种种残酷与恐怖的事件写得异常沉静而美丽。

在《萨哈林旅行记》的最后几章，契诃夫写到萨哈林岛

① 高尔基：《列夫·托尔斯泰》，《文学写照》，第 19 页。

② “古塞夫”是“鹅”“笨蛋”的意思，契诃夫曾经在信中戏称他的大哥亚历山大“古塞夫”。

③ 叶尔米洛夫：《契诃夫传》，274 页。

上的妇女、儿童问题。他还见证了对犯人的惩罚、死刑犯的死刑。除了政治犯，他见到过所有遭受苦难的灵魂，当然，也有少数人（被迫或麻木地）认为来萨哈林是一种因受难和赎罪而快乐的宗教行动。如果将萨哈林与其后的文学作品进行比对，就会发现这次旅行的确给了契诃夫大量的创作素材。有的经过变形（如《古塞夫》），有的甚至"就地取材"。例如 1895 年的小说《凶杀》，写一个异教徒在杀人犯罪之后被遣送到萨哈林服终身苦役，最终找到真正的信仰。这篇小说是契诃夫少有的直面暴力的写作，非常隐晦地探索了信仰的本质，并暗示人的信仰和苦难之间的关联。当然，除了《凶杀》，还有那篇著名的令人窒息的《第六病室》，传说它令列宁"走向革命道路"，令阿赫马托娃重新认识契诃夫。这次旅行十年过后，契诃夫的小说《在峡谷里》（1900）似乎借用了其中谋杀和制造假钞的罪行，但他并没有将这些犯罪写得很直接和阴森，而是化解在他特有的讲述俄罗斯民族的仁慈、温柔和伤感当中了。

七

关于萨哈林的叙述，从书信、日记到完整的游记，都能看到这些流放者悲惨的生活，尽管契诃夫为他们叫屈，认为终身的流放意味着一种死刑般的非人性。但这些默默无语的人身上充满某种令人震惊的真实色彩，契诃夫观察它们的热情一直没有停歇。环游大半年，他得出的结论是："上帝创造的世界是好的。只有一种东西不好，那就是我们。”他接着批判道：

> 据报纸上说，我们爱我们伟大的祖国，可是这种爱表现在哪儿呢？知识是没有的，有的只是厚颜无耻和过分的自负；劳动是没有的，有的只是懒惰和卑鄙；公正是没有的，荣誉的概念没有超出“制服的荣誉”，而这种制服却成为我们的被告席的日常装饰品。应当工作，其余的统统见鬼去吧。主要的是应当公正，其余的也会自然而然地解决。[①]

回到莫斯科之后，他写信给朋友列昂捷夫，骄傲而厌世地说：“我可以说：我生活过了！我够了。我既到过地狱，萨哈林岛就是这个样子，也到过天堂，那就是锡兰岛。什么样的蝴蝶、昆虫，什么样的小蝇子、小虫子我没见过啊！”[②]他甚至不再对自己出发前阅读的托尔斯泰新写的小说《克莱采奏鸣曲》带给他的心灵震撼（“巧妙的构思”“精彩的描写”“非常刺激人的思想”[③]）感到新鲜了，因为新的经验已经冲破了现实空间，他反倒认为这个反思贵族社会两性婚姻的故事是“可笑、不近情理”的。[④]也许，萨哈林岛上多种多样的婚姻和爱情生活模

---

① 1890 年 12 月 9 日致苏沃林，《契诃夫文集》第 15 卷，第 106 页。
② 1890 年 12 月 10 日致列昂捷夫，《契诃夫文集》第 15 卷，第 108 页。
③ 1890 年 2 月 15 日致普列谢耶夫，《契诃夫文集》第 15 卷，第 7 页。
④ 1890 年 12 月 17 日致苏沃林，《契诃夫文集》第 15 卷，第 113 页。

式，让契诃夫意识到这种局促在贵族和上等社会的两性关系的精微挣扎显得过于狭隘和虚伪。等到游记出版后，他还松了口气地调侃说："医学现在不能责怪我负心了：我充分重视了学问，重视了老作家们称之为学究的东西。在我的散文衣柜里将挂着这件粗硬的囚衣，我为此感到高兴。就让它挂着吧。"[①] 暂且不说对社会大众、对俄罗斯的监狱制度和流放制度，对契诃夫而言，这件"囚衣"，这种遥远又任性的炼狱生活，都是对过往或未来封闭的苦闷生活的提醒与告诫。

不同于过去的探险家们，这些完整而丰饶的非虚构合成了他的整体写作。契诃夫的私人书信，也与《寄自西伯利亚》以及《萨哈林旅行记》共同呈现互文的关系。他深知各自的读者是谁，写法虽然不一样，但同样是尽可能诚实的。

据说，后来《萨哈林旅行记》这本可以说带有科学性质的"医学研究著作"由契诃夫的同学提交给莫斯科大学，以期帮他谋得教职，却遭到了拒绝。其中一个非常重要的原因是，契诃夫在他之前的创作中多次讽刺知识分子（"专门跟教授们过不去"）[②]。很显然，在学术工作上独辟蹊径又喜欢批评"教授们"的契诃夫，并不能受到学术共同体的接纳。至于他为什么还想要成为一名大学教授呢？这个我会尝试在书中其他地方分析。

---

① 1894年1月2日致苏沃林，《契诃夫文集》第15卷，第331页。

② 唐纳德·雷菲尔德：《契诃夫传》，第451页。

八

在《萨哈林旅行记》中，契诃夫不断地在自己的科学调查中加入与之前的旅行家，如医生、动物学家、民族学家、法律学家甚至作家的对话，从而印证自己的知识经验。然而，文学家的敏感，又让他无法放弃特别的感触。如果说社会学、科学、民族志都带有对异族、异域生活或生存规律的探寻，那么，《萨哈林旅行记》则综合了这种规律和他自己特别的经验。他简明、准确甚至有些晦涩的表达，正是尊重科学的体现。他潜在地与之前熟知的文献对话，又不自觉地还原自己作为观察者的第一现场。他既不是现实主义的，也不是浪漫主义的，而是从文学者的敏感出发，完成一种带有自然主义特性的科学书写。例如从萨哈林北部的鞑靼海峡乘船往南方“考察”时，他遇到一个爱笑的女人。契诃夫描述这个女人如何感染了他和周围的乘客：“只差从水里钻出来的鲸没有学我们的榜样而哈哈大笑了。”[1]（这个似乎被他化用在了小说《决斗》之中的年轻助祭身上。）到了南部之后，他描写两个原住民民族（基里亚克人、虾夷人），不单呈现他们的体貌、生活习惯等，还会仔细地描述自己与他们相处的细节。他常常以大段大段的对话还原这些人的生活现场。这正呼应了他作为作家书写真实的冲动，以及

---

① 契诃夫：《萨哈林岛（旅行札记）》，《契诃夫文集》第13卷，第189页。

在出发前对人类学之类作品书写的干巴巴、乏味、不知所云等风格的不满。

《萨哈林旅行记》中还记载了很多动物。例如他很多次描写到鲸，包括迷路的捕鲸船、晾晒的鲸骨架、波浪中翻滚的喷水的鲸等，他还在日记中记载美国人捕鲸失败的见闻（这很容易让人想起后来的经典小说《白鲸》）。《萨哈林旅行记》提醒我们，民族志在当时还有更为妥当、生动、有趣、简明、准确的写法。他尝试以一种理性的方式重新连接各个学科，以旅行札记为载体，将民族志、历史、自然、博物、法律、医学等在其中自然地呈现。

西伯利亚之行，让契诃夫在肉体的磨难和痛苦中清醒，大自然的壮丽山河，似乎也提醒了他人类在其中的意义。不像在城市，自然隶属于环境，隶属于文明，隶属于人类。在西伯利亚的原始森林里，像他说的那样，人类什么也不是。萨哈林之行，还给他增加了更多的故事，有的整体严峻，有的是生动的细节、奇观。野蛮的路上杀人的流浪汉、在海边看护的老人、莫名大笑的女人、海里吐水的鲸，这些在他的生命体验之中转化为直接或间接的创造力量。与其说契诃夫的这次旅行解决了自己的生活和创作危机，不如说，他并没有什么绝对的危机，而是靠新的经验获得了更广阔的自由。

契诃夫是一个温情的人道的科学工作者，他一方面对自然社会的冷酷保持冷静的医生一般的态度，另一方面，他又对具体的人的灾难和痛苦给予共情。这里有“俄罗斯人、乌克兰人、鞑靼人、格鲁吉亚人、中国人、芬兰人、茨冈人、犹太人等”。(《凶杀》)[①] 其中妇女的境遇、儿童的生存，犯罪的青年、消逝了自己青春的老人、无所事事的知识分子、百无聊赖地打着哈欠生活无望的妓女，时间和生命的消逝、境遇的惨淡和不公、人性在残酷场合的日渐堕落，都让他多了一层对人世间的体悟。离开自己，面对他者，进入苦难，这似乎是这趟旅行给契诃夫的启示。契诃夫的感知力，成为他消化自己经验的强有力的加工器，这也让他成为更强大的写作者。

九

当代学者洪子诚曾借助爱尔兰诗人希尼的诗歌[②]和文章来诠释契诃夫的萨哈林之行，希尼在自己的文章中这样品评此行的道德内涵：

> 此处，契诃夫也是想以此确立他想象性写作的权利，以他的社会学报告的硬事实赢得小说的自由乐趣。他意味深长地将此次旅行称为“对医学尽义务”，由此来赎回一

---

① 契诃夫:《凶杀》,《契诃夫小说全集》第 9 卷，第 419 页。

② “就这样，他要还他的‘医疗债’，/但他先要在太平洋边喝白兰地/把他的北方之行需面对的一切置之脑后。/……去试着用正确的调子写作——不写论文，不写政治宗教宣传，/丢开那些鞭打。他要把/自己奴性的血挤出，成为觉醒的自由人/尾随一个囚徒的引导走遍库页岛。”西默斯·希尼:《契诃夫访库页岛》,《希尼诗文集》，第 139—140 页。

> 种典型的谦逊，预言性地暴露关于创造性写作行为自身的现代罪。[①]

在此前提下，洪子诚认为其中暗藏着契诃夫内心对自己文学创作和道德救赎的平衡需求：

> 契诃夫无疑属于那种将真理、正义放置在首位的作家。但是，他的艺术实践也提出了这样的问题：在艺术、文本的内部，是否也可以取得一种歌唱和生命紧张关系的平衡？而纯粹的，并不传达救赎信息的美本身，是否也是增加世界良善的“救赎”的力量？回答应该是肯定的。事实上，无论是契诃夫还是希尼，都是将艺术、歌唱与现实政治的冲突，看作特定历史情境中的邂逅；契诃夫也明确将他的“赎罪”行为看作个人的选择。他们无意将这些普遍化，无意将践行自己的理念的行为扭曲为一种准则，而让其他人都处于“道德的阴影”之中。[②]

在洪子诚或希尼看来，具有道德自觉的艺术家契诃夫不能纯然地在文学创作那里心安理得。但在这条漫长的旅行线上，

---

① 西默斯·希尼：《尼禄、契诃夫的白兰地与来访者》，《希尼诗文集》，第228页。

② 洪子诚：《“‘有神’与‘无神’之间，隔着广大的空间”》，《读书》，2022年第8期，第144页。

萨哈林只不过是契诃夫的重要目的之一。如果说，纯粹的艺术不能唤起艺术家良心的平静，那么，纯然的道德平衡的理性也无法换取艺术家天然的观察热情和好奇心。我们在契诃夫的书信和旅行记中看到是一种二者均不可或缺的艺术和科学的冲动。与其说契诃夫是为了艺术创作的同时道德安心，毋宁说，这件“囚衣”也是其艺术表征的一部分，尤其是当将《萨哈林旅行记》作为他这次漫行经验书写的一部分之时，更能体现这次所谓“赎罪”之行的混沌色彩。因此，这种严格的道德和艺术的辩证法的看法，似乎在契诃夫那里更为简单或复杂。在他那里，真理和正义只有在确保一个作家创造力的前提下才是重要甚至首要的。而且，从道德的消极性上，虽然他看起来善于创造精神疲软的“废人”，但这些“废人”的前提恰恰是因为他们的精神或道德世界和外在的平庸世界构成了一种不相通的错位，这也从侧面反映出契诃夫文学中一直存在的“道德阴影”，只不过，奇特的是，这层阴影因为“废人”的无能而被其营造的更自由开放的自然世界粉碎罢了。

当然，这次行动造成的结果是，西伯利亚和萨哈林的经验或许解决了契诃夫作为作家的一次因生活的匮乏而带来的写作或道德的危机，他重新有机会彻底地思考，并在后来通过写作清理了自我和外在环境之间的关系。那么，出走完归来之后呢？契诃夫写了《古塞夫》，写了《第六病室》，写了《决斗》，但也写了同样完全进入精神的黑暗而华丽的世界中的作品，从《黑修士》（1894）《海鸥》（1896）到《三姊妹》

（1901），他是如何以新的方式，艰难地一次次地获得内在的重生？萨哈林之行这件“囚衣”的保质期能有多久？对于那时归来没多久就体会到“永远活着会像一辈子不睡觉那样困难”[①]的契诃夫来说，在距离生命终结（44岁）还有14年的旅程里，这样实在而真诚又必要的精神操练，是多么的艰苦和漫长啊！

① 1890年12月17日致苏沃林，《契诃夫文集》第15卷，第112页。

第六章　牡蛎

在 luxe（豪华）列车里，满是社会的垃圾。[①]

一

2007 年，一部以契诃夫和他的妹妹在雅尔塔的一段时光为主要素材的电影《契诃夫和玛丽雅》（*Chekhov and Maria*）在美国上映。在这部记录契诃夫人生最后时光的电影中，契诃夫对生活的热情和灵性仿佛丧失殆尽。在《同时代人回忆契诃夫》中，有一则回忆录，的确记载了契诃夫在这段时期的病情恶化，性情上表现出暴躁、骄傲、苦恼、绝望的一面。这时的契诃夫已经不是那个欢快的风华正茂的青年写作者，而是陷入了人生最艰难的时刻。

我推开门，轻轻地呼唤契诃夫："安东·巴甫罗维奇！……"

---

① 契诃夫：《笔记本》，《契诃夫文集》第 13 卷，第 502 页。

床边的床头柜上点着一支残烛，烛泪点点已快燃尽……契诃夫侧身躺在凌乱的毯子中间，痉挛的身体蜷缩成一团，他那喉结突出的长长的脖子伸到床沿外面。他的全身由于咳嗽而在抽搐……他的身体每震颤一次，他那张大的嘴里就咯出一口血，流到蓝色的搪瓷痰盂里，就像液体从一个打翻的瓶子里流出来一样。

……

这时，在残烛暗淡的光亮中，我第一次看到了他不戴眼镜时的眼睛。他的眼睛很大，眼神茫然，就像婴儿的眼睛似的，眼白由于虚火上升而发黄，眼眶里饱含着泪水，视线模糊……

他轻轻地、吃力地说：

“我妨碍……您睡觉……对不起……亲爱的……”[①]

这些疾病描写中的细节显示，它们不再是我们通常所能见到的才气逼人、风度翩翩的样子。契诃夫的人生因为病苦即将走到终点。2015 年，CCTV10 译制过一部契诃夫的纪录片：苏联解体之后，一个俄罗斯作家通过实地考察，并且采访了一批作家和学者，包括医学方面的专家，来努力接近和呈现历史中的契诃夫。纪录片一开头，1904 年夏，在德国的温泉疗养地，黑森林的巴登维勒，契诃夫病情恶化，他生平第一次让

① 亚·谢列勃罗夫：《关于契诃夫》，《同时代人回忆契诃夫》，第 693 页。

妻子克尼碧尔去找医生。而后，昏迷中的契诃夫已经开始胡言乱语，梦呓般地说到水手、日本人、萨哈林、牡蛎等词语。稍微平静后，他用德语告诉医生说："我要死了。"医生给了他一杯香槟。他默默喝完并平静地躺下，就再也没有醒来。契诃夫死后，妻子护送他搭乘"牡蛎"运输专号到达了莫斯科。这种很具巧合感的"死亡叙事"，为契诃夫的人生增添了一种神秘色彩。

这一临终梦呓中的"萨哈林"，是让他疾病加重、带给他一生特殊经验的地方。1890 年，获得文学名望的契诃夫，带着兄弟离世的悲伤和对眼前生活的厌倦，以及俄罗斯知识分子对他文学上的道德重压，长途跋涉去了西伯利亚，仿佛是自我放逐的苦修，他历尽艰辛，到萨哈林岛做了田野调查。在这次远行的直接成果《萨哈林旅行记》中，他以谦虚、科学的笔调构置了一个真实、丰富、异样、残暴的世界。他自己说，"萨哈林"是他的衣柜里最粗糙的一件囚衣，也是他戴着文学桂冠的良心。因此，"萨哈林"也不可避免地成为这个生活相对平常的年轻作家生命的重要印迹，就像一个人在睡梦中总会不自觉地反刍自己人生中最为关键的那些紧张时刻。如此，上述契诃夫死前对"萨哈林"的念叨，就显得自然得多。

不过，相比曾令他惊心动魄的"萨哈林"，契诃夫临终梦呓中的"牡蛎"则因过于普通而显得神秘得多。那么，它仅仅是一种神奇的暗示，标志着作家去世之后被运送回莫斯科的车厢？

二

一般为读者和研究者所熟知的是，契诃夫成熟时期较长的作品更加受关注，而那些短篇则被认为是趣味性的。契诃夫用笔名（主要为“契洪特”）写出的报纸短章，有些经常也是“虎头蛇尾”。用他自己的话说，结尾烟花一场。但实际上，这些小说相当程度上也能够体现出契诃夫非常纯真、善良、温柔、正直的心灵。以1885年的几个短篇为例：《作家》写一个为商铺拟广告的写手因为生活贫困，在店主的胁迫下巧施笔墨，欺骗大众，把过期的从中国运来的茶叶写成是新到的。《两个记者》则讲述了两个新闻工作者和社会事件之间的关系：一个困于无法再被社会新闻吸引，周围一切都令他厌倦，最后选择自杀；另一个对此津津有味，甚至把前者（同行）的自杀事件也写得添油加醋、大获成功。《失业》中，一个大学毕业生求职，他通过舅舅的四封推荐信拜见了四个“成功人士”。整个过程，年轻人所遇之人无一不卑劣、虚伪、贪婪。这些故事，虽然距离作者严肃的心绪还没有像后来那么亲近，但其“烟花一般的结尾”已经带有强烈的社会启示和反思色彩。再如小说《困》（1888）写了一个命运悲惨的小保姆最终被困倦驱使掐死小婴儿的犯罪故事，小说以小女孩为第一视角，冷酷真实不着痕迹，但客观上也流露出极强的社会批判色彩。当然，在这些短篇当中，也有一些可以看出人间内部的隔膜和无解的部分。在契诃夫写作《草原》之前，他就构建了短篇小说中的另外一种品质。写于 1887 年的《香槟》《乞丐》《仇敌》，都呈现了人与人之间因各自处境不同而带来的哭笑不得的争吵或矛盾。例如《仇敌》描述一个刚刚死了儿子的医生大半夜被一个男人请去为妻子看病，后来发现妻子已经私奔。于是在晦暗的室内，两人展开了一场鸡同鸭讲的争吵，他们谁都难以体会对方的痛苦。小说议论说，“不幸并不能把人们联合起来，反而把他们拆开了”。可见契诃夫这时的作品已经表现出描述风物自然和人之状态的热情，包括开始对人内在的矛盾、荒谬进行精微的刻画，因此具有某种若隐若现的现代色彩。这在契诃夫后来的作品尤其是戏剧当中是比比皆是的，只不过他不再以这种夸张滑稽的戏剧性冲突的虚构方式来呈现罢了。

不过，崭露头角也逐渐带给契诃夫一些枷锁，尤其是来自父辈的认可。这位农奴、小商贩的后代，兢兢业业地认真对待自己的才华，并虚心致敬、接续俄罗斯文学传统，之后的作品有和果戈理的对话（《草原》），也有和陀思妥耶夫斯基（《第六病室》）、和莱蒙托夫与普希金（《决斗》）、和屠格涅夫（《醋栗》），以及和同时代的托尔斯泰的对话（《我的一生》）等。他试图以一己之力接续辉煌的俄罗斯文学传统，尽职尽责地维护自己作为一个世纪末作家的尊严与独特秉性。如他在《海鸥》中对作家（特里果林）生活的描述，写作和道德常常带给他大石一般的重压。倘若契诃夫是贵族的后代，他应该会不屑于（一定程度上）外在环境的骚动，哪怕是对他的道德的讨伐和引导吧？

三

1884 年，24 岁的契诃夫给《闹钟》杂志写了《牡蛎》，那时候他的署名还是“契洪特”。1886 年，在他在写给俄罗斯作家、《花絮》编辑比里宾的信中说道：这篇小说里我尝试着做一名 medicus（医生）。[①]

《牡蛎》到底讲述了什么？和“医生”又是什么关系呢？跟契诃夫那些诙谐的短篇小说相比，《牡蛎》写得有点悲惨而严肃（让人想起前述《困》）：一对沿街乞讨的父子，儿子饿得头昏眼花，他看到高档饭店的海报，陷入了对未曾见过、吃过的“牡蛎”的遐想。这时，几个有钱人为了取笑他，花了十个卢布带他去吃了“牡蛎”，由于过度饥饿和发昏，他将牡蛎连壳带肉吞了下去，然后病倒了。

小说中，比较生动的是，儿子因为看到饭店墙上牡蛎的白色招牌陷入的种种遐想。经过问询，父亲说“牡蛎”是一种价格昂贵的海鲜，它有“两片壳”、“生着吃”。儿子的想象于是停留在“滴溜溜的眼睛的蛤蟆藏在壳里”的样子。

---

① 《题解》，《契诃夫小说全集》第 2 卷，第 620 页。

> 它想必是介乎鱼虾之间的一种东西。既然是海味，人们当然就把它烧成很鲜美的热汤，撒上很香的胡椒粉，加上月桂叶，或者加上点脆骨，烧成酸溜溜的杂拌汤，要不然就做成虾酱，再不然就做成拌着洋姜的海鲜冻。……饿极了！厨房里飘来煎鱼和虾汤的香味。[①]

作者建构了一个孩子在对食物的认知经验范围内关于牡蛎的想象。因此，这造成了后来囫囵吞下牡蛎并大病一场的悲惨结果。平心而论，这篇小说和同样表达底层苦难的《苦恼》《困》《万卡》相比，写得不十分精彩，但对饥饿和贫穷氛围的营造却同样非常真实。

这多少应"得益于"契诃夫自己的人生经验。契诃夫出身穷苦，祖父曾经是农奴，靠自己的奋斗拥有田地财富，后来，经营杂货铺的父亲为躲避债务，从塔甘罗格逃到莫斯科。刚刚进入中学的契诃夫就接下父亲留在塔甘罗格的"烂摊子"。学业和生计交迫，他常常忍饥挨饿、饱受严寒。全家陆续搬到莫斯科后，"饿一顿饱一顿地住在莫斯科当时一个娼妓居住的黑暗区域的小角落里"[②]。为了缓解家里的财政危机，契诃夫回莫斯科时还带来了两个寄宿同学以增加生活补贴。直到后来，他才靠写作渐渐地改善了家境。

莫斯科大学医学专业毕业之后，契诃夫已经靠文学赢得家

---

① 契诃夫:《牡蛎》,《契诃夫小说全集》第 2 卷，第 536 页。

② 叶尔米洛夫:《契诃夫传》，第 9 页。

里人的信赖，父亲一家之主的地位，也渐渐地让位于富于责任感和才华出众的他。然而，契诃夫似乎忘不掉过去这些艰难的时刻。《牡蛎》巧妙地将童年体验和社会弊病结合在一起，他之所以自称尝试在这部作品中做一名“医生”，或是因为小说中隐藏的，并非仅仅对生理上的“饥饿”的关注，还有对阶层贫富差距、人性晦暗等社会问题的思考。

1886年，小说集《形形色色的故事》《在黄昏》出版。契诃夫因此名声大振，同时受到前辈作家格利果罗维奇的青睐。契诃夫写给基·谢·廖娃的信，显示他一夜之间已成了名人：“一走进饭店，大家就对我指指点点。”就在这封信里，他还说到了自己第一次吃牡蛎的并不愉快的经验：

> 前几天我到隐庐饭店去了，生平第一次吃牡蛎……不怎么好吃。如果不搭着沙勃利白葡萄酒和柠檬一起吃，那就简直叫人恶心。[1]

可见两年前创作《牡蛎》时契诃夫还没有吃过牡蛎，他正好把自己对牡蛎的陌生感写进了作品。很显然，死后火车专列上运到莫斯科为上层阶级或有钱人享受的牡蛎，这时候对他来说还是陌生的、难以下咽的。从青春时期到成年，契诃夫花费了大部分的精力，用写作来改善家境，然而，这并没有使他

---

① 1886年9月21日致基·谢·廖娃，《契诃夫文集》第14卷，第148页。

全然适应上流社会的生活。相比贵族出身、继承庄园、随意辍学、在青年时期就任意旅行和流连于女性之间的托尔斯泰来说，契诃夫的青年时期是相对自律而艰辛的。而这时的“牡蛎”，似乎也成了一个符号，成为他无法坦然地进入他跃迁到的新阶层并规划完整生活的一种暗喻。以至于后来，契诃夫还有一些小说在描写无所事事的富人或地主享乐时，其表征也常常是“喝白酒，吃牡蛎”(《醉汉》)。在和高尔基的谈论中，契诃夫批评俄罗斯是一个“又贪又懒的人的国家”，“吃牡蛎”也成为一种特权、享乐和浑浑噩噩生活的表征：

> “俄罗斯人是多么奇怪的东西！”他有一天对我说。“他跟一个筛子一样，什么东西都留不住。年轻的时候，他贪馋得不得了，只要是他碰到的东西，他都抓来填塞他的心灵；过了三十岁以后，这一切都光了，就只剩下淡灰色的杂拌儿。……又如一个律师，在他由于一次胜诉成名之后，就不再去维护真理；他只知道去维护财产权，看赛马，买马票，吃牡蛎，装出他对一切艺术都是内行的神气。……”[①]

这让人想起同样出身工人家庭的英国当代作家杰夫·戴尔，在《一怒之下：与 D. H. 劳伦斯搏斗》中，他用滑稽甚至

① 高尔基：《安东·契诃夫》，《文学写照》，第 107—108 页。

有点狂躁的语言记载为酬谢朋友而被迫吃海鲜（包括吃生蚝，即牡蛎）的尴尬情景：

> 我最喜欢的食物是各种各样的面包，还有那些你吃起来毫不费力，甚至用不上刀叉，完全不需要准备并只需花费很少的金钱或精力的食物。而另一个极端则是那些你必须要拼命鼓捣的食物，有壳的需要你撬开壳，花数小时去准备，剔除骨头还要花大价钱，简而言之说的就是海鲜。[①]

接着，他说到海胆“恶心、咸乎乎”，说到牡蛎等一切带壳的东西都令人厌恶。可见，出身于普通工人家庭的作家杰夫·戴尔，对“牡蛎”也是没有好感的。

四

实际上，牡蛎作为欲望、财富的象征并非始自契诃夫。早在 1750 年，威尼斯画派艺术家提埃坡罗就有一幅《威尼斯接受海神进贡》，画中海神带着财富向威尼斯的女神进贡，显然这不是众星捧月的“招徕”的关系，而是抗衡和斗争的结果。而在那些进贡的财富当中，除了金币，似乎还有海洋中的宝贝，例如珍珠、牡蛎等。爱尔兰诗人希尼也写过一首《牡蛎》。

---

① 杰夫·戴尔：《一怒之下：与 D. H. 劳伦斯搏斗》，第 72 页。

诗人赋予这一意象以自然的神秘、食色的欲望等内涵。牡蛎被运输食用，也象征着欲望、享乐和“特权阶层的奢侈”：

在阿尔卑斯山上，罗马人把牡蛎，
深深地裹在甘草和雪里运往罗马：
我好像看到潮湿的背篓吐出满腹
叶状唇边，卤水刺激
特权阶层的奢侈。[①]

1889年1月7日，已在写作上树立自己丰碑的契诃夫用伤感的语调说到自己作为平民子弟的艰苦历程，这段文字很著名，常常被用来引向契诃夫所处的时代矛盾，但它似乎更加暗示了一个人在如此经验之后复杂的心灵状态：

贵族作家从自然界毫不费力地取得的东西，平民作家却要用整个青春的代价去买来。您该写一个短篇小说，描写一个青年人，原是农奴的儿子，做过店员和唱诗班的歌手，读过中学和大学，所受到的教育是要尊重上级，要吻牧师的手，要崇拜别人的思想，要为每一小块面包感激涕零，挨过多少次打，出去教学馆的时候没有雨鞋穿，常常打架，虐待动物，喜欢在阔亲戚家里吃饭，只因为感到自

① 谢默斯·希尼:《牡蛎》,《希尼诗文集》，第102页。

已渺小就毫不必要地在上帝和人们面前假充正经；请您描写这一个青年怎样把自己身上的奴性一点一滴地挤出去，怎样有一天早晨醒来，觉得自己血管里流着的已经不是奴隶的血，而是真正的人的血了。[①]

正是这样的心路历程，让契诃夫似乎并不静止于享受自己用青春的代价换得的“东西”。这封信中还记载了他在《伊凡诺夫》中尝试总结这样的“贵族”“享乐”状态久而久之之后可能的病态、倦怠和忧郁。他在戏剧中反复暗示，需要努力摆脱它，无论是以劳动的方式还是道德的方式。

除了文学创作之外，契诃夫并不像托尔斯泰一样热爱家庭生活，他“买田置地”仿佛只是家族责任，或者为了逃离城市或故地。即便在庄园生活，他也只喜欢种植玫瑰花和养一些新奇有趣的小动物。他好像有一种在摆脱了贫穷之后也无法在生活状态方面跻身上层的不安状态。他无法像于连一样有着进入上流社会的热望与自觉。后来他将自己的精力都用来创作、公益（医疗、教育等）和游荡（旅行）了。与认真经营生活相比，他仿佛是一个旁观者，甚至是破坏者。他总是同家人或好友写信说：平庸的日常生活让他感到想要呕吐和烦闷，幸运的是，死亡随时都会来临，也会解决这一困境。

不过，完全“挤出”“奴隶的血”之后，30 岁的契诃夫，

① 致阿·谢·苏沃林，《契诃夫文集》第 14 卷，第 460 页。

在奔赴萨哈林的旅途中，似乎终于能够适应牡蛎这种上流的肴馔，并将之作为对自己苦行的奖赏。之前他这样梦想着自己的旅程：

> 从伊尔库茨克，我要动身到贝加尔湖去，这一次要改乘轮船；从贝加尔湖走一千俄里到阿穆尔，在那儿坐轮船到太平洋，到了太平洋我头一件事就是下去游泳一番，吃一顿牡蛎。[①]

《牡蛎》中，八岁的小男孩因为贫穷没有见过上等的食物，所以吞咽牡蛎时产生了一种作呕的体会。契诃夫在令人孤独和绝望的萨哈林，热情洋溢地写信到莫斯科，告诉别人他会为自己的辛劳大吃一顿新鲜美味的牡蛎。由此，牡蛎贯穿他的生活，从陌生到适应，再到享乐，然而，这享乐又不是特权阶层的坦然。这时的牡蛎，似乎也有着更为复杂的含义：大海的神秘、平民挺拔之后的新经验、一种难以随便消化的命运和生活，一种无法静止地心安理得地享受青春换来的成功的孤独。当然，也可能什么都不是，它只是契诃夫人生经验中的重要节点。一如“萨哈林”那样，这个节点如此深刻在他的人生轨迹中，以至于成为梦呓的一部分。

---

① 致哥哥亚·巴·契诃夫，《契诃夫文集》第15卷，第77页。

不过，后来，1891年契诃夫说："我周游欧洲，喝到上等的葡萄酒，吃到牡蛎。"[①] 这时，过去那个声称让自己"生活过了"、什么都见过的萨哈林之旅，及对自然万物的观察、熟悉，包括与异族、他者的接触，连同食用牡蛎的经验，终于将契诃夫推向了一个开阔之地。

虽然已经声名鹊起，但契诃夫并不能适应城市的生活，大多数时的状况是："我住在乡下，偶尔去莫斯科去一趟，吃一下牡蛎。我在苍老。没有钱。没有勋章。没有官阶。债务倒有。"[②] 牡蛎也成为他蹩脚地晋升为"上等人"的某种奢靡的符号或象征。他周游欧洲列国，享受着那里的城市风光和美食，甚至和作家波塔片科在蒙特卡洛旅行时还一度热衷于轮盘赌（这部分似乎用在了《第六病室》的书写中）[③]。后来，在生命的最后几年，契诃夫在雅尔塔生活，那儿靠着大海，他爬山，钓鱼，逛书店，种植玫瑰，在黑海边散步，将美丽的海边景色化用在他那篇动人的《带小狗的女人》里。但这时，他的病情已经恶化，鞑靼人为他用了马奶疗法。（据说鞑靼人会将皮制的装有马奶的袋子放在马身上，随着骑行的路上颠簸，经过自然"搅拌"的马奶带有一种奇妙的味道。）而这时的牡蛎，在他眼里想必已经不是阶层的象征，而是一种和大海一体的稀松平常的事物了吧？

---

① 致符·阿·季洪诺夫，《契诃夫文集》第15卷，第195页。

② 1895年1月18日致维·维·比里宾，《契诃夫文集》第15卷，第367页。

③ 伊·尼·波塔片科：《和契诃夫交往的几年》，《同时代人回忆契诃夫》，第298页。

五

由牡蛎到永恒的大海，暗示着人类作为曾经的海洋生物的渺小，或者说物质性。当年契诃夫自萨哈林返回俄罗斯，途经新加坡，曾经目睹船上感染瘟疫者和其他病人被丢进大海的经历：“当你看到一个裹着帆布的死人翻着筋斗飞进海水里，而你又想到海面离水底有几俄里深时，你就会毛骨悚然，而且不知什么缘故你会开始觉得自己也会死掉，被丢进海水里去。”[①] 这段经历被他写在技艺非常精湛的作品《古塞夫》中。生瘟疫的古塞夫被丢进大海之前，小说铺垫了另外两个人的死亡，一个无声无息，一个是充满了尊严感的愤愤不平的教士巴维尔·伊凡尼奇。后者看起来“身份不明”，却因为“衣着得体”被要求安排在上等舱，但他没钱，只好和病人古塞夫待在一起。古塞夫死的时候非常安静，生前唯一的不安是不能在亲人的身边死去，也不能再照顾一家老小。同样是写死亡，这篇带有作者亲密接触底层人经验的作品，并没有像托尔斯泰的《伊凡·伊里奇之死》那样，充满自觉的对生活的发现和议论。小说的结尾，古塞夫被装到帆布袋丢进大海。像电影导演一样，契诃夫将这一幕设计得异常富于想象力和美感：

然后又一个黑东西出现了。那是一条鲨鱼。它露出

① 1890年12月9日致苏沃林，《契诃夫文集》第15卷，第105页。

尊严的、没兴致的神情在古塞夫底下游着，仿佛压根儿没瞧见他似的。古塞夫呢，往下沉，要压到那条鱼背上；鲨鱼就翻个身，肚皮朝上，在温暖而透明的水里待着，懒洋洋地张开嘴巴，露出两排牙齿。鲭鱼高兴了，它们停下来，看一看随后会发生什么事。那条鲨鱼逗那东西玩了一阵，就冷冷淡淡地把嘴巴凑到它底下去，用牙齿小心地碰一碰它；帆布袋就从头到脚地裂开了，有一个船上的铁架子掉下来，惊走鱼，打在鲨鱼的身上，很快地沉到水底下去了。

这当儿，上面，在太阳正要落下去的那片天空中，云朵正在聚拢来，一朵像是凯旋门，一朵像是狮子，一朵像是一把剪子……宽条的绿色的亮光从云里钻出来，伸展到天空的正中；过一忽儿，又有一条紫色的，躺在它旁边；再后，一条金色的，然后，一条粉红色的……天空变成了一片柔和的紫丁香色。瞧着这个华丽迷人的天空，海洋先是皱起眉头，可是不久它也现出温柔、爽朗、热情的颜色——在人类语言中，要想给它找一个名字是困难的。[①]

先是古塞夫被装进帆布袋货物一样扔进大海，然后是海洋生物们轻盈而好奇地探索它的身姿，接着，契诃夫并没有写古塞夫的尸体怎样被它们分解，而是转向描摹海洋上绚丽的夕

① 契诃夫:《古塞夫》，汝龙译，《装在套子里的人》，第112页。

照。这让人想起侯麦电影《绿光》（1986）中的场景，女主人公对自己在人群中的存在感到无所适从时，从海上的绿光那里获得了更为开阔和自由的感触。这里的大海及其之上的夕照，便带有了某种永恒的象征意义，给布满生之苦恼的人以慰藉甚至解脱。

不过，和别的病人相比，同样是瘟疫死后被扔进大海，这个结尾似乎为古塞夫的死赋予了某种深意。和古塞夫一样被扔进海里的巴维尔，临死之前还在问："古塞夫，你们的司令官贪污吗？"这位"身份不明"的人至死还在社会等级结构之中反抗挣扎着——这似乎曾经是契诃夫依靠文学竭力争取的东西。而在这里，所有挣扎和努力都在古塞夫淡然的态度和随即的死亡前分崩离析了。如果是通常的暴露社会弊病之作，这篇小说在写法上一定像契诃夫 24 岁时写作的《牡蛎》那样。而如今，在见惯了芸芸众生和无数的罪恶与死亡之后，契诃夫仿佛看到了另一种力量。那么，契诃夫是在肯定"古塞夫们"的安静和顺从吗？似乎又并不是。见到了远大世界的他，已经能够在大自然无言的美和淡漠之中看到新的表达方式。沉默的古塞夫没有控诉的死，反而更显得生命存在的庄严圣美。

总之，《古塞夫》让我们看到契诃夫的这段记忆如何被转化为美好的普通人受难的"安魂曲"。而"牡蛎"，这与自己人生最遥远的征程（萨哈林）有关的神秘符号，在契诃夫死前被唤起，又何尝不是契诃夫为自己谱写的另一种"安魂曲"呢？

六

也许是来自自然科学背景的开阔视野，也许是自身奋斗的经历，也许是对生活敏感而细腻的观察，契诃夫小说的人物并不局限于任何一个阶层，也并不会专说哪一个人群的好话，他的作品中只有人，个人。他尤其善于塑造一些“脱轨的人”。这些人探索生活的本质和意义，寻求有创造力的生活方式，同时他们也承担着由此带来的重负甚至失败，带有悲剧甚至悲壮色彩。这些“脱轨的人”当中，有的是出身贵族但无法适应贵族生活的青年或知识分子。这些人在自己的家族那里得不到身份认同，转而沉沦下僚或者隐入尘烟，如《我的一生》中的男主人公“小利钱”。他们在虚伪的城市或上层人生活中找不到创造，所见只有剥削和奴役，例如《第六病室》中那个被送进精神病院的贵族青年格罗莫夫。

不过，契诃夫还塑造了一种角色，是通过自身努力跻身上层社会而深感不适的青年或知识分子。例如《黑修士》，例如《三年》，其中的人物要么发狂而死，要么在生活之中沉沦无力，期期艾艾。相较读者熟悉的《黑修士》，《三年》这个故事也极为动人。它讲述了莫斯科城市中的一个商铺家族，父亲勤奋创业，留下大笔的产业需要经营，而他的儿子，即主人公拉普捷夫，却在其中感受不到精神的愉悦，从小到大只体会到因为经商挨打的经历和随处可见的对工人的盘剥。尽管作为新兴商业主的后代，面对财富和成功，拉普捷夫仍然无法像其他人那样轻松地生活。契诃夫借助主人公拉普捷夫之口说出了一种“生活无力症”：

> “我怎么也不能适应生活，做生活的主人。有的人说蠢话，或者耍滑头，可是生活得倒颇有乐趣；我呢，有时自觉地做好事，却只感到心神不安或者十分冷淡。加甫利雷奇，我把这一切的原因归之于我是奴隶，我是农奴的孙子。在我们这班贱民闯出一条真正的道路以前，会有许多人在半路上就丧命的！”①

这番议论何尝不会让人感到是契诃夫自己的人生自况。正因为这样，他才不会像托尔斯泰那样，在餍足了人世间的繁华之后突然想要脱落一切，步入生活上的苦修。而契诃夫就是从那儿来的，他知道回到那儿并不能解决一切，所以他同人写信说：“呜呼，我永远也做不成托尔斯泰主义者！在女人方面我首先喜爱美丽，在人类的历史方面我首先喜爱文化，这个文化表现于地毯、带弹簧的马车、思想的敏锐。”② 某种程度上，契诃夫以平民的心态摆脱了一切道德上的假想，尽管托尔斯泰的思想对他来说仍然是动人的或值得尊重的。

1902 年，契诃夫在生命的最后阶段，写出本年的唯一一篇

---

① 契诃夫：《三年》，《契诃夫小说全集》第 9 卷，第 341 页。

② 1891 年 8 月 30 日致苏沃林，《契诃夫文集》第 15 卷，第 158 页。

小说《主教》。这篇小说既不同于司汤达的汲汲于钻营上升的于连，亦不同于列斯科夫的天真淳朴的大堂神父的主教故事，更没有大篇幅的陀思妥耶夫斯基和托尔斯泰似的宗教与道德的追问，这篇小说充满了对生活（生命）的柔情和疲倦。这个小小的底层家庭出身的神职人员，慢慢升迁，然后成为主教大人，为整个教区的人尽职尽责地服务。虽然做出了巨大的贡献，甚至成为名人，但他时常感到厌倦。加上他的崇高身份，他的亲友也渐渐开始对他保持敬畏和疏离。尤其母亲，直到死去，她才褪去他身上的各种名相，将他视作自己的孩子。尽管契诃夫的弟弟米哈伊尔认为这个故事的原型来自契诃夫大学时与他同住的一个笃信宗教的文科生斯提芬·S. K.[①]，但主教与尘世的疏离带来的孤独感受，似乎也和契诃夫晚期的生活处境相互映照。即便没有宗教信仰，契诃夫还是以宗教主题的方式写下了这种最带有哀悼性质的死亡暗示。一如《复活节之夜》(1886)，如果说这篇小说可称之为契诃夫对哥哥尼古拉的才华和生命的预言式反顾与祭奠，那么《主教》则是契诃夫在这种身份错位后无法享受生活之乐的处境下写给自己的挽歌或安魂曲。这位“出身寒微的幸运儿”，也早在风华绝代之日就预见过自己的命运：

我是从《娱乐》和《波浪》的深处跳出来的波将金，我是一个做了贵族的平民，这样的人是支持不久的，就跟

① 米哈伊尔·契诃夫:《契诃夫和他的作品中的题材》,《契诃夫手记》，第263页。

一下子绷紧的琴弦一样。……最容易出轨的是那种不顾天气怎样、不顾燃料多少、天天开动、不得休息的火车……[1]

返回“牡蛎”，这个携带着他身份变迁和特殊经验的物质，最终也和他的尸体一起，被从德国运回莫斯科，最终回到大自然。高尔基称这样的巧合为“‘庸俗’用一个卑劣的恶作剧对他报了仇”，“对它那个疲乏的敌人发出胜利的微笑”。[2] 于是，它似乎，反过来也成了契诃夫最后在无意识中和庸俗的等级世界开的生命绝响式的豁达的玩笑。

---

① 1888年10月20日致亚·谢·拉扎烈夫-格鲁津斯基，《契诃夫文集》第14卷，第395页。

② 高尔基:《安东·契诃夫》,《文学写照》，第109—110页。

第七章　万尼亚舅舅

为什么光是描写软弱、萎靡的、有罪的人？[1]

一

只要人类持续存活，契诃夫话题就不会休歇，因为它牵动人心的，至少有两个方面：倦怠与反思。倦怠在反复劳作之后，反思在全部的行动之后，而劳作或行动似乎又是人类得以前行的永恒动力。契诃夫在暗示，人类不仅因为做错了事情而疲倦，也会因为做对了事情而疲倦。漫长的一生要面对无数个日常的疲倦瞬间，短暂的一生又要面对宇宙尺度带来的有限性的恐惧和抗争。

然而，这并不意味着作者想要“传染”给读者的是一种萎靡不振的精神，相反，像要清除体内的农奴之血一样，他似乎想要清除人内在的奄奄一息或萎靡不振。契诃夫有多么热爱和珍惜生命以及眼前的生活，他就多么痛恨现成的或已发

---

① 契诃夫:《笔记本》,《契诃夫文集》第 13 卷，第 510 页。

生的庸俗的、缺少内省和反思的生活。1897年，在给女作家莉·阿·阿维洛娃的信中，契诃夫这样说：

> 你抱怨我的人物阴郁。唉，这可不是我的过错！这对于我是不期而然的，每逢我写作时，我并不觉得自己心情阴郁；不管怎样，工作的时候我素来心情很好。人们常常发现，阴郁的人也好，忧郁症患者也好，写作时总是快快乐乐的，而乐天知命的人写出的作品倒往往使人忧愁。我是个乐天派；至少，在我这一生的前三十年当中，如同常言所说，生活得无忧无虑。[①]

这样的话，写作和生活之间构成了一种平衡。就像喜剧演员的生活往往是忧郁的，而乐天者在作品中因释放自己忧伤或晦暗的一面而快乐。契诃夫有多么热爱生活，他就多么乐意在作品中表达忧郁。这正说明了塑造忧郁的人物能够给他带去快慰，他也希望通过这样反复书写忧郁和颓唐，来重新激活内心对生活的热情和力量。

如此，看起来，在此之前皮肉和精神都得到洗练的萨哈林之旅（1890）并没有给契诃夫带来彻底的灵魂解放，《决斗》（1891）中的思想实验，也未能消弭掉他身上拉耶甫斯基式虚弱的冲动。1892年，契诃夫全家定居在莫斯科城外的梅里霍沃

① 1897年10月6日致莉·阿·阿维洛娃，《契诃夫文集》第15卷，第545页。

庄园。在这个庄园里，契诃夫劳动、行医、写作，还勤勤恳恳地参与到大规模的霍乱救治中，并为当地的人口普查、基础教育做着力所能及的工作。这似乎更证明了他克服身上这种“天然的痛苦”的能量。

1896年，《万尼亚舅舅》问世，题材来源于契诃夫更早的戏剧作品《林妖》，这些作品和他后来的戏剧一样，都带有很强的“稳定基因”：生活和人内心“压抑和腐朽”的部分。只不过，这时已36岁的契诃夫，将这种气氛和情绪表达得更加饱满和成熟。1898年，在故乡观看了《万尼亚舅舅》之后，高尔基写信告诉契诃夫，自己像一个女人那样哭了，他感到生活在一个极其压抑和腐朽的世界，心灵就像被一个钝刀子来回锯着一样“呻吟而郁闷”。[①]

当然，我们在谈到契诃夫的时候，往往因为关注其中的严肃和悲凉，而忘记可爱、有趣甚至滑稽的部分。无论是《海鸥》还是《万尼亚舅舅》的读者和表演者，都面临如何理解和处理其中的戏谑成分的挑战。《万尼亚舅舅》里，一边是长篇大论的有关个体和人类命运的独白或演说，另一边则是装腔作势的插科打诨和拉拉扯扯。万尼亚舅舅一边哭诉着生活的痛苦，另一边吹着不明就里的呼哨。正如纳博科夫所说，“如果你看不到他的可笑，你就看不到它的可悲”。[②]滑稽的、神经质的、下意识的幽默和荒诞，恰恰是对人生存在感到焦灼的另一

① 1898年11月致契诃夫，《契诃夫高尔基通信集》，第3页。

② 纳博科夫：《俄罗斯文学讲稿》，第253页。

种注脚。这些都是契诃夫从少年时期就很擅长的。只是那些他善于发现的“小笑话”，如今被合流到更为严肃、广大的文学世界之中去了。在契诃夫的小说中还有一些类型充满对人间的柔情蜜意，这与他的“万尼亚舅舅”形成某种补偿式的对位关系。它们共属于契诃夫的善，如小说《洛希尔的提琴》(1894)所散发出来的温柔的悲悯。他从不指责具体的人，即便书写阶层隔膜，也不寄希望于斗争或冲突，而视之为生活本身的问题。

二

一对庄园闯入者——退休的艺术教授谢列勃里雅科夫带着新娶的年轻妻子，回到亡妻留下的庄园。庄园里有他的岳母，妻弟万尼亚，女儿索尼娅，以及老乳母、附近的医生朋友、地主及长工。教授夫妇的到来，慢慢改变了庄园稳定的生活，万尼亚也渐渐意识到对教授常年的供养和付出，并没有获得真正的社会价值。他发现教授是一个冷酷、自私，从根本上对艺术和生活都虚伪的人。接下来，不可避免的，他们开始产生隔膜、争吵，以至于不欢而散。最后，“闯入者”离开，庄园终于恢复了原来的静谧。这就是《万尼亚舅舅》大致的故事。和前作《林妖》相比，契诃夫将描摹重心从林妖转向了万尼亚舅舅。这部戏剧营造的气氛，仿佛暴风雨之后的秋季，万物萎黄，或许在某个角落还能看到晚生的新芽（正如万尼亚舅舅天真的外甥女索尼娅），和那黑暗中粗壮而充满生机的树木（如阿斯特罗夫）。因此它清点的，似乎又不仅仅是万尼亚和教授之间对峙的关系，而是一种普遍的疲惫。

正如契诃夫在萨哈林之行归来后写的《决斗》中人物之间的对峙和平衡，知识分子拉耶甫斯基和动物学家拉·冯柯之间，构成了疲倦和新的科学、进化的力量的撕扯，中间倚靠着善（教士与军医官）的调节。在《万尼亚舅舅》中，契诃夫几乎将这种力量主要分散给了教授、万尼亚舅舅，甚至还有医生阿斯特罗夫。身为艺术史教授的谢列勃里雅科夫，随着学院知识者的生活惯性，汲汲于著述的功名，同时被风湿和关节病所困扰。相对而言，医生阿斯特罗夫的善似乎和教授女儿索尼娅的明朗等量齐观，承担着契诃夫内心深处对未来（“一千年以后”）的希望。然而，尽管尽职尽责，但十多年的重复劳作，使医生阿斯特罗夫丧失了生活的欲望和动力，正如《第六病室》（1892）中的那位县城医师一样。疲倦中，他和万尼亚舅舅共同喜欢上教授新娶的年轻貌美的妻子安德烈耶夫娜。安德烈耶夫娜逐渐意识到自己对教授的爱是因为他的身份和地位，因此她期待真正的爱情和新生活，但似乎又并不那样热烈而真诚地期待。她享受着男人们的追逐，又并不意欲决然地改变眼下的生活。她等待着五年之后步入中年，与教授一起速朽。最终，像万尼亚一样，青春和真正的生活也在等待之中错过。

万尼亚舅舅是剧作中最为灰暗的代表人物，也是精神上和其他人冲突最激烈的角色，仿佛是落地的黑麦上腐烂的外壳部分（它保护着翠绿的生命的可能性，而对于自己，他则似乎希望能够在毁灭之后彻底重生）。正如舍斯托夫所说，这样类型的人，“他们被剥夺了一切，他们也应该创造一切”。[①] 而纳博科夫认为，万尼亚舅舅这样的人是“做不了好事的好人”，他们“集高贵情操和软弱无能于一身，这种情操能够达到人类能及的最深层次”，是“一种含糊而美丽的人性真理的不幸载体”。[②] 也就是说，“创造一切”只停留在他们的应然的理想世界，现实中，他们承担着无法完成这种创造的不幸，或宿命。实际上，在契诃夫的小说中也讲到过这种“情操”，《三年》中，柯斯嘉总结拉普耶夫的性格说：

> “而且他的善良或者他的聪明究竟有什么用处呢？您要多少钱，他就给您多少，这他是能够做到的，可是在那种需要运用坚强性格、反击蛮横无理的人和无赖的时候，他就心慌意乱，泄气了。像您的可爱的阿历克塞那样的人，都是极好的人，可是在斗争方面，他们完全不中用。而且，总的来说，他们无论干什么事都不中用。”[③]

这也暗示了一种万尼亚舅舅式的内在性格，当然，这种品性也成为后来政治家或文艺家，或政治文艺家，基于阶级斗争

---

① 舍斯托夫：《创造源自虚无》，《开端与终结》，第 24 页。

② 纳博科夫：《俄罗斯文学讲稿》，第 254 页。

③ 契诃夫：《三年》，《契诃夫小说全集》第 9 卷，第 333 页。

思想来批判契诃夫文学的重要发力点。从结果论的来看，这种批判当然是必要的，但它对于重新理解契诃夫文学来说，则显得过于单薄。

而艺术史教授谢列勃里雅科夫，也很容易让人想起契诃夫写的另外一部小说《没有意思的故事》（主人公也是一个大学教授）。叶尔米洛夫认为《没有意思的故事》是作者自身的投射："可能由于他时常想到自己的病体，再加上他兼而为艺术家和医生，善于把自己变成自己的病人。——这种种条件都帮助他刻画出一个人在等待死亡的内心世界。"[①] 契诃夫写这部作品的时候才 29 岁，哥哥尼古拉刚刚因为肺病过世。如叶尔米洛夫所说，他通过教授的角色来预测、等待甚至惊惧自己的未来。不同的是，在《万尼亚舅舅》中，同样在大学教书 25 年的艺术史教授似乎对自己庸常的人生没有反思，他因为生活和命运的惯性孜孜不倦地著书立说，哪怕疾病甚至死亡侵袭着他。万尼亚批评他不懂艺术，对生活无感，并且不愿意接触大自然。这样看来，数年之后，契诃夫似乎对"教授"更加苛刻，他借万尼亚之口嘲讽他们是"有名的无名之辈"，是市侩的知识分子。在契诃夫的故事中，总有伴随着某种痛苦情境的对峙角色：庸俗的大多数人物和一个痛恨虚伪、走在生活边缘或者忠实于爱情、自由或艺术并为其所伤害的男性或女性。而前者之中最典型的形象就是大学教授或知识分子。契诃夫在书

① 叶尔米洛夫：《契诃夫传》，第 249 页。

信中曾不止一次地批判俄罗斯的知识分子（教授）“软弱、单薄、淡漠、冷酷，懒洋洋发空论”，是“软骨头和土鳖”。[①]而知识分子是当时庞大的教育和官僚机构中的基本构成，契诃夫作为一个“编外”人员，知晓知识分子和贵族一样在俄罗斯有特权，更应该承担社会和文化责任。而契诃夫的平民作家身份，也许更强化了他对过渡进程中的俄罗斯此类问题的深入反思。

在某种意义上，文艺家和学者之间的对峙似乎已经成为一种有趣的普遍现象。作为艺术家，契诃夫对待生活的活力、热情、良知，和跨越边界去探索世界的好奇心，与相对而言比较理性、严肃、稳定，在自己的领域专注钻研的大部分学者，自然有所不同。更何况，在那个过渡时代，俄罗斯的知识分子或“教授们”又滋生出麻木、冷漠而缺少生机的严重问题。契诃夫深知在科学和艺术这两种创造性工作背后都有职业化带来的僵化、虚伪和腐朽问题。由此，他十分反感学者的平庸和狭隘：

> 一个平庸的学者是个笨人，工作了二十四年，什么好事也没有做，只供应世界几十个跟他一样平庸狭隘的学者。他每到晚上就悄悄装订书籍，而这才是他的真正的本行；在这方面他是个艺术家，而且体验到快乐。有一个装

---

① 1889年12月27日致苏沃林，《契诃夫文集》第14卷，第563页。

订工人常到他这儿来，他却是个学术的爱好者。他一到晚上就悄悄钻研学术。[1]

这则看起来有些滑稽、嘲讽，幽默的速写笔记，也许暗示，像鲁迅一样，契诃夫似乎深知人的许多名目背后活力丧失，在职业（名目）之外还有其他潜能等待被激活。不管怎样，契诃夫有这样的能耐：除了像医生那样审视自己的灵魂，他还可以分出另外的多样性存在，包括以文学来体味和接纳人类受难的灵魂。这里有来自病痛的、来自衰老的、来自平庸生活的、来自意义失落的……他不断地书写这样内在心灵相似而外在生活多样的角色。他尤其善于捕捉“还乡者”的尴尬。在他那里，田园不是梦幻，是另一种焦灼和隔膜的开始。主人公们在“失序”的边缘挣扎，因为对生活过于期待而变得恐惧和胆怯，好像只有静谧永恒的大自然可以带来对这种悲伤运命的消解。正如契诃夫在为书写《我的一生》而做的笔记中说的：“顺着这道叫作文明、进步、文化的梯子往上爬吧；爬吧，您自管爬吧，我诚恳地劝您，可是爬到哪儿去呢？说真的，我也不知道。单为了这架梯子就值得活下去。”[2] 一方面，他坚信过程中这些时代、文明演进的要素，另一方面，因为没有终极目的或可称作信仰的东西，不可避免的，人逐渐也就变得被一种

① 契诃夫：《笔记本》，《契诃夫文集》第 13 卷，第 462 页。

② 契诃夫：《笔记本》，《契诃夫文集》第 13 卷，第 453 页。

机械的生活惯性所推动，陷入迷茫和困顿。契诃夫这种严肃和清醒正揭示了在向现代过渡的时期人的普遍困境。

相比较而言，在《万尼亚舅舅》中，契诃夫对医生这个角色的态度要温柔得多。阿斯特罗夫治病救人，善良悲悯，对大自然也充满热爱。他致力于补给和恢复自然原来的面貌，对森林生态情有独钟。他说："每当我栽种了一棵桦树之后，看见它接着发起绿来，随着微风摇摆，我的心就充满了骄傲。"这样的情感，我们在契诃夫更早的作品《海鸥》最后医生善良而体恤的"乙醚爆炸"的谎言中也能体会得到。其实，在契诃夫许多文学作品中，医生似乎代表了完全的科学时代到来、宗教溃散之后某种光明和仁慈的部分，相当程度上取代宗教人士成了契诃夫文学中新时代的救赎形象。例如小说《花匠头目的故事》（1894）就塑造了一个远离世俗生活的苦行僧般的医生，他已经远非今天职业化的身份，带有极强的宗教色彩。

1902 年 1 月 11 日，莫斯科艺术剧院专门给庇罗果夫代表大会（全俄医生代表大会）上演了《万尼亚舅舅》。在演出之前，契诃夫鼓励他的妻子克尼碧尔（饰演安德烈耶夫娜）一定要好好演，并且及时汇报给他同行们的反应。据说在演出过程中，来自各个地方的医生在阿斯特罗夫身上看到了自己，"观众席中哭声四起"。[1] 随即，契诃夫受到了医生们广泛的赞誉和致敬。这一次面对医生观众的演出，对契诃夫来说是意味深长

---

① 叶尔米洛夫:《契诃夫传》，第 432 页。

的：他的小说与戏剧中弥漫着的苦痛与绝望搅扰的悲伤心绪，尚未吞没他对科学和医学所抱持的理想态度。在那之后的两天，契诃夫都很兴奋，他给朋友库尔金写信说，这次演出给他带来了无限的欣喜。[①]

作为文学创作者，契诃夫自认文学可能空虚无用，而他剧作或小说中的医生角色，似乎成了令人宽慰的合理又得体的补偿性角色。医生常常是旁观者，承担对契诃夫的信念来说十分笃定的仁慈与科学，虽然一旦成为经年劳作的职业，又可能会毁于倦怠。(《第六病室》)(“似乎什么都不重要，什么都会毁于时光。”）也就是说，不仅仅在现实中，在作品中医生角色也成了他的合法“妻子”，有着特殊的推动功效和积极性。他们和万尼亚一起，构成契诃夫有关人类心灵谱系的完整而朴素的图景。

三

实际上，从萨哈林归来没多久，契诃夫就对自己的状态表现出了更加深沉的厌倦，这让他开始探讨“生活”的话题，并且塑造了好几个“害怕生活”的形象。例如，在《恐惧：我的朋友的故事》(1892）中，机关工作人员彼得罗维奇从彼得堡回到家乡从事农业，可是他的生活和爱情同样面临着危机。尤

① 1902年1月13日致彼·伊·库尔金，《契诃夫文集》第16卷，第395页。

其不幸的是，他的妻子不爱他，却温和忠诚地跟他生了两个女儿。他们承担着生活，精神上却几近被打垮。而他那热爱酗酒、流浪汉一般的仆役（绰号“四十个殉教徒”，也许与契诃夫给苏沃林书信中的“四十个苦行僧”的命名有关），是脱落于社会秩序的苦难之人。“我”作为彼得罗维奇的朋友，在虚伪地倾听着他的痛苦的同时，却迷恋上了他的妻子并选择逃避。按契诃夫自己的评价，这个小说写得虎头蛇尾，但其中极其精心地塑造了这样三个对生活同样充满恐惧的人。小说的副标题“我的朋友的故事”，正如人们喜用的叙事说辞，暗示着，“我”看似旁观者，实际上和“朋友”构成了同一的关系。仆役“四十个殉教徒”、“我”、彼得罗维奇，三个逃避生活的懦夫，因为各自的不幸而变得胆怯和厌倦生活。

而《恐惧：我的朋友的故事》中彼得罗维奇的对生活充满困惑和恐惧的大段议论，也让人不得不想起万尼亚舅舅：

> “我们的生活和坟墓里的世界同样没法理解，同样可怕。……我呢，好朋友，不了解生活，怕生活，我不知道这是为什么，也许我是个病态的、发了疯的人吧。……世界上有一种害怕旷野的病，我得的是一种害怕生活的病。”
>
> “……我觉得可怕的，主要是我们谁也躲不开的日常琐事。……我原在彼得堡担任公职，后来害怕了。我到这儿来，为的是经营农业，可又害怕了。……我，好朋友，不了解人们，怕他们。我瞧着农民就害怕，我不知道他们究竟

为了什么崇高目标在受苦，为了什么缘故生活下去。……”[①]

这种种的议论，充满了对生活的无力和恐惧，就像万尼亚舅舅以悲愤之口倾诉出自己错过生活一样，谁能保证他不是因为逃避生活而牺牲于贡献他人的劳作呢？而“害怕生活”在这里并不是第一次出现，在契诃夫少年时期写的《没有父亲的人》中，就有普拉东诺夫厌世的自我剖白：“哈姆雷特害怕做梦……我害怕……生活。”[②]

而在另一篇小说《匿名者的故事》（1893）中，男主人公奥尔洛夫有一个情妇齐娜伊达·费多罗夫娜，当后者勇敢地做出决定，并与自己的丈夫挑明、决裂，搬来和他一起生活的时候，他却表现出厌倦和逃避的姿态。35岁的奥尔洛夫年富力强，用讥诮的态度看待一切，他无法忍受被认为有“小市民习气”的家庭生活。有趣的是，故事中的仆人“我”患了肺痨，希望过上日常的家庭生活，却无法完成，目睹那个为爱而生的女人被反复折磨之后，“我”终于忍不住写信声讨他：

“……究竟有什么可怕的、致命的原因妨碍您的生活像春天的花朵那样绚烂地盛开呢？为什么您刚开始生活，就赶紧从自己身上丢掉神按着自己的样式所造的形象，变成卑怯的畜生，由于自己害怕而狂吠，并且用这种狂吠去吓

① 契诃夫：《恐惧》，《契诃夫小说全集》第9卷，第7—8页。

② 契诃夫：《没有父亲的人》，第234页。

唬别人呢？……您的灵魂那么早就披上了长袍！在一切健康正常的人都与之奋斗的现实生活和大自然面前，您扮演了多么卑怯的角色啊！您生活得多么轻巧，舒适，温暖，方便，却又多么苦闷啊！是啊，苦闷得要命，眼前一片漆黑，如同待在单人套房一样；可是您又极力躲避这个敌人，于是您就每天打八个小时的牌。”①

小说似乎暗示，这时已经33岁的契诃夫仿佛要清理出自己的人生选择，无论是奥尔洛夫还是仆人“我”，身上都有他的影子。他害怕生活（奥尔洛夫），他害怕他的结核疾病不能让他生活（“我”）。于是，在这种踌躇之中，人生逐渐走向晚景。

而之后的小说《三年》（1895）恰恰是在《恐惧》的基础上增添了更多细节，它重新确立了小说的情感基调，写得缠绵悱恻又哀婉动人。《三年》里，可以看出契诃夫写作时的初衷和野心，或许是受了前辈托尔斯泰和陀思妥耶夫斯基那种严肃而宏大的叙事影响。但显然，他并不擅长这种“宏大”，因为十分厌倦，他自称这个小说写得“相当疲沓”。所以他说，想要写火星的故事，或者写火山般可怕的女人，也不想再写这种普通人及其配偶的生活了。②但是，通读下来，这部小说写得

① 契诃夫：《匿名者的故事》，《契诃夫小说全集》第9卷，第76页。

② 契诃夫：《三年》，《契诃夫文集》第14卷，第357页。

荡气回肠，情感和生命幻生幻灭，三年里就有白云苍狗般的力量。这样一个看起来并不大的“叙述宇宙”，被装进去了当时社会各个层面的话题：婚姻、爱情、门第、商业、宗教等。可以看出，契诃夫写得极具耐心，甚至很疲倦，读完了给人一种跟着一块历经沧桑的感觉，也不禁使人生出一种对待生活和生命存在的悲慨。

据斯坦尼斯拉夫斯基回忆，契诃夫的母亲想去剧院看儿子的《万尼亚舅舅》，为显示意义重大，特地穿了一件绸衣，而契诃夫大发雷霆，弄得“声势汹汹，脾气暴躁，头发蓬乱”。[①]这也许是因为，万尼亚舅舅的痛苦如此可怖，以至于契诃夫似乎担心被自己性情和煦的母亲看到。在戏剧中，万尼亚舅舅原本也聪明、勤奋，为了有意义的事物敢于牺牲，但 25 年的劳作让他突然醒悟自己所遭受的欺骗。47 岁的他无法开启新的人生，惯性又将他困在庄园里继续劳作。万尼亚舅舅将对生活的疑惧归因于艺术史教授的自私、冷漠，和事业价值的失落。实际上，如上所述，万尼亚舅舅或许只是在“借故”发疯，因为他对生活充满疑惑，因为他“害怕生活”，所以通过对教授的供养来逃避生活。毕竟，教授并没有妨碍他的个人生活。万尼亚舅舅看轻生活，重视改变和创造，当意识到艺术史教授不过是“有名的无名之辈”时，他才感到崩溃了。这似乎暗示人在向外牺牲时可能存在内在的自欺。或者，多大程度上，什么样

① 斯坦尼斯拉夫斯基：《安·巴·契诃夫在莫斯科艺术剧院》，《同时代人回忆契诃夫》，第 413 页。

的事业才值得一个人奉献出青春甚至生命呢？——当所有的奉献都可能是一种自欺时？没有答案。或许契诃夫在更早的时候已经给出了答案，那就是他借助老地主之口对普拉东诺夫的评价："普拉东诺夫是现代不确定的最好体现者""就是我们社会的现代状态"。[①]

四

一个作家常常通过不断地书写精神层面上重复的多样化的角色，确认自己的创造者身份。契诃夫也不例外。

乡村-城市-乡村，家庭生活，这是契诃夫反复书写的主题，其中最动人的莫过于包括爱情关系在内的人与人之间相互隔膜的灰色世界。在这世界中，细节是动人的，情绪是忧伤的，人们的生活庸俗可笑甚至荒诞、无奈，然而，愈是真实地呈现这样生活的群相，便愈使人鼓起勇气向往更为坦诚、自然、健康、光明的未来。

而《万尼亚舅舅》里的"舅舅"和"索尼娅"的角色在其他小说中也不断地有其变型。在《匿名者的故事》中，那个为爱情奋不顾身的女性，在逃到爱人家之后，被爱人以"同居生活的庸俗"折磨得面目全非。最后，善良的仆役把她救出，她死在了路上，留下一个小女孩叫索尼娅。还有，《我的一生》

---

① 契诃夫:《没有父亲的人》，第 17 页。

中那个毫无出路的避世的主人公和妹妹的遗腹子。他不断地书写这些角色（即便他们面临着疾病和死亡，甚至是社会意义上的毫无出路），仿佛希望能够从这些角色当中找到一个可以冲出虚伪生活的人。而渐渐地，这样的角色也带有了某种宗教或象征意义，他们承担了人类普遍的生活之痛或罪。

1892 年，《第六病室》发表在《俄罗斯思想》，引起了轰动。契诃夫跟列斯科夫说，他写这篇小说来自不经意间的灵感。[①] 这时正是契诃夫自萨哈林归来之后创作的旺盛期，他还有力气写一些看起来比较积极的形象，一如《决斗》中的动物学家冯·柯连、军医师萨莫依连科。在契诃夫的大多数戏剧和小说作品中，医生多半能够平衡其中的“废物”角色（往往还是主角！），他们温和利他，行动力强。虽然，如果我们仔细阅读，会发现这些医生身上也或多或少沾染上了“多余人”的倦态，被一种更普遍的“万尼亚气息”俘获，例如《万尼亚舅舅》《三姊妹》。契诃夫从医的经验似乎帮助他塑造了这些角色。当然，这里大体分为两类，一类是抽象的具有善的象征色彩的医生角色，另一种是较为写实的角色。后者除了要看病之外，往往要和形形色色的医护人员及病人打交道，《第六病室》中安德列·叶菲梅奇·拉京就是如此。

和《第六病室》比较相似的，更早还有一篇写于 1888 年的《纠纷》。小说塑造了一个处在庸俗不堪的日常环境中的地

① 《题解》，《契诃夫小说全集》第 8 卷，第 464 页。

方自治局医生格利果利·伊凡诺维奇·奥甫钦尼科夫。他的敏感、细腻和神经质让他无法适应糟糕的周围环境，最后引发了一场和医士助手之间的冲突，这场冲突差点又触发了一场官司。最后，迫于无奈，医生还是回到了“愚蠢，愚蠢，愚蠢”的并没有任何改变的常态生活。小说写得清新自然，又有些真实、荒诞的色彩。《第六病室》仿佛是沿着《纠纷》而来的。只不过，不同的是，《第六病室》是少有的篇幅更长的以医生为主角的作品，并且思考相对严肃和极致。在这篇小说中，契诃夫更加充分地以一个文学上的医生身份来解剖了医生的倦怠和精神苦痛。

在苏联文艺家叶尔米洛夫那里，《第六病室》显示了契诃夫对时代环境的控诉，其中的精神病院看门人尼基达则是暴力和专制的代表。他甚至认为契诃夫的悲剧在于没能看到全国“以雷霆万钧的力量对抗暴力”的“新人”。[1] 不过，如果我们粗略地翻一下小说，会发现看门人尼基达只是作品中极为次要的角色，作者真正下力气写的似乎并不是看门人和其中四个病人（包括格罗莫夫），而是拉京医生。这位医生如契诃夫《没有意思的故事》中塑造的教授一样，已经从业25年，生命力和创造力不断地被消磨，迫切需要精神和生活上的出路。在作品中，契诃夫还设置了和拉京医生的知识分子身份构成对位参照的法律工作人员格罗莫夫。很显然，契诃夫尝试在医学和法律

---

① 叶尔米洛夫：《契诃夫传》，第284页。

两个带有极强的社会责任色彩（与疾病和犯罪有关）的职业中，讨论一些可能要比《精神错乱》更为复杂的“人的才能”的问题。

小说将社会背景设置在一个普通的县城里，这里挣扎着这样两位知识分子。格罗莫夫是一个没落的贵族后代，在繁多混乱的民事案件之中，他小心翼翼地工作和生活着。正是因为有着对他人痛苦天然的感受力，他对不公高度敏感，并渐渐患上了受迫害妄想症，终致被送到病院。而县院长拉京医生也有着自己精神上的窘迫，他发现无论他如何努力工作，每年接诊的上万个病人并未减少，病人永远会有，这让他逐渐感到厌倦。偌大一个县城，他没有可以交谈的朋友，只能靠闭门读书，通过古希腊斯多葛学派的思想来逃避现实。然而，孤独使他偶然间认识了格罗莫夫，他们在病院里热烈地讨论：有关智慧、生活、现实。二者逐渐成为无所不谈的朋友。就这样，贵族的后代格罗莫夫沉沦囹圄，平民的跃迁者拉京医生因频频入院造访，也被怀疑有病，最终也掉落到这样的“监牢”之中。拉京医生被换上精神病院的衣服之后，似乎很快因为自己的厌世思想坦然了：病号服和院长的制服并没有什么本质区别。健康和疾病也并无明显的差异，但是很快，糟糕的居住、饮食和医疗环境，让院长意识到了严峻的生活现实。最后，拉京医生中风而死。让一个被迫害妄想者死，和让一个原本没病的医生到最后发狂、中风而死，相比较而言，后者显得更具有悲剧性。《第六病室》反思的似乎是，一个具有高度道德自觉以及行动力的人，在恶劣而庸俗的环境中，如何化解自己内心的孤独与痛苦。米尔斯基曾经这样评价道：

> 但作为一种“世界观”，作为一种“哲学”，这一手法却十分消极，是“不抵抗的”，因为它是对灵魂“微生物”及其毁灭病菌的投降。契诃夫的整个创作因此给人这样一个总体印象，即他崇拜的是无能和软弱。①

正如在契诃夫的阅读和研究界有种普遍说法“契诃夫情绪”（Chekhovian state of mind），这是一种表达“灵魂的鸡毛蒜皮和细枝末节”（米尔斯基）的情绪。但为何这样的“崇拜无能和软弱”的印象会引起一代又一代人们如此震撼的情绪反应甚至共鸣呢？可见人类生活可能始终无法摆脱这样的状态，只是在有的时代，个体的这种无力感、无能感和软弱感会更加强烈吧？

不过，《第六病室》中的拉京医生明显因为相对厚重的现实空间而处境孤绝。这种严峻现实，契诃夫一定是在梅里霍沃诊治农民和之前奔赴萨哈林给苦役犯们治病时深刻体会过的。他也一定感受到了这样一种现实和日常的压迫带来的精神痛苦吧？只是在《万尼亚舅舅》等戏剧作品中，各个角色都是人格化的、象征化的存在，这时，其中的医生角色的处境和状态才

---

① 米尔斯基：《俄国文学史》（下卷），第 91 页。

明显好（抽象）很多。

有趣的是，当时的读者也似乎从这部作品中感受到了契诃夫在创作上的某种转向。1893 年 2 月 11 日，一封写给契诃夫的热情洋溢的信夸赞他这部小说体现了“从泛神主义转变到人类中心主义”，并请求契诃夫和俄罗斯知识分子联合起来，“扫除放在解决人类迫切问题道路上的障碍”。而面对这种热切的呼吁，契诃夫不以为然，正如对托尔斯泰晚年的选择，他的回复是，“各人按照各人的能力写作。我想进天堂，可是我没有那种力量”。[①] 事实也证明，契诃夫在之后的创作风格里，并没有沿着《第六病室》一路下去，更不用说进入更具批判性的现实书写、进入“人类中心主义”式的“解放人类”主题的书写了。

五

不过，从人物内在逻辑上，《万尼亚舅舅》中有一点可疑之处。退休的艺术史教授做了什么让万尼亚舅舅感到失望和灰心呢？很显然，在教授提出要卖掉庄园之前，万尼亚就已经对教授的学问和道德嗤之以鼻了。他工作了 25 年才幡然醒悟，这不很奇怪吗？ 47 岁的万尼亚舅舅和写作该剧时 36 岁的契诃夫，似乎构成某种呼应关系。万尼亚舅舅的内在再次被唤醒，

① 1893 年 2 月 11 日致约·伊·奥斯特洛夫斯基，《契诃夫论文学》，第 238 页。

被放置在作者未来的十年之后。而作品中医生和当时的契诃夫同龄，似乎暗示着契诃夫对当下部分自我（医生身份）的肯定，但万尼亚舅舅和医生几乎同时都感到厌倦：前者是发现了意义的丧失，后者则被日复一日的重复劳作和牺牲消磨掉了爱的愿望。

《万尼亚舅舅》呈现了契诃夫身上的三种可能性：学者、医生和有思想力的劳动者。从功利主义的角度来看，劳动是光荣的，或者说，劳动者是需要被尊重的。不过，这个故事似乎还有一个很有意思的暗示：不劳动的人活着可能是一场虚空，劳动的人活着就一定不是自我欺骗吗？在契诃夫建构的这个世界里面，劳动者、受苦者和享乐者，似乎无一幸免，都得去弄清楚自己是怎么回事。不然的话，享乐和劳动都不过是自我欺骗的一体两面，不过是生活的假象。

劳动或工作在契诃夫的生命和他的作品中占有很重要的位置，与其说它身上自带美德属性，不如说是契诃夫作品中人物自我拯救的方式。这对一个通过不懈奋斗“成功”的平民之子来说自然更为珍贵。萨哈林之行是契诃夫极端的艺术和生活、道德的平衡，而日常的劳作则是人摆脱不得不面对的平庸生活的“麻醉剂”。万尼亚舅舅在劳作中的安宁和供养教授大人让他去发现真理所带来的成就息息相关。当他意识到教授大人的虚伪和冷漠，意识到后者的著作一文不值时，他的信念再一次坍塌了。当然，我们也可以说，从教授角度，这里也暗示出契诃夫对自己艺术劳动的反思，对自己为艺术劳动而牺牲了生活的反思；万尼亚舅舅和教授之争，是一个契诃夫对另一个契诃夫的诘责，也许只有通过这样的诘责，他才能持续保持稳定的灵魂状态？

其实，在契诃夫更早期的小说中，也常有这类苦恼的形象，不过，它们随后往往被作者更为辽阔的自然万物的书写给冲淡、嘲讽甚至解构了。但从人的内在来说，要在这样的“死结”之中冲决而出的冲动总会出现。万尼亚舅舅总说，自己还没有“生活过”。在这些我们熟悉的作品中，可以发现，契诃夫关注最多的是“生活”。在他那里，“生活”这个词看起来非常朴素，似乎又不可捉摸。一方面，契诃夫害怕生活，《没有父亲的人》中早就暗示过。老地主彼特林说“生活咬人”：

> 生活是这个！当一个人诞生之后，他只有三条路中的一条路可走：往右走，狼把你吃了，往左走，你把狼吃了，直了走，自己把自己吃了。[1]

这仿佛暗示着人生的三种存在状态，要么被生活打垮，要么成为生活的胜利者，要么不去选择和行动，成为拒绝具体生活的思考者。无论如何，在契诃夫看来，它们似乎都显示了生命被消耗和吞噬的不自由状态。他真诚地呼喊：“哈姆雷特何必去管死后的幽灵呢，生活本身不是就有更可怕的幽灵闯进来

---

① 契诃夫：《没有父亲的人》，第45页。

吗？”[①]另一面，他作品当中那些呼喊着“没有生活过”的人，往往又是看起来最善良、最清醒的。

那么，在万尼亚舅舅或者契诃夫眼中，生活是什么？是劳动吗？是娶妻生子，繁衍后代吗？1890年底，从萨哈林回来之后，契诃夫给人写信说，我可以放心地说“我生活过了，我够了！”[②]这样看来，“生活过”是不是一种带有创造性的，带有个人自由意志的选择，又能带来一定的道德结果（社会价值）？那么，我们大胆地猜测一下，这个“生活过”，有没有可能是“上帝视角”下一种完美的生活：一种时刻富于创造力的有意义（道德）的生活。这样的话，对一个人来说，这种生活是不可能时时刻刻有的，它需要人们克服庸常的琐碎来完成，因此，这种契诃夫逻辑下的痛苦是普遍、必然和永恒的。

美国哲学家弗洛姆（1900—1980）曾经在《逃避自由》中深入探讨人的生活意义的问题。他从社会、心理的视角分析，认为随着不断的进化，人类挣脱禁锢、摆脱枷锁的本能促成了他们对自由的必然选择。但如何从一种消极的自由转化为积极的自由？弗洛姆的答案是创造和爱。[③]这点似乎和万尼亚舅舅或契诃夫思考的问题极为相似。也许，在契诃夫看来，“生活过”就是创造和爱，一种摆脱庸俗和延宕状态的自主的存在方式吧？因此，他极为反感以创造之名来行平庸之实，其中一个

---

① 契诃夫:《笔记本》,《契诃夫文集》第13卷，第423页。

② 1890年12月10日致伊·列·列昂捷夫,《契诃夫文集》第15卷，第108页。

③ 艾里希·弗洛姆:《逃避自由》。

矛头便指向艺术界的官僚："凡是对生活生疏、不善于生活的人也没有别的路走，只有做官僚。"[①] 基于此，契诃夫有一种极强的怀疑精神，就是对每一种生活可能的欺骗性都保持着警惕。

契诃夫不遗余力地批评官僚和学术系统中日常的消磨和内部的封闭对他们灵魂的侵蚀。这类人有如贵族一样受到优待，是庞大而慵懒的俄罗斯帝国的保障和进步力量。有趣的是，契诃夫深知在他们当中，除了这种日复一日的平庸（如小说《众人中的一个》描述的那样），大概还有更为丰富而险恶的力量存在。官僚和知识分子（有时合二为一）在不健康时，往往具有懦弱无能、党同伐异、心狠手辣、油腻猥琐等特征，这在一个转型期的庞大国家系统中不乏其人。有趣的是，契诃夫在书信中提及这些，在写作的时候反而看起来柔和得多。除了可能存在审查制度的障碍外，原因应该还有契诃夫对这类人的厌恶和不屑。这种厌恶和不屑大概包含两个方面：它触碰到了更为贴地的批判现实主义写作，契诃夫应该不愿意回到俄罗斯现存的书写传统之中，这在他早期的短篇练习中已经初见端倪，再写下去无非是更为厚重一些的与文学前辈相似的现实主义作品。在卡夫卡（1920年代）之前，这种新的批判方式似乎还没有真正诞生。所以，在书写机制对人的异化和压制方面，契

---

① "如果有谁硬要插手他所生疏的工作，例如艺术，他就不可避免地变成官僚。在科学、戏剧、绘画的周围有多少官僚啊！凡是对生活生疏、不善于生活的人也没有别的路走，只有做官僚。"契诃夫：《笔记本》，《契诃夫文集》第13卷，第466页。

诃夫找到了自己的形式和方法，看起来单一，却往一个方向力透纸背：它进入人的本质世界，以一种普遍性的追问方式而令人惊怖。当然，这里，可能还有更为重要的原因：他还不相信自己真理在握？解决他们这一类人的问题就能天下太平吗？人（尤其是一些平庸而丑陋的官僚）这东西真的那么高深莫测吗？对他来说，可能还有更重要的事情：科学和自然。在这样的视野关照下，能被描摹的更有活力的多样的人，反而能够唤起读者对万物一视同仁的悲悯心。它一定意义上消解了契诃夫的现世痛苦，弱化了他直接对具体的人的内部的攻击性，但又帮他实现了另一种致命的对人灵魂的轰鸣。感受到这种“轰鸣”的人一定能够从自己的恶之力中超脱出来。不过，可悲且可笑的大概是，——不知道契诃夫能否料到——能读懂并热爱他的人，往往都是一些无能而善良的万尼亚或特里波列夫吧？

不过，话说回来，这样的写作其实是一种挺可怕的“上帝视角”，既然上帝已然被人们内心的理性与科学启蒙的精神所驱逐，那么，人类的精神痛苦和失败就是必然的了。正如相信上帝的梅列日科夫斯基所说的那样，从宗教角度来看，契诃夫和高尔基一样，以肯定自我的方式完成了自我毁灭。[①] 当这种“肯定”极为强大的时候，就会变成对自己和生活的苛责。用舍斯托夫的话说，在契诃夫的作品中，“四处弥漫着一种尽管是不自觉、然而却根深蒂固的信念：意志应当以与人类制度毫

① 梅列日科夫斯基：《契诃夫与高尔基》，《先知》。

无共同之处为目的。更坏的是，制度似乎是意志的敌人和人类的敌人。应该会毁坏、不断谴责、消灭、推翻它”。所以，最好的方式是“以头撞墙，没完没了地撞”。[①] 对意志的极大肯定，如果积极一点看，显然是契诃夫写这些“废物”的初衷或最终目的。如果消极地看，契诃夫似乎对发现出路毫无兴趣，或者说毫无信心。

六

正如许多读者感知到的，契诃夫人物中的这些“无能和软弱”很容易让人想起俄罗斯文学上的“多余人”。不过，万尼亚舅舅身上这种“世纪末”的颓废和早期60年代之前普希金之后的“多余人”的颓废是不太一样的。契诃夫在最早的剧作《没有父亲的人》当中就塑造了一个人人讨厌而又迷人的普拉东诺夫的形象，他来自没落的地主阶级，曾经胸怀梦想，然而现实是成了一个堕落的中学教师。他无法振作起来生活，也没有爱的能力。谁和他亲近并爱他，他就会害了谁。在这部剧作当中，契诃夫反复提及拜伦的唐璜、古希腊的奥德赛，还有他所熟悉的普希金、果戈理的文学，正是这些文学典型成为普拉东诺夫的形象基因，但又带着现代生活的影子。因此，契诃夫在剧作中通过老格拉戈列耶夫议论说，普拉东诺夫是“现代

---

① 舍斯托夫:《创造源自虚无》,《开端与终结》，第46页。

不确定性的最好体现者……他是一部很好的但还没有写出来的现代小说的主人公”。[①] 正是这样从现实和文学中反复汲取和沉淀的过程，构成了契诃夫文学中此类“无能和软弱”的人物形象。正是这种“不确定性”，造成人物的怀疑和颓废的品性，它主要指向的是对个体有限性的一种恐惧和不安。这个“有限性”表现在日常的平庸、周围空气的庸俗、环境日复一日、生命的短暂、疾病的困扰、知识和精力的限度、才华的不足、情感关系上的南辕北辙、人性内部的劣根性、人的表面生活的欺骗性和内在生活的不诚恳……那么，既然这样，契诃夫为什么没有选择尼采的强力意志？他写过几次尼采，但评价都不高，他觉得尼采虽然可以作为一个在火车上畅谈的好伙伴，但咋咋呼呼、虚张声势。[②] 的确，尼采跟契诃夫看起来谦逊包容、沉静低调的气息不符。

布尔加科夫在1904年契诃夫去世后的讲座“作为思想家的契诃夫”中，曾经对比了拜伦和契诃夫，他认为二者都有一种基于人的“世界忧伤”，拜伦是“贵族化”的，“愤怒和严厉的，不知道宽容和原谅”，而契诃夫的作品中“没有英雄，却有平庸的人”，“契诃夫对精神上赤贫的人、不成功的人和在生活斗争中被打败的人的特殊关注，使得他在感情和理念上成为

① 契诃夫：《没有父亲的人》，第17页。

② “像尼采这样的哲学家，我倒愿意在火车上或者轮船上遇见，跟他谈上一个通宵。不过，他的哲学我认为是不会长久存在的。与其说它有说服力，不如说它是虚张声势。”1895年2月25日致苏沃林，《契诃夫文集》第15卷，第378页。

在伦理意义上深刻的民主作家”。[①]由此，契诃夫对“大学教授”莫名其妙的深恶痛绝，从上述角度来看，或许是他对非常稳定的、顽固重复的有限性的生活的一种鄙视？因为大部分知识分子除了庸俗而不自知（“那些把迟钝、狭隘的灵魂，和冷酷得无耻的心地，藏在一个渊博圣人的学者面具之下的人们”《万尼亚舅舅》），他们还是最循规蹈矩而无法冲破边界的。正因此，他自信能够通过更为新颖的角度进入学术。例如，虽然主要从事写作，但契诃夫一直不忘记从普通的医学刊物去了解医学发展的最新动态。他曾经和大学同学谈到病人的主观感觉对医治疾病的重要性。[②]这大概是他作为作家和一个敏感于人的精神状态的观察者，与已经养成理性、科学习惯的医学研究者不同的地方吧？

吊诡的是，既然如此，契诃夫为什么选择去做民族学的调研，以偿还自己在医学和科学上的债务？这不正是在期待一种学术上的自我确认吗？其实，这可能正是契诃夫的突破边界的自觉。他通过各种方式（包括创作）在自己“内部”发现了农民、园丁、庄园主、旅行家、探险家、医生、作家、法律学者、社会学者、民族学者、动物学者等。另外，在他看来，在如此单一的有限性之中，教授或知识分子身上可能还有一种优越感、傲慢，在他所“从事”的多种身份（包括通过文学创

① 布尔加科夫：《作为思想家的契诃夫》。转引自徐乐：《契诃夫的创作与俄罗斯思想的现代意义》，第45页。

② 格·伊·罗索利夫：《回忆契诃夫》，《同时代人回忆契诃夫》，第720页。

作）之中，他看到了一种均等性，就像他在自然中看到万物那样。所以他借助医生阿斯特罗夫之口说“只有上帝才知道，我们的正业，究竟在什么地方”。（《万尼亚舅舅》）

契诃夫作品中的这些人，好像跨越了阶层、出身（或者说不同于最早来自于贵族的“多余人”），走向一种普遍性的混响，这也意味着，颓废或萎靡在人人之中。正如纳博科夫所说，它们呈现的是“一种含糊而美丽的人性真理的不幸载体”。[1]因此，万尼亚舅舅又并非复刻俄罗斯文学的“多余人”的形象，那些“多余人”都是道德疲软的，有觉醒，但无法改变现实。契诃夫的这些形象，转而化作一种气息或象征，形成一种普遍的心理共振。不同于过去带有很强的道德意味和阶层意味、缺乏行动力的暂停状态，契诃夫的人物更加具有开阔性、普遍性。

推而广之，这种“共振”不仅是历史的，也是横向的，以至于今天我们也能从中感受到一种极强的共鸣感。这种对“几乎无事的悲剧”和“不幸”360度无死角的书写，会让局部的个人生活问题变得微弱、琐屑和轻盈。因此，对于寻常读者来说，直面这种生活，越过它，或者藐视它，就变得容易了许多。然后，人们就可以从契诃夫描述的这种生活方式中获得启迪：“不屈从于命运，不让自己消耗在单调乏味的日常生活之中，不做一天和尚撞一天钟，这个人不管做什么，也不管他创

① 纳博科夫：《俄罗斯文学讲稿》，第257页。

造什么，他总是在创造着自己的命运和他自己。”[1]

当然，对这种“死结”的书写，让契诃夫面临着不少批评的声音，例如人物道德缺少发展、世界观不完善、悲观主义等，高尔基曾经在契诃夫《在峡谷间》发表之后的一篇评论文章中为契诃夫辩护说：“他自有他的对生活的概念，因而站得比生活更高。他以极高的见地阐明生活的苦闷，它的荒谬，它的趋向，它的混乱。”而且，他认为契诃夫的书写是乐观的，因为其中“生活的调子”越来越“意气风发”了。[2]也就是，从积极的意义上来说，或者在这些具有积极色彩的研究者和作家看来，契诃夫的日常书写有多荒谬和颓丧，他对人的生活的希冀或“极高的见地”就有多么明确。正如在《万尼亚舅舅》结尾索尼娅流着热泪向观众呼告的那样：

> 我们会听得见天使的声音，会看得见整个洒满了金刚石的天堂，所有人类的恶心肠和所有我们所遭受的苦痛，都将让位于弥漫着整个世界的一种伟大的慈爱，那么，我们的生活，将会是安宁的、幸福的，像抚爱那么温柔的。[3]

这一呼告显示着契诃夫对人类存在的温柔和慈爱，以及无奈。正如尼采在《查拉图斯特拉如是说》序言中说的那样，

---

① 格罗莫夫：《契诃夫传》，第 300 页。

② 《题解》，《契诃夫小说全集》第 10 卷，第 507 页。

③ 契诃夫：《万尼亚舅舅》，第 94 页。

"真的，人是一个浊流，应该是海了，能容这浊流，使他干净"。[1]只有人既是生活者，同时又是容纳这一切丑陋生活的"超人"，才能够保持一种安宁和温和的状态。

1994年，在原作《万尼亚舅舅》基础上改编的电影《万尼亚在四十二街》(路易·马勒导演)上映，爵士乐的前后装点，更佐证了契诃夫文学很容易滑入现代的愁绪。电影中，处于现代生活中的演员们，不断地在舞台上排练，喋喋不休地营造着独属于契诃夫的气氛：苦恼的、琐碎的、卑微的生活，每个人在其中都有合理性，然而无路可走，污秽与真诚依然并行。在人物相疏离的缝隙中，塞满了心理和表情上的补给，演员在悲哀和悲哀的顶点——滑稽之间游走。而这种自19世纪至当代的生活意义上的共振，或者共鸣，构成了一种舞台上奇特的情绪，或者潜流，它一直自然地流淌到新的时代，以至于遥远的未来。

2020年，在伦敦西区刚刚上演就因疫情被迫中断并转为影像传播的《万尼亚舅舅》似乎更具有讽刺意味。这部理查德·阿米蒂奇(Richard Armitage)和托比·琼斯(Toby Jones)联袂出演的作品中，黑人女性扮演了劳动者索尼娅。这给人一种感觉：复排的《万尼亚舅舅》似乎要从阶级、性别不平等的角度来谈契诃夫。就像中国作家曹禺等，在本土化地转换这些作品的时候，也是将其放置在一个更为明确化的阶层矛盾的基

---

① 鲁迅:《热风·随感录四十一》,《鲁迅全集》，第325页。

础上。他们将契诃夫戏剧中这种无孔不入的悲剧或荒诞的氛围，集中到了一种带有纵向秩序感的具象的社会矛盾之中。和契诃夫的原味相比，它们似乎多了点什么，或者说，少了点什么。

2024 年，在伦敦西区剧院上演的戏剧《万尼亚》中，标题中“舅舅”被省去了，演员安德鲁·斯科特（Andrew Scott）一人分饰九角，在异常简陋的舞台上上演了一出弥漫着人类共通的现代愁绪的声音场，一个近乎精神分裂的、对着自己嘶吼的孤独者的心理场。这种“分饰”的演法，某种程度上响应了上述契诃夫在原作中将自己的内在灵魂以角色的方式分派出去的初衷，就像孙悟空的九根毫毛。尤其当我们在艺术史教授、万尼亚、医生、索尼娅、垂老之人身上看到契诃夫的影子时；尤其当我们在作品中，看到一种共同的、弥漫着人类在特殊的历史时期对创造新生活和自我革新的彻骨企望时。

第八章 “天气冷，丽卡，糟得很”

旷野和远方，一棵小桦树。这幅画题名《孤独》。[①]

一

在契诃夫死后这一百多年的时间里，他的写作内容，包括信件在内，都受到管理者，包括他的妹妹玛丽雅以及文艺专家和监察官的涂改，那些看起来“不和谐”的部分，展示了复杂、孤独、真实、充满争议的契诃夫。国内新近翻译出版的唐纳德·雷菲尔德的《契诃夫传》，似乎又从某种程度上“修复了”这些“涂改”掉的“复杂”部分。与以往不同，这部传记不再仅仅围绕作品去分析作家，而是使契诃夫“肉身”的一面充分呈现出来，包括社会关系、家庭、恋爱、疾病等，显示着这位伟大的作家如何与尘世保持着紧密的联结。例如，契诃夫和亲密的好友苏沃林以及大哥亚历山大，经常在书信中大谈特谈女性（包括妓女）。这也暗示我们的天才作家不再是通常传

① 契诃夫:《笔记本》,《契诃夫文集》第13卷，第514页。

记中所提取的一个没有瑕疵的正人君子，而极可能是一个莱蒙托夫或普希金式的浪荡儿。而且，依照契诃夫的创作大多来自于记忆的法则，通过这部传记，他作品中那些奇特的情感故事似乎也有了“落地”之处。虽然，这些风流韵事或与女性的暧昧，甚至严肃的爱情，都因他的自律甚至冷漠不至于成为他写作事业上的绊脚石。可以说，这部传记更好地揭开了契诃夫作品的生活土壤。

虽然在临死之前有过一段短暂的两地分居的婚姻，但是可以说，契诃夫一生都未能建立真正属于自己的家庭。他对婚姻有着过早的清醒认识，包括随着时间的流逝，爱情消失，婚姻中的人因专注于鸡毛蒜皮的家庭琐事而变得目光短浅，丧失好奇心，然后成为他所厌恶的小市民……这些在他的笔记碎片中随处可见。[①] 更令他感到害怕的是，他忍受不了与一个人长相厮守，“请您给我一个像月亮那样不是每天在我的天空出现的妻子；我不会因为结了婚而写作得更好的”。[②] 是的，即使结婚，也是为了写作。

当然，在这里，我们或者可以有一种眼光，那就是当作家集中精力写作而对人世采取空灵而轻盈的旁观者位置时，他还能多大程度上对自己的生活投入热情？当作家自觉不自觉地把

① “自从他结婚以后，所有的一切，政治也罢，文学也罢，社会也罢，对他来说显得不像先前那样有趣了；另一方面，凡是涉及他的妻子和孩子的小事却变成很重大的事了。”契诃夫:《笔记本》,《契诃夫文集》第 13 卷，第 492 页。

② 1895 年 3 月 23 日致苏沃林,《契诃夫文集》第 15 卷，第 384 页。

自己的人生痕迹写进生活并且演进出上千种可能性的时候，他还剩下多少专注力放置在自己无论怎样只能选择一种的生活之中？随着生命的衰竭，契诃夫晚秋一般的婚姻和妻子腹中流产的孩子，似乎印证着家庭生活也是多余之物，是他人生的阑尾，正如他在《樱桃园》中书写的无用而令人伤感的樱花一样。不同于托尔斯泰庞大的家庭系统和对亲人之间复杂关系的维护，契诃夫对生活采取的是疏离的旁观态度。这注定了他不仅不去维系和建设自己的家庭生活，反而常常是批评、诅咒，甚至厌恶这种没完没了的日常生活。

二

自从契诃夫能够承担起家庭的经济重任之后，他就渐渐代替了父亲的角色。生活上，母亲是他的照顾者，据说只要契诃夫看看钟表，她就开始吩咐做饭。同样，很早以前，契诃夫就善于提供给母亲精神支持性的东西，并劝慰周围的亲友也给予她这样的能量。[①] 契诃夫一旦有钱就购置房产和衣物（就像奥地利的作家伯恩哈德，从小饱受贫穷和疾病的困扰，他第一次买了房子时，异常兴奋于自己终于有“一堵带有窗户的墙”了）。

---

① 1877 年 5 月 10 日致米·米·契诃夫：“我母亲有这样一种性格：从别的方面来的精神上的支持，都会对她起强烈的有益的作用。”《契诃夫文集》第 14 卷，第 4 页。

翻阅妹妹玛丽雅写给契诃夫的信，可以看出她也是一位非常尽心尽职的家庭成员，哥哥的好助手。玛丽雅是家中唯一的女孩，相比较另两个哥哥亚历山大和尼古拉，她显然更崇拜最成熟也最成功的这位。后来，她几乎逐渐成为他不在场时的代言人。虽然有自己的职业（教师等），也喜爱音乐、歌唱、绘画、小说、戏剧，但她似乎对和哥哥有关的事物更感兴趣。这从契诃夫生命最后几年的著作权转让和他决定结婚时她的态度中能够看出来。[①] 来自家庭的照顾或束缚，让契诃夫更加坚定地认为自己的婚姻所承担的功能一定不是这些日常事务（虽然他见惯了周围的婚姻，他的大哥、托尔斯泰、苏沃林，他的好朋友们，等等，几乎都是如此），更多地，他认为，它赋予双方的应该是一种来自纯粹的情感的需求，而这，又是不用通过婚姻就能够解决的。虽然有时他又表现出矛盾的心态：“我怕妻子，怕家庭的秩序，这些东西使我感到拘束，不知为什么在概念里同我的散漫无秩序格格不入，不过，这总比在人生的大海里浮沉，在放荡的生活的不结实的大船里遭到风暴好。”[②] 尽管这么说，这时已经35岁的他也没有因此马上选择婚姻。契诃夫20多岁之后一直处在对婚姻乃至生育的焦虑之中，有时他用书写的方式犹豫、徘徊，就像卡夫卡说的那样：那样的话，我不如用等待来错过它。

① 玛·契诃娃:《给契诃夫的信》，1963年。

② 1895年11月10日致苏沃林,《契诃夫文集》第15卷，第404页。

直到生命的最后阶段，契诃夫在沉闷中，想要去阿尔及利亚，去雅典，然而只是留守欧洲，这时的他似乎暗地里想要尽力摆脱原有的家庭，想要抓住什么，而玛丽雅和母亲因此感到不适甚至被冒犯，但他终于决定结婚，并惹怒了他的妹妹和母亲。

三

大约没有哪一个作家像契诃夫这样，自始至终具有明晰简洁的水晶般的正直品格，同时又具有月光一般灿烂的艺术。他缺少托尔斯泰在艺术与道德之间的过度挣扎，保持着对技艺理性的尊重；他没有陀思妥耶夫斯基有关人性的宗教性的复杂书写，他得体地继承了人类世俗的良心美德，把一切问题消解在一个有限的、清晰的世界内。然而，表面温良而宽宥的笔触，并未使他完全脱离俄罗斯那种否定的文学传统的激烈特质。他曾无数次表示，俄罗斯各个领域和阶层都包含着昏庸、伪善、平庸和暴力。他说：

> 最神圣的东西是人体、健康、智慧、才能、灵感和完完全全的自由，是摆脱强力和虚伪的自由。[1]

---

[1] 1888年10月4日致阿·尼·普列谢耶夫，《契诃夫文集》第14卷，第369页。

他很愿意成为一个自由的艺术家。面对批评家对他的悲观和戏谑的不满，他曾拿出《大学生》作为盾牌，这篇弥漫着宗教气息的小说，的确将年轻的大学生孤寒的心灵与整个世界连接起来，以至于“青春、健康、力量的感觉”在一种无边的悲悯中复活。这篇小说最可贵的是其中的情调，但作为文学，相对有些刻意，结尾也戛然而止。读者甚至可以认为，这就是契诃夫用来作为“挡箭牌”的一种工具。论宗教救赎的希望，它还不如后来那篇《凶杀》，后者带有极强的社会写实色彩，契诃夫在其中探索了信仰与顽固、高傲、生活习惯的差别，信仰和苦难的关联，信仰的本质，等等。

1895年之后，身居梅里霍沃的契诃夫写了一些充满抒情、诗意和伤感的爱情故事。这位年轻时期就开始被肺病缠绕的敏感作家，相比带有现实主义风格的社会批判小说，更擅长书写《我的一生》《带阁楼的房子》《黑修士》之类无所逃于天地间的伤感故事。他生气斯坦尼斯拉夫斯基及其莫斯科艺术剧院将《海鸥》《樱桃园》弄成了破碎的悲剧，他失落于他们不能理解其中轻盈的喜剧精神，那些或许只有他自己才能够明白的哀愁后的滑稽的笑。因此，批评家们评价他“伤感”“颓废”“虚无主义”“现代派”。契诃夫对此都不以为然。30岁之后的契诃夫，依然保持着精湛的书写能力，但也渐渐扩大了一种忧郁无边的文风。不过，无论是小说还是戏剧，契诃夫早期和晚期的作品中所谓“转变”，不过是一体两面：有多滑稽、幽默，就有多忧郁；有多忧郁、悲伤，就有多么可笑、荒诞。

在20多岁的时候，契诃夫便获得相应的财富和社会地位，这种状态没有多久，他暗暗给朋友写信说生活没有生趣，他厌倦读者，厌倦观众，厌倦访客，厌倦了家人围绕在他身旁，因此也厌倦了写作。他同苏沃林说："最使我懊恼的是我向您透露了我的忧郁，这种忧郁是毫无趣味的，并且在我这种被诗人们歌颂的壮年是丢脸的。"[①] 但凡契诃夫较长的小说，读者几乎都能从中看到对俄罗斯旷野的自然描写，鸟儿、花朵、月夜、天空、树木，有时候还会加上瞬息万变的风雨雷电。其中发散的每一种气味仿佛都能沁透人的皮肤变成一种情绪，一种令人无法言说的伤感和忧郁。自然的风物和他的情绪时而同仇敌忾，时而相互抚慰。这忧郁中，有时还包含了无望于通向眼前及未来生活的虚幻爱情。

> 那是八月间一个忧郁的夜晚，其所以忧郁，是因为已经有秋意了。月亮正在从紫红的云里钻出来，略微照亮道路以及两旁乌黑的冬麦田。常有星星坠落下来。叶尼娅跟我并排在道路上走着，她极力不看天空，免得看见陨落的星星，不知什么缘故那些星使她害怕。[②]

小说《带阁楼的房子》（1895）将探讨人类困境及出路和爱情故事结合起来，"我"对叶尼娅（"米修斯"）的爱情，来

① 1888年12月26日致苏沃林，《契诃夫文集》第14卷，第439页。

② 契诃夫：《带阁楼的房子》，《契诃夫小说全集》第9卷，第464—465页。

自于她对“我”的思想和灵魂的理解。然而最后，“米修斯”还是梦幻般地消失了。写于1887年的小说《薇罗琪卡》讲述一个下乡做统计学调研的年轻人奥格涅夫，在离别之际婉拒了那段时间与他朝夕相处的女孩薇拉的表白。年轻人并非不喜欢这个女孩，但在她表白的一瞬间失去了兴致，并且，他感到自己虽然年轻，但心灵已经苍老，没有了生活的热情和力量，“他觉得他的一部分青春随着薇拉一齐从他身边溜走，觉得他白白放过的那种机会再也回不来了”。[①]故事似乎在探讨生活中难言的情感，也许也暗示着契诃夫已经注定的爱情悲剧。和好友列维坦相比，契诃夫常常自称修士。列维坦周旋于不同的女人之间，和契诃夫成为好友后还向他的妹妹玛丽雅求过婚。后来他和一个已婚的女人在一起，终致那个女人和女儿同时争夺他的爱，弄得列维坦抑郁爆发，要开枪自杀。而青年时期的托尔斯泰也常常一边抑制不住自己的欲望，一边憎恶和厌恶着带给他诱惑的女人。我们在他许多痛斥欲望的小说如《魔鬼》中读到了他备受折磨的心灵。与他们的“敢爱敢恨”相比，契诃夫寄托在女性身上的欲望和爱似乎有些暧昧不明。

四

在一次拜访中，托尔斯泰曾经带着神秘的语调询问契诃夫年轻时候是否也像他一样干过不少风流事。后者支支吾

① 契诃夫:《薇罗琪卡》,《契诃夫小说全集》第6集，第89页。

吾，尴尬异常。关于这些，我们在唐纳德·雷菲尔德（Donald Rayfield）所展示的多方的信件中得到了求证。他也是曾游荡在妓院、流连于不同女性之间的风流男子，有时甚至表现得绝情和冷漠，据说，他很难与同一个女性保持长期稳定的关系。因此，雷菲尔德总结说，契诃夫是一个有着“厌女”色彩的男人，例如《阿莉阿德娜》就体现了这样的思想。不过，对于深谙女性特质的契诃夫来说，不管是《阿莉阿德娜》还是《跳来跳去的女人》都是他书写的全部女性中的一类。的确，故事中，她们心思不定，虚荣虚伪，以取悦男人为荣，但这似乎并不能证明在契诃夫眼里所有女性都是如此。《带阁楼的房子》中塑造的两姐妹就不是这样：她们一个纯真可爱，一个充满社会责任。写于 1900 年的戏剧《三姊妹》中，三个性格迥异的女子也有着完全不同的自我意识，她们几乎能以一种集体存在的方式力证这个“厌女”标签的武断。而契诃夫如此受到女性读者的喜爱，想必也与他作品中对女性丰富特质细腻的感知有着密切的关系，更重要的是，处于 19 世纪的契诃夫，也时常在书信和作品中探讨女性的进化之路。而《阿莉阿德娜》中这样的女性，恰恰是契诃夫对俄罗斯女性现状的某一类客观呈现。例如他曾在笔记中这样谈到当时社会上等文化人的妻子角色：

> 这些女人的精神世界是那么灰色、暗淡，跟她们的脸和服装一样；她们讲科学、文学、倾向性等，只是因为她们是科学家和文学家的妻子和姐妹；要是她们是警察所长

或者牙科医师的妻子和姐妹，那么她们就会同样热心地谈火灾或者牙齿。让她们谈她们所生疏的科学，听她们谈，就无异于迎合她们的无知。[1]

因此，问题不是他“厌女”，而是社会中女性依附性的现状的确存在。而通常，契诃夫的笔记如果含有类似的哲理，都会在小说中以现象或人物议论的方式呈现。就这段笔记而言，在小说《宝贝儿》中即有所体现。女主人公“宝贝儿”奥莲卡“老得爱一个人，不这样不行”，她先后爱上了三个男人，所谈的话题也随着男人职业的改变而改变，最后一个兽医职业的男人就这样训斥她：“我早就要求过你别谈你不懂的事！”和他的前辈托尔斯泰一样，契诃夫也在小说中对婚姻生活进行了探索，在《妻子》中，契诃夫塑造了一个热衷于公益事业，尝试在“夫权”的夹缝中寻找自身存在感的年轻妻子，小说探索了在两人岌岌可危的情感关系下，表面上作为主导者的丈夫如何自处的问题。（这篇小说有极强的现代意味，以至于被土耳其导演努里·比格·锡兰改编为带有地方色彩的电影《冬眠》[2014]。）1893年这一年，契诃夫写的两篇小说《匿名者的故事》《大沃洛嘉和小沃洛嘉》，都在讲述忠于情感的女性的苦恼，她们以爱情为精神支柱，最后也因对爱情的忠诚而酿成生活的悲剧。可以看出，无论是契诃夫还是小说中的“我”，都对她们保持

① 契诃夫：《笔记本》，《契诃夫文集》第13卷，第580页。

着同情、怜爱的态度。他懂得欣赏女性的美，懂得她们的纯洁或柔情，懂得她们的脆弱和苦恼，对她们的柔韧、为爱情一意孤行和沉沦，也保持着无限的敬意。相比较而言，他小说中的男性则显得“害怕生活”，颓废、虚伪和心不在焉。在探索“废物”拉耶甫斯基的小说《决斗》中，还塑造了两个特别的女性形象。在契诃夫大多数小说中，通常有一个女性是单纯可爱的，如《海鸥》中的妮娜、《万尼亚舅舅》中的索尼娅、《黑修士》中的达妮亚、《阁楼上的房子》中的米修斯，等等。她们是天真的、美的、青春的、心灵纯洁的，甚至是寄托着作者的艺术和自然情怀的化身。而《决斗》中的两位女性则显得世俗得多。跟随拉耶甫斯基逃离的有夫之妇娜杰日达·费多罗芙娜，是一个“水性杨花”的女人，她遭到拉耶甫斯基厌弃之后依然爱着他，但苦恼中却和一个军官偷情，又迷上了一个年轻的小伙子。她被全城的闲言碎语所包围。只有一位“正派夫人”玛丽雅·康斯坦丁诺夫娜愿意和她来往。玛丽雅为自己体面的家庭和优秀的孩子而骄傲，她带着圣徒之心，想要拯救这个“迷途”的女人。契诃夫塑造了两个完全不同，但又异常真实的世俗生活中的女性形象。她们不再是纯洁的象征，而有自己独立的力量。（当然，契诃夫小说中也设置了男性视角下的镜像，例如，拉耶甫斯基眼中，女性是一切，也是情欲，他总被女人蛊惑，为女人沉沦，也为女人振作。而在动物学家看来，她们大多是母亲、妻子、朋友、妹妹。）这两种女性人物的塑造相对以往作品增强了作品世俗性的真实力量，具有极强的写实色彩。

在契诃夫的女性书写中，还有一类觉醒的女性形象，例如《在故乡》《在大车上》《出诊》《三姊妹》等，她们也不亚于作者笔下惯常的男知识分子，和他们一样，她们是“新女性”[①]，有独属于自己的事业、情感困境，她们内在也有一种热切的情绪，那就是有关改变生活、重塑情感世界的“悲哀和严峻的思虑”。[②]小说《女人的王国》（1894）也是延续上述作品，从女性视角讲述了一个女继承人的生活和情感困境，呈现了阶层隔阂和内心追逐的爱情之间的矛盾，并将之上升到一种非常崇高的有关生活的沉思。这反映了19世纪末期女性主义在欧洲乃至俄罗斯显露头角，以及它所遭遇的社会压力。

当然，换一个角度，这些小说和那些“无用的好人”一样，一起构成对人性和生活的深沉思索，并希望后代能够改变这样暂时停摆的无望的生活。契诃夫对她们还多了一丝柔情和悲悯，正如在《出诊》中，医生科罗廖夫安慰五个充满罪恶的工厂的少女继承人，后代人也许会果断地解决问题，“有头脑的好人有的是地方可去”。而1903年写于契诃夫人生末端的《新娘》，则直接以一个病入膏肓的肺痨患者启蒙一个婚姻中的女性，助推了她的独立和自由。这篇被认为是契诃夫写作转折点的作品（尽管相对于契诃夫一贯对日常反思的复杂性，这积极的走向是一种假象），甚至可以代表契诃夫在人生的最后阶

① 安德烈耶夫斯基评《女人的王国》，见《契诃夫小说全集》第9卷，第478页。

② 1894年2月5日戈尔布洛夫-波沙多夫致契诃夫，《契诃夫小说全集》第9卷，第478页。

段对包括他的妻子克尼碧尔在内所有被禁锢的女性美好的激励和祝福。

当然，在契诃夫更早有关女性主题的书写中，还有一类女性形象是略带批评色彩的，例如流连于舞会、无视自己丈夫的妻子（《丈夫》），被婚外的恋情折磨的女人（《不幸》）等，这些 1880 年代的小说像是速写片段。到了 90 年代，契诃夫对这些问题做出深度探索。例如在小说《在朋友家里》（1898）中，契诃夫塑造了青春时期聪慧、丰富、纯真，后来随着年龄的增长开始沉溺于爱情、家庭、婚姻生活的女性形象。他借用主人公波德果陵之口议论说“这个健康、年轻、并不愚蠢的女人实际上是个巨大而复杂的机体，却把她的全部精力，全部生命的力量都消耗在这种不复杂的琐碎的工作上”，可以看出，契诃夫对此类女性的越来越贫乏、“没有趣味，也不聪明”的内在生命的遗憾与感喟。

比较特别的是，1891 年，契诃夫从萨哈林归来之后写了一篇以女性为主角的小说《村妇》。小说讲述了一个悲剧故事，女人玛宪卡因丈夫被征兵而爱上笃信宗教的男邻居，丈夫归来后她仍然死不悔改，最后被流放西伯利亚 13 年。这则女性悲剧恰恰映照了玛宪卡坚韧不屈的爱情。她勇于突破宗教道德和现实伦理，对爱情一意孤行，虽然男邻居用宗教情怀很快平衡了自己的这种狂热，但这更加有意无意中衬托出她的爱情或野性的力量。小说将女性悲剧巧妙地和现实反抗结合起来，带有很强的社会反思色彩。虽然，这篇作品后来被官方审读为“道德基础毫不稳固”[1]。

因此，纵观契诃夫文本中塑造的多种多样的女子形象，我们无法确认契诃夫对待女性的终极看法。另外，他也在书信中多次强调过文学写作的科学性和客观性的重要性，以某个观点（例如“厌女”）为主旨，很显然不是契诃夫的创作习惯。反而，作品之外，契诃夫的女性态度似乎更为可信。笔记中除了对“妻子”“姐妹”之依附性的批评之外，还有一则谈到女性贞操[2]，从中可以看到他对女性的尊重，或者说，至少和男性对等的身份认知。

我们还可以从他和托尔斯泰对《安娜·卡列尼娜》《宝贝儿》的评价看出两人各自对女性的态度。契诃夫非常欣赏《安娜·卡列尼娜》“提出问题”的精神，提出什么问题呢？契诃夫没有明说，但这部小说明显能够给出关于女性、婚姻、人性乃至社会问题的揭示。而托尔斯泰欣赏《宝贝儿》的地方，在于女主温驯而富有生命力的品格，认为它“好像是一个贞洁的姑娘编织的花边”，“把全部纯洁而朦胧的爱情织进了花边”，“女性爱的全部本性被理解和刻画”出来。[3] 据说《宝贝儿》发表后，托尔斯泰读了许多遍，多次被感动落泪，觉得他和陀思妥耶夫斯基等都写不出这样“语言细致”的小说。[4]1905 年，

---

① 契诃夫：《村妇》，《契诃夫小说全集》第 8 卷，第 446 页。

② “所以如果恋爱就一定要选择纯洁的对象，完全是自私自利。向女性要求自己没有的东西，这便不是求爱而是崇拜了。因为一个人应该爱和他相等的人。”《契诃夫手记》，第 25 页。

③ 高尔基：《安·巴·契诃夫》，《同时代人回忆契诃夫》，第 537 页。

④ 列夫·托尔斯泰：《列夫·托尔斯泰文集》第 14 卷，第 377 页。

契诃夫去世之后，托尔斯泰还为《宝贝儿》写了跋语，继续盛赞这篇小说，认为它违背了作者的本意（迎合妇女的独立运动），不自觉地转向对这种妇女品性的祝福。[①] 据说他曾哭着读完自己的跋语，感动于“妇女的使命和高尚品质在于自我牺牲和爱别人”。[②] 可见，在爱情和社会道德的关系上，两人采取的是不同的态度。契诃夫在书信中有关爱情的议论以及相关小说，似乎都在以爱情为独立的实验场，来反思现有生活。无论是《匿名者的故事》《关于爱情》还是《宝贝儿》《带小狗的女人》，都是对人的心灵、情感状态的揭露，从而带来面对生活的无尽的苦恼、遐思和追问；而在托尔斯泰那里，随着社会道德问题渐渐充盈他改变世界的雄心，文学渐渐让位于此，爱情则被归位于一种应然的道德秩序。因此，在评价《带小狗的女人》时，托尔斯泰批评它“几乎是兽性的”。[③] 这样看来，说契诃夫“厌女”并不客观，托尔斯泰反倒带有更多的“时代局限性”。

通读契诃夫小说，女性形象的成功塑造和她们所表现出的温柔、悲悯和共情的能量，以及对她们困境的表露、对未来生活的鼓励和希冀，反而让作者可以说是一个成功的女性主义作家（如果非要将今天高涨的“女性主义”议题和契诃夫放在一起讨论的话）。

---

① 列夫·托尔斯泰:《列夫·托尔斯泰文集》第 14 卷，第 360—364 页。

② 列夫·托尔斯泰:《列夫·托尔斯泰论创作》，第 68—69 页。

③ 列夫·托尔斯泰:《列夫·托尔斯泰文集》第 17 卷，第 244 页。

五

1960 年，为纪念契诃夫诞辰一百周年，苏联导演约瑟夫·海菲茨拍摄了同名电影《带小狗的女人》。作品改编也异常诗意，例如，在表现雅尔塔的天空和大海以及山路上，似乎能够看出契诃夫的那段描写：

> 他们一面散步，一面谈到海面多么奇怪地放光，海水现出淡紫的颜色，那么柔和而温暖，在月光下，水面上荡漾着几条金黄色的长带。[1]

即便黑白镜头，电影在摄影构图上也能呈现绚烂的一面。从电影中这种节制、严谨以及斯坦尼斯拉夫斯基式的表演，可以看出，那些包括海水景色在内的诗意镜头（电影中还增加了新的内容：他们在莫斯科再次相会之时，楼下有一个吹着乐器的老人，镜头俯瞰，天上落下细碎的雪来。这种浪漫而忧伤的气氛正可以烘托楼中两个苦恼而幸福的人），给了苏联电影一种延伸，可见包含塔尔科夫斯基在内，他们作品中的黏稠、泛着雾气的情绪与诗意的产生并非偶然，在其现实主义的内部，饱含着浓浓的浪漫气息。

---

① 契诃夫：《带小狗的女人》，《契诃夫小说全集》第 10 卷，第 324 页。

显然，《带小狗的女人》并非在描写一个简单的“婚外恋”的故事，虽然乍看是另外一个“安娜·卡列尼娜”（女主人公的名字也叫安娜），但契诃夫和托尔斯泰的视角完全不同。托尔斯泰是女性视角，描写一个社会悲剧。而契诃夫从一个偶然出发，引出了人类的普遍情感：对于既有生活的创造性转换的无力感和脆弱感。契诃夫像托尔斯泰一样精于描写女性，而且，单纯、天真的年轻女子的情态更能打动他的内心。他没有写这些女子如何在社会环境的重压下挣扎，而是如实地反映她们的内心，他的安娜纯洁而恐惧，害怕失去刚刚得到的爱情和依靠。而男主角古洛夫是一个相对苍老的人，他历经沧桑，灰白的头发爬上鬓角，却第一次爱上一个女人。契诃夫将这种隐秘的感情上升到人生活的另外一面，也就是在公共生活背后，每个人都有这样真实的，能够给自己的内心得到安住的另外一面。这个哀婉动人的故事，仿佛在说，如果外在的虚伪的生活一成不变，令人厌倦，暗中流淌的爱情或情愫为何不能是重要的拯救力量？

> 他有两种生活：一种是公开的，谁都能看到和知道的，只要他有这个兴趣。这种生活充满着约定俗成的真实和虚假，这种生活和他的熟人们、朋友们的生活完全一样。另一种生活是在暗中流淌着的。由于机缘的奇异巧合，一切在他是重要的，有意味的，必不可少的东西，他真心感应的，没有欺骗自己因而构成了他的生命之核的东

> 西，都是要避人耳目的。……他根据自己的经验来判断别人，便不再相信自己眼见的东西，而永远意识到，每一个人都在秘密的掩护下，犹如在黑夜的掩护下，过着他们真正的、最有意味的生活。每一个个体的真实存在，都存在于秘密之中。①

小说写于1899年，这时候契诃夫已经39岁，他尽量保持着一个体面作家的尊严，尽量从外在成为一个正直、善良、行为得体的人。而在他的内心深处，一定也有一股隐秘的河流，《带小狗的女人》也许是他真实的经历，也许是他看到别人的真实经历，又或者是他在雅尔塔的海岸疗养时所想象出来的真实的经历。而雅尔塔这个他称作“温暖的西伯利亚”的地方，后来也成为他苦恼的所在，虽然身边也常有陪伴，但他还是感到异常孤独。就像他曾经说过的，幸福永远是用来向往的，真正到了成为生活的一部分的时候，就要抵抗那种日复一日。当时文学界重要的作家几乎都在雅尔塔和他相处过，包括新一辈的高尔基、库普林、布宁等。然而，同类的陪伴并不能消除他的孤独和厌倦。他曾在12月的冬日望着窗外灰色的雨和大海，感叹那是适合自杀的好天气。②

只有爱情似乎可以拯救无聊，拯救琐碎的生活。正如这篇小说发表之后，俄罗斯文艺界人士们所说的那样，“使人比较深

① 契诃夫:《带小狗的女人》，童道明译，《变色龙》，第181页。

② 帕佩尔内:《契诃夫怎样写作》，朱逸森译，第75页。

入地认识生活，认识它那复杂的、对有些人来说沉重得无法忍受，然而是由人创造的机制，认识它的全部虚假、浅薄和墨守成规。……”（女画家德罗兹多娃）“唤起人们对浑浑噩噩、半死不活的生活的厌恶”（高尔基）。“可以看出当时‘知识界’的整个生活方式，当时的‘知识界’正在很深的偏见、关于体面的错误概念等的压制下喘不过气来，而那些东西常常毁灭人们的生活和灵魂。”（女作家谢普金娜-库珀尔尼克）[①] 因此，如果说托尔斯泰笔下安娜等人的爱情是坚实的，勇敢的，是在揭露上流社会的具体问题，那么，在契诃夫的笔下，爱情是用来刺激和质疑普遍的生活的。他的小说中有太多这样不幸的爱情，几乎连一对“列文和吉提”（《安娜·卡列尼娜》，1877）的理想配置都没有，但它们却给作品增添了特殊的生活反思的色彩。

六

不管怎样，即便身边并不缺少女性，契诃夫的生活还是孤独而清冷，正如他在文字中不断书写的那些仿佛已经静止的时间里寂寞无助的等待者一样。他懂得克制自己的爱意，他不喜欢激烈的情感。因为缺乏这种“激情”，他甚至称自己不像一个艺术家。契诃夫一生中有许多暧昧不明的似乎还称不上是恋爱的两性关系，这也许是他在写作之外获得精神慰藉的方式，即便他一直防范有任何女人来完全占据他的心灵。

① 《题解》，《契诃夫小说全集》第 10 卷，第 500 页。

他喜欢年轻漂亮而聪明活泼的女子，但仅限于和她们之间欲拒还迎的情感游戏。这里面有他最早因为对方性情暴躁而退却的犹太未婚妻，有年轻的女演员，有倾慕他的女作家，有忘年友人（如托尔斯泰和苏沃林）的女儿，也有人妻……他苗条优雅的身材和温柔平和的性情，他骨子里的才华和谦逊，似乎天然地能够引起那些明朗女子的青睐。但他与她们始终保持着适当的距离。虽然在他身体越来越不好、写作生活越来越疲惫时，他渐渐像一个老年人那样渴望着也许爱情能够让自己重新焕发生机。

为契诃夫身边的人（尤其是妹妹玛丽雅）所承认的，他真正的恋情一共有两次。一次是同“前女友”米奇诺娃，另外一次是和后来合法的妻子克尼碧尔。但很显然，契诃夫并没有从婚姻中获得常人该有的“幸福”生活。契诃夫看起来谦逊、“利他”的本性背后，也许暗藏了他善于忍受孤独、寂寞和因此甘愿与爱人相疏离的奇怪的性格特质。正如一些传记作家所说，这或许与他童年缺少足够的关注有关：“我从小很少得到体贴，所以现在成了大人，一受到别人的体贴，总感到不大习惯，像是得到了某种很少经历过的东西。”① 或许，更重要的，他还害怕过于亲密的关系扰乱了他的神经和思想，让他无法拥有独立空间。

在《同时代人回忆契诃夫》中，所有跟契诃夫有过密切关

---

① 叶尔米洛夫：《契诃夫传》，第 11 页。

系的女性角色似乎都已经到场：妻子、妹妹、作为粉丝和暧昧对象的女演员和女作家，唯独缺少米奇诺娃。她是契诃夫的妹妹玛丽雅中学教书时的同事。他们相识于1890年左右。她比契诃夫小十岁。轻盈、聪明、天真、可爱、青春，契诃夫喜欢这样类型的女子。而他的“丽卡”（米奇诺娃的昵称）正是这样。契诃夫的妹妹玛丽雅回忆说：

> 她五官端端正正，灰眼睛妩媚动人，烟色头发松软光洁，两道眉毛乌黑乌黑的，看上去十分迷人。她的美貌太引人注目了，谁遇见她都会看得出神。[①]

但在爱情中，她表现得矜持、敏感，缺乏安全感又反复无常，这更加注定了她和契诃夫之间最终只能以分离收场。而在契诃夫写给米奇诺娃的信件中，最动人的是那一句：“天气冷，丽卡，糟得很。”[②] 他的爱，似乎不是因为爱本身，而是因为寒冷，因为痛苦和孤独。正如在另一封著名的信里说的：“丽卡，我热烈地爱着的，不是你。在你身上我爱我过去的痛苦和逝去的青春。”[③] 正因为痛苦，所以他希望生活也许应该是快乐的：

---

① 玛·契诃娃:《遥远的过去》，第138页。

② 1893年9月1日致丽·斯·米奇诺娃，《契诃夫文集》第15卷，第316页。

③ 童道明译著:《爱的故事：契诃夫和米奇诺娃》，第23页。

> 我的理想是：做快乐的人，娶个丰满的姑娘……然而，我是文学家。需要写作，甚至在雅尔塔，也得写作。可爱的丽卡，当你将来成了大歌唱家，拿到了高工资，你得给我施舍：与我结婚，供养我，以便让我什么也不干。[①]

他甚至梦想着将来有一天可以自由旅行，去他所期待的澳大利亚和非洲，去阿尔及利亚和希腊、中国，大概因为在他想象中，那里的热情、自由、奔放可以给他的孤独、寂寞一种弥补。自由、希望，快乐，与之相反，他的寂寞、痛苦和孤独有多深，他爱她就有多深。“丽卡”仿佛是他的一面镜子，他从中照见了自己的痛苦和忧郁。当她两度险些成为他的妻子的时候，他还是放弃了这种可能，也许因为她更多地只是他“过去的痛苦和逝去的青春”。更重要的，写作上，他愿意自己是一件虚空的容器，装满了孤寂，而不是一个女人和日常的家庭生活。他不止一次提到他设想的家庭中孩子的吵闹声带给他的恐慌，虽然他也在小说中塑造过一些非常天真可爱的儿童，但那几乎是文学世界中带有象征色彩的小人儿，和切实的生活是另一回事。

而在这种若即若离的关系里，米奇诺娃“宝贝儿”般的属性和“所托非人”，让她的命运充满波折。由于心思多变和不坚毅的性格，她的翻译、歌唱、表演事业失败了，但单纯而

---

① 童道明译著：《爱的故事：契诃夫和米奇诺娃》，第 78 页。

年轻的她一心一意地爱着契诃夫，希望能够通过与他的爱情拯救自己。而契诃夫毫不留情地批评她在理想和工作上的意志不坚定：

> ……下一次请您不要用您的懒惰惹我生气，而且劳驾，不要起意为自己辩白。凡是涉及按期完成的工作和应许的诺言的地方我不能接受任何辩白，我不能接受也不能理解这种辩白。[①]

甚至妹妹玛丽雅也不能理解契诃夫的所作所为：

> 我不知道哥哥心里是怎么想的，可是我觉得，他竭力克制对丽卡的感情。另外，丽卡身上有一些与哥哥格格不入的特点，她意志薄弱，喜欢浪漫的生活。因此，有一次他开玩笑地写给她一些话，后来证明也许是认真说的："丽卡，在您身上，有一只大鳄鱼，实际上我做得很对，因为我服从的是健全的理智，而不是被您咬伤的激情。"[②]

这个丽卡，是个富于"激情"与"浪漫"而"意志不坚定"的"宝贝儿"，是他的"阁楼"里苍白而稚嫩的"米修斯"，她在书信里也曾称呼他"哥哥""叔叔"，然而，他还是

① 1892年7月27日致米奇诺娃，《契诃夫文集》第15卷，第242—243页。
② 玛·契诃娃：《遥远的过去》，第138页。

在她无限接近他的时候狠狠地“放逐”了她。她被她的爱情所包围和伤害。她什么也抓不住，于是相继跟他的两个密友产生了恋情，一个是画家列维坦，一个是已婚小说家波塔片科，甚至还和后者有了孩子，最终又被抛弃。

和小说家波塔片科在一起怀孕之后，她痛苦地嗔怪契诃夫：“不得不说，这一切都是您的错”，“因为您是个四平八稳，遇事不惊和深思熟虑的人！您的全部生活都为了别人，好像您并不想拥有自己个人的生活！”她认为是他将她抛了出去，承受厄运。但她的善良又阻碍了她的这种判断：“真的，没有人关心别人的痛苦，请您原谅，我把自己的痛苦强加于您了！”（1894年9月21日，蒙特廖）[①] 然后，她终于在屡次重创之后修炼成一个成熟的女性。有一次《海鸥》上演，她看完在观众席中痛哭流涕。她终于成了他的作品中那个被枪杀的孤独标本：海鸥。然后，他仿佛仪式般地再次失去了她：“很显然，我错失了健康，就像错失了您。”最后，只剩下他一人张望虚空里的阁楼。后来，虽然他知道失去了她，但他甚至还在她面前起誓未来的美好生活一定会和她有关：“得不到你的允许我是不会结婚的。”（1898年9月21日）[②] 这样，情感上纠缠了十年之后，米奇诺娃也从巴黎给契诃夫寄来一张照片，照片的背面写着一首歌词：

---

① 童道明译著：《爱的故事：契诃夫和米奇诺娃》，第88页。

② 童道明译著：《爱的故事：契诃夫和米奇诺娃》，第120页。

不论我的将来是光明，还是黑暗，

不论我的生命是否就要毁灭，从此销声匿迹，

我只知道一点：在彻底走进坟墓以前，

一切都属于你！

即使这个题词会让您的名誉受到损害，我也高兴。1898年10月11日于巴黎。

八年以前我就可以写这些话，可是现在才写，过十年我还要这样写。[①]

与这样的单纯的爱相比，契诃夫的爱似乎只不过是其孤冷世界的一部分。《我的一生》《阁楼里的房子》《海鸥》中，遍布着这种深沉而忧伤的情感。不过，他真正写得沉酣的小说，都有爱情。正如他在写作《第六病室》时对编辑及女作家阿维洛娃说的那样，因为没有爱情，所以写得很痛苦。[②]如果说《第六病室》是完全彻底刚性的令人窒息的反思社会的忧郁的话，如果说《大学生》《醋栗》之类作品含着一个失去牵系的孤冷之人微茫的希望的话，那么，其他那些包含着爱情的小说则被灌注进了淡淡的柔软的忧伤，充满更加贴近心灵的温柔。而且，契诃夫的作品里也常常倾向于塑造天真烂漫、有着艺术之梦，但同时被现实“侮辱和损害”的女性形象。可以说，在他后来的小说《我的一生》（1896）里，米奇诺娃“一人分饰

① 玛·契诃娃:《遥远的过去》，第150—151页。

② 1892年4月29日致莉·阿·阿维洛娃,《契诃夫论文学》，第224页。

了两个角色”，这两个“米奇诺娃”，一个逃离，一个死亡。一个是“我”爱的女人，与“我”结婚之后，因为受不了乡下生活而离开“我”，与别的男人远赴共同的梦想之地；另一个是“我”的妹妹，她爱上了一个已婚的男人，但是“我”仍然鼓励她去爱，终致她怀孕、生子，去世。最后只剩下“我”，在故园劳动，孤独地守望着遗孤与坟墓。

也许，放逐她们，成为契诃夫追逐女性的最好归宿。他总是困在原地，不断地迁徙，仍然感到孤独和痛苦，然后再出发……他嫌克里米亚不够远，还要去真正的欧洲，法国、德国、意大利，然后还要穿过欧洲，去大洋洲、北冰洋，去非洲。他将自己的梦想安置在越来越遥远的地方。从《没有意思的故事》里的窒息中挣脱去了萨哈林之后，他就再也不能在一个地方安稳地待下去了。他一边在远方巴望着更远的地方，一边用一种近乎幽闭的原始朴素的劳动热情坚守故园，正如《醋栗》中的那个颓废堕落的庄园主，每到夜深人静，从床上爬起来，穿着睡衣吃几个自己亲手种出来的醋栗。契诃夫有多么热爱或痛恨自己的幽闭、孤独和痛苦，就有多热爱他的“米修斯”。可惜她只是成了他笔下的“海鸥”，他的苦楚的脆弱的缪斯。他不允许自己在生活中迷失于这样的缪斯，所以他总是提前抽离出爱情。对于写作者来说，他紧紧地抓住外在世界，是为了爽然地放弃。这不仅在他和米奇诺娃的关系上展现得淋漓尽致，就算是在最后的几年，在他和合法的妻子克尼碧尔那里也能够得到验证。

七

1901年，在小心翼翼地反复考量，和漂亮女演员克尼碧尔的再三催促之后，契诃夫在生命耗尽、身体衰弱、危机感增强之时，终于被推入了婚姻。正如他在笔记本上写的那句孤零零的话："他们结婚是因为他们两个人无路可走了。"[①] 虽然那个年代大剧作家和演员联姻有时候是剧院和大众所认为的双赢之举，但契诃夫对克尼碧尔的爱显然是真诚的。他再三跟自己和家人（尤其是妈妈与妹妹）强调生活方式不会变，他和他的合法妻子仍然两地分居。的确，生活上，他不需要她。克尼碧尔是一个出色的女演员。他爱她在舞台上的活灵活现。她是莫斯科剧院漂亮能干的女演员，出色地演出过他的《海鸥》和《万尼亚舅舅》，她和玛丽雅的关系很好，她天然地亲近和崇拜他。更重要的是，相比米奇诺娃，这位女演员有着工作的热情和契诃夫所重视的独立性，他也喜欢她身上的德国血统和整洁的品质。结婚之后，他们聚少离多，主要通过信件维持着婚姻。鉴于他和家人异常牢固的关系，鉴于克尼碧尔的艺术事业，除了出外旅行，克尼碧尔甚至很难有和他单独相处的机会。从世俗的意义上说，这段短暂而动荡的婚姻并不是成功的。

契诃夫的成功让他早早地失去了自由，早在25岁的时

---

① 契诃夫：《笔记本》，《契诃夫文集》第13卷，第481页。

候，他就写信给人说，“我做不成彼得堡人……我已经深陷在莫斯科的泥沼里，无论您用什么样的蜜糖饼干也没法把我拉出去了……一大家子人，而且住惯了这个地方”[①]。他早已养成了作为一家之主操心的习惯。他深情的仰慕者和妹妹玛丽雅不仅承担和侵占着他的日常空间，甚至还担负着他写作上的助手职务，她将自己捆绑在哥哥的艺术事业上，好像一个为上帝奉献自己的修女那样。

于是，1901 年，在得知二人结婚的消息之后，妹妹和母亲都感到吃惊，妹妹甚至写了一封平时很少有的情绪宣泄的信件“谴责”契诃夫这种“擅自行动”。[②]很明显，鉴于他们一直亲密的关系，妹妹在这种突如其来的变化中表现出了嫉妒、愤懑和不安。如果说米奇诺娃是被他的孤独放逐，克尼碧尔则是除了孤独之外，被他的疾病、责任和家庭放逐。她顶替不了他的生活助手的角色。一方面他向家人允诺，结婚之后家庭结构不会变化；另一方面，妻子还有艺术梦想要追逐。而且，契诃夫要的不是生活中甜腻的伴侣，而是天上的“月亮”。很显然，这位在莫斯科忙碌、为艺术时时热情高涨、善于交际的女演员比较适合。如许多小说中所展现的那样，爱情和他的写作密切联系，但那不是他的日常生活。当然，他也对在一个人身上永驻爱情光芒心存怀疑，如同对生活时常感受到失落和厌倦

---

① 1885 年 3 月 22 日致尼亚·列依金，《契诃夫文集》第 14 卷，第 84 页。

② 玛·契诃娃:《给契诃夫的信》，第 218 页。

一样。契诃夫很早就深谙人生得失的辩证法，他打不起精神投入生活，好在这时已经病入膏肓的他，对这段爱情和婚姻似乎也期待不多。1901 年 6 月，还在和克尼碧尔于一家疗养院度着蜜月的契诃夫，就怀着伤感的心境写信给法学家朋友索鲍列夫斯基谈及周围的环境："可以感到草儿在贪婪地迅速地生长着，因为夏天在八月份会接近尾声，而草儿却太想活，太想长。"[①]这里可以看出他对待生命和生活的矛盾而复杂的态度。在他生命最后阶段（1902—1903 年）断断续续写作的小说中，都有一个限于疾病的人，对妻子可能的背叛感到恐慌（《补偿的障碍》），思考着死亡和信仰（《一封信》），以及对女性独立隐含某种期待和祝福（《新娘》）。这些小说仍然表露出他并不热爱世俗生活的幸福，而是希望唤起人们革新生活的自由和勇气。

然而，在他创作生涯中孤独寂寞并饱含着病苦的最后几年，我们仍然能够感受到他对克尼碧尔乞求般的精神依恋，如同往昔对米奇诺娃。这时候的他已经疾病缠身，也许，他真的希望能够放弃写作，在妻子的怀抱里永远地休息？他知道时日不多，于是擅自出卖了自己作品全集的版权，向朋友声称自己不想再写作了，他甚至计划和克尼碧尔生一个名为"半个德国人"的孩子，但最终因妻子意外流产而未能如愿。在雅尔塔，他反复给克尼碧尔写信呼唤她：

---

① 转引自安・屠尔科夫：《安・巴・契诃夫和他的时代》，第 436 页。

我们这儿下过雨，现在天气晴朗，凉爽了。夜里发生过一次火灾，我从床上起来，站在凉台上观看火焰，感到自己十分孤单。[①]

……除了大雪和严寒以外，新闻一点儿也没有，一切照旧。

……不要忘记我，不要忘记，不要疏远我。屋檐在滴水，满是春天的喧闹声，可是往窗外一看，却是冬天的景色。到我的梦中来吧，心上人！[②]

严寒过去了，可是天气仍旧恶劣。我身上怎么也暖和不过来。我试着在卧室里写作，可是也不行：背上给炉子烤得很热，胸口和两只手却感到冷。在这种流放中，我觉得连我的性格也变坏了，我整个人都变坏了。[③]

扁桃树上的花蕾已经发白，不久花园里就要开花了。今天天气暖和，我就外出，到花园里去散一散步。

你不在，亲爱的，我寂寞得要命！……[④]

---

① 1899年9月29日致奥·列·克尼碧尔，《契诃夫文集》第16卷，第210页。
② 1902年1月5日致奥·列·克尼碧尔，《契诃夫文集》第16卷，第393页。
③ 1903年2月9日致奥·列·克尼碧尔，《契诃夫文集》第16卷，第470页。
④ 1903年2月11日致奥·列·克尼碧尔，《契诃夫文集》第16卷，第475页。

他最后的作品，如《樱桃园》《新娘》，在花朵的芬芳中暗含着死亡的气息，暗含着命运含蓄的挣扎和渴望。我们也能够从信件中感受到契诃夫这种连接着病苦、饱含着世纪末哀伤的氛围。克尼碧尔是他生活中仅存的希望。他们在书信里互诉衷肠，畅想着有一天能够过上幸福的家庭生活。最后，在德国的疗养住所，她像照顾孩子一样照顾他，为他洗头，给他定制衣服。但这些好比带有仪式感的生命终曲，没过几天，他就去世了。

临死之前，他还保持着一贯的体贴和尊严，若无其事地给妻子讲着小笑话，没有流露出因死亡的恐惧而来的狰狞神情（也许这在他多次的死亡书写中已经反复演练过了）。总之，他和妻子尽可能保持着体面的爱的距离，就像他和这个世界也保持着体面的爱的距离。正如在他少年时期人们看到他的作品就评论的那样，他是一个天才，但上帝应该拯救他。可是，他不信仰上帝，他与上帝也保持着体面和善意的距离。

八

在有关契诃夫的回忆录中，女作家莉·阿·阿维洛娃以无比亲昵的方式讲述了一个女“粉丝”和他的暧昧关系。这些回忆布满了他们各自的寂寞生活和艺术追求。她讲述自己从一个已婚的家庭妇女到遇到契诃夫之后感情生活的变化，她说她甚至像安娜·卡列尼娜一样深爱过契诃夫。他们共进晚餐、一起参加面具舞会、一起看戏、一起畅谈文学、一起坐火车，她甚至不顾丈夫的反对为他眩晕，将他们这一段若即若离的暧昧回忆写成了小说。她后来去莫斯科大饭店找他，在他因结核病突然吐血病倒后去医院探望他，送给他最喜欢的玫瑰和铃兰，帮助他从编辑那里取回稿件。她这样写道：

> 我记起了他最近一次用以封信的印记。在一块小小的红色圆形火漆上很清楚地印着以下的文字：“处处是孤独者的沙漠。”
>
> “三十岁以前，我过着快乐的生活，”有一次他对我说。[①]

这个钤印是父亲留给他的，随着时光的流逝成为他对自己命运的暗示。对艺术之爱，使她笼罩在他的智慧和才华之下，若即若离的相处增加了这种关系的神秘性。尽管这份感情在契诃夫死后不被他的合法代言人和妹妹玛丽雅所承认，但无论如何，阿维洛娃的回忆至少暗示了契诃夫那些看起来完全与其无关的婚外恋情故事并非没有隐隐的源头。正如他自己所说，小说往往都是记忆沉淀的结果。

所有与契诃夫相处过的人都说，契诃夫在大多数情况下是一个眼角下垂的温和、诚实的知识分子形象，这也许也是他

① 莉·阿·阿维洛娃：《我生活中的安·巴·契诃夫》，《同时代人回忆契诃夫》，第243页。

令许多女性迷醉的原因。但写作既是保护自己的外壳，也是禁锢，他的痛苦随着写作事业的发展与日俱增，正如上述回忆，30岁以后，甚至更早，他的灵魂已经不是那个快乐的幽默小品作家，而是一个被流放在沙漠里的孤独跋涉者。他经常自称“修士”，晚年他甚至渴望离群索居：“做一个流浪汉，漂泊者，去朝拜圣地，移居林中湖边的修道院里，夏天的晚上坐在修道院大门口的一张凳上。”[①] 他对生活竭尽所能，但又显得那样冷酷无情。也许，这也是为什么他说“上帝没有给我做这样一个人（自由艺术家）的力量”。他的艺术自由没有解放他的爱情，只是让后者成为他艺术想象的一部分。也就是说，他对米奇诺娃和克尼碧尔的爱情并没有匹敌得上他的艺术。因此，他的孤独萦绕在爱情中，令他的爱情和婚姻充满悲剧色彩。然而，他也害怕失去她们，就像害怕孤独的世界没有一点光亮，正如他自己所说：“太阳照耀，可是我的心里却漆黑一片。”[②] 所以他总是对他的丽卡说：“天气冷，丽卡，糟得很。”所以他到了雅尔塔之后，时常感到孤独，与人说，大海太空旷了。因此，即便见识过无数描写大海的优美的语言，他还是特别欣赏一个学习写作的学生对大海朴素的描述：“海是大的。”[③] 所以，他望着窗外灰色的大海，对前来造访的客人说，这真是适合自杀的天气。所以，他总是同克尼碧尔说：“别忘掉我，别让友谊消逝，

---

① 伊·阿·布宁:《契诃夫》,《同时代人回忆契诃夫》，第562页。

② 契诃夫:《笔记本》,《契诃夫文集》第13卷，第531页。

③ 伊·阿·布宁:《契诃夫》,《同时代人回忆契诃夫》，第540页。

以便来年夏天我们还可以一块儿到某个地方去旅行。”[1] 所以他同妹妹说：“钢琴和我是这所房子里无声无息地消磨自己的生涯的两种东西，这两种东西大惑不解：既然没有人来弹奏我们，又何必把我们放在这儿呢。”[2] 所以他说：“如同将来我会孤身一人躺在坟墓里一样，目前实际上我也是孤身一人活着。”[3]

---

① 1899年10月30日致奥·列·克尼碧尔，《契诃夫文集》第16卷，第226页。

② 1899年11月11日致玛·契诃娃，《契诃夫文集》第16卷，第232页。

③ 契诃夫：《笔记本》，《契诃夫文集》第13卷，第516页。

第九章　戏剧像生活

一切都古老而衰朽，然而另一方面
又极其富于诗意、忧郁美丽。[①]

一

年少时，在家族生活的氛围较为轻松时，契诃夫常常自觉地担任主持和扮演戏剧中的角色。学生时代，他很爱看故乡塔甘罗格剧院上演的时兴戏剧作品。据说这时他还写过一出戏剧，名叫《母鸡叫是有原因的》，可以看出他对滑稽喜剧的热爱。值得一提的是，19 岁前后他还写出了一部庄谐杂糅的长篇剧作《普拉东诺夫》，几乎以一种非常早熟的姿态锚定了他作品中那些不可救药的“多余人”典型，包括无意识中奠定了他后来戏剧创作的基调和风格。成名之后，他与戏剧界的人紧密往来，终于完成自己的戏剧作品上演的夙愿。38 岁迁居雅尔塔之后，生命的最后几年，契诃夫也一直和剧院的演员、导

① 1888 年 6 月 28 日致阿·尼·普列谢耶夫，《契诃夫文集》第 14 卷，第 336 页。

演、编剧等保持着密切的书信往来，他最经典的作品《三姊妹》《樱桃园》也在这一时期完成。他遗存下来的短篇小说有些干脆就以“一场小戏”作为副标题。可以说，契诃夫的小说和戏剧创作密不可分。他的戏剧创作之路也是从小说创作开始的。例如，1880年代，他以戏剧场景的形式写了不少小说，还有一些是根据小说改编的剧本完成。

1885年，独幕戏剧《在大路上》写成，是根据同年的短篇小说《秋天》改编的。一个风雨交加的外省小酒店里，临时避雨的客人，包括破落地主、老年朝圣者、女香客、工人、流浪汉、马车夫等，怀着各自的惆怅在这里过夜。破落地主是一个伤心人，因为妻子背叛了他，让他的生活从此垮掉。后来，妻子碰巧经过酒店，另有自己伤心事的流浪汉决意为地主复仇，要去杀了那个负心的太太，结果被老年的朝圣者拦下来。这部早期的“室内剧”已经带有很强的契诃夫色彩：戏剧冲突少，但人们彼此隔膜，悲伤，秋风秋雨既给整个戏剧空间增添了温柔、悲悯，又灌注了莫名的忧愁。色调整体灰暗、忧郁，笼罩在了每个人物身上。契诃夫借酒店老板季洪之口说出“上帝给人的力量各不相同”，但他们之间又不得不互相作用和影响，这就造成了孤独、隔膜和难以沟通的日常命运。故事在这层灰暗忧郁之中，显示出对自然风物的敏感，对人天然的怜悯。最后，这篇作品因太过阴暗而未能通过审查机构的检验，无法搬上舞台。

和小说《秋天》相比，虽然剧作增加了流浪汉这个人物，强化了故事的冲突，但是在气氛或情绪的传达上，二者极为相似。这样，戏剧中两个蕴藏伤心往事的人，破产地主和流浪汉，就构成了明暗两条线索。而且，悲剧并非来自人的恶，或者说，恶并非是注定的，而是因为“世界上各种各样的能量”——生命能量之间难以沟通。虽然不信仰上帝，但契诃夫以悲悯之心看待人，一种温柔的情调在这里似乎一开始就是注定了的。就像在这个故事里，最后流浪汉对负心的地主夫人大动干戈，站在中间阻拦的却是那个老年的朝圣者。残酷的结果（类似凶杀案）通常不会在契诃夫作品中直接被描述。他不会像托尔斯泰一样，让他的人物展示人性的幽暗和悖谬之后残忍地杀妻（例如《克莱采奏鸣曲》）。契诃夫顶多让他的“废物主人公”选择自杀，并且大多数时候自杀未遂，只好仍然面临着重新开启生活的重担。这是他后来所谓成熟剧作的典型样貌。从这个角度上说，《在大路上》也奠定了这样的基本品格。

契诃夫创作的独幕剧中，还有两个作品《天鹅之歌》（1887）、《一个不由自主的悲剧人物》（1889）也由短篇小说改编。它们的风格和《在大路上》一样充满了悲凉色彩。前者讲述一个做了45年丑角的老演员斯维特洛维多夫，有一天演出后喝醉了，深更半夜在化妆间醒来，感到异常孤独和惆怅。而这时常年住在剧院、无家可归的老年提词员尼基塔·伊凡内奇还在，于是两人展开了一场关于人生、艺术和戏剧的对话。他们还即兴朗诵了莎士比亚的戏剧，让老年丑角斯维特洛维多夫过了一次主演的瘾。

斯维特洛维多夫：（含着泪拥抱尼基塔·伊凡内奇）不许哭……哪里有艺术，哪里有天才，哪里就没有衰老、没有孤独、没有疾病，就是死亡也不再那么可怕……（哭泣）不，尼基托什卡，我们的歌儿唱不完了……我算什么天才？我是一个挤干了汁的柠檬，是檐下的冰溜、生锈的钉子。而你呢，你是个提词员，是一只戏园子里的老耗子……[①]

青春、生命、艺术、创造，是契诃夫文学的永恒主题。他对这些有多么希冀，对与之相反的衰老、疾病、疲倦、平庸，就有多么敏感。两个平平常常的老年戏剧工作人员，道出了艺术从业者的挣扎和困境。可见，这时还很年轻的契诃夫似乎已经非常善于写衰朽的老人。他仿佛担忧着什么，既然如此，不如让一切在自己的作品中发生，看看会有什么样的结果？

独幕剧《一个不由自主的悲剧人物》则讲述了契诃夫后来尤其擅长描述的另外一种人：过着平庸生活的知识分子。他看起来忙碌而成功，每天被同事和家人包围，但早已被这些烦琐的事务摧毁了生命意志。他厌倦了这样的生活，厌倦了在“衙门和火车之间川流不息”，为妻子和周围的人做一些琐碎的服务。最终，这个要自杀的人这样描述道：

---

① 契诃夫：《契诃夫独幕剧集：从小说到剧本》，第 66—67 页。

> 你也知道，从十点到下午四点，我得在衙门里干那种无聊的差使。又热、又闷，苍蝇成群，乱七八糟。书记官又请假了，赫拉波夫结婚去了，小职员都在乡间别墅待着，他们不是在那里谈情说爱，就是客串演习。一个个都是萎靡不振、心神不宁的样子，什么正经事也办不成……衙门里头的人全都呆头呆脑，全都东奔西跑，全都气势汹汹，全都乱七八糟，你简直无法忍受。颠三倒四，烟雾阵阵。而这工作又是毫无变化：千篇一律，千篇一律。查询，公函，查询，公函——单调得像大海的波浪。[1]

这部作品改编自他的小说《众人中的一个》（1887），篇名暗示了这种生活的普遍性：在平庸而枯燥、庸俗而日渐堕落的职业生活面前，衙门里的公务员和剧院里的老头儿又有什么区别呢？

为什么契诃夫很少正面描写人的残酷现实，例如凶杀、偷盗、阶级斗争等，是他习惯了迎合早期通俗戏剧的温和写法，还是他有更为敏感的观察世道人心的方式？契诃夫的文学悲悯、柔情、忧郁，有时又极端厌世，仿佛以一具情绪的多棱镜回望着尘世。他从来不认为审判世界任何一方就会变好，不认为解决好任何一次矛盾和斗争，人间就能歌舞升平。正如在小说《出诊》（1898）中，他借助医师科罗廖夫之口说出的：

---

① 契诃夫：《契诃夫独幕剧集：从小说到剧本》，第126—127页。

至于在日常生活所表现的纷扰混乱里面，在编织着人类关系的种种琐事的错综复杂里面，那条法则却算不得一条法则，反而成了逻辑上的荒谬，因为强者也好，弱者也好，同样在他们的相互关系下受苦，不由自主屈从着某种来历不明的、站在生活之外的、跟人类不相干的支配力量。[①]

换句话说，他深刻认识到既定思想和价值观的有限性，认识到那些看起来能够解决的人类问题并不能真正得到解决。正如《在大路上》中的流浪汉梅里克所说，"不是我一个人……开天辟地之后，人就开始苦恼"。[②]契诃夫不会将全部责任归咎于任何群体或阶层，而是呈现普遍性的人类共通的生活缺陷。他的戏剧作品中，将这种气息以更为集中的方式体现出来。

也就是说，从《在大路上》到《天鹅之歌》《众人中的一个》，这些小说改编成的独幕剧已经具备了契诃夫后来更为丰满成熟的戏剧作品所包含的气氛、内容和题材：人与人交流的困难、艺术创造的生活对普通个体的重要意义、平庸人生对一个人生命意志的消磨等。它们不正是《海鸥》《万尼亚舅舅》《三姊妹》《樱桃园》的先声吗？

---

① 契诃夫：《出诊》，《契诃夫小说全集》第10卷，第266页。

② 契诃夫：《契诃夫独幕剧集：从小说到剧本》，第23页。

二

1886年的《伊凡诺夫》是契诃夫第一部真正被搬上舞台的作品。之后，他的独幕戏剧慢慢地充满了诙谐色彩，例如《蠢货》(1888)、《求婚》(1889)、《婚礼》(1889)、《纪念日》(1891)等，保留着早期短篇小说纯然的趣味和热闹，有的甚至充满了油滑的气息。和《在大路上》相比，这些作品戏剧冲突也更加鲜明。早期根据小说改编的作品《在大路上》《天鹅之歌》《婚礼》《纪念日》等，大体上和小说的气息还是统一的。《伊凡诺夫》之后，契诃夫一系列成熟的、富于个人风格的戏剧作品如《林妖》《海鸥》《万尼亚舅舅》《三姊妹》《樱桃园》等相继著成。但这并不意味着契诃夫之后放弃了独幕剧或短剧的创作，后来的短札体《笔记本》显示了后来他依然对滑稽剧有浓厚的兴趣。而且，对他来说，创作短剧或者滑稽剧更加容易，"轻松喜剧的题材从我心里直往外冒，就跟石油从巴库的地底下往外冒一样"，[①]但这是他在文思枯竭后才会考虑的创作。契诃夫曾经在书信中对他的创作排序，最重要的是长篇，其次是短篇小说，最后才是滑稽喜剧。[②]而且，正如上文

① 1888年12月23日致阿·谢·苏沃林，《契诃夫文集》第14卷，第436页。

② "要是中篇小说写不下去，我就写短篇小说；如果短篇小说糟糕，我可以抓住通俗喜剧，以此类推，无穷无尽，直到老死。"1889年9月14日致苏沃林，《契诃夫论文学》，第181页。

所说，其早期短篇小说中就有一些是以剧本的形式呈现的。例如《日食之前——一个幻梦剧的片断》(1887)就写了太阳和月亮一番有关日食的拟人化的对话，十分滑稽。可以设想，如果不是被创作更严肃的题材的责任驱使（正如上述排序所暗示的），也许契诃夫还会写出更多优秀的戏剧作品。

可见，契诃夫并非不具备强化戏剧冲突的能力，像《海鸥》中所说的那样，他只是在尝试一种新的表达形式。无论是莱蒙托夫式的英雄故事、普希金式的爱情传奇，还是托尔斯泰、左拉、莫泊桑的世情表达，都已经被讲述殆尽。更重要的是，契诃夫自身的创作走向让他的戏剧也渐渐在这样不自觉的两种风格（滑稽与忧郁）摇曳之后确立了更加稳定的那一个。

1896年，契诃夫被认为“真正严肃成熟”的戏剧作品《海鸥》问世。他开始书写那些在家庭、庄园的囚笼里，枯燥、沉闷、厌倦的日常和它背后无能为力的心灵。如果说《伊凡诺夫》书写的是一个意志薄弱者、善良的“废物”，那么《海鸥》中则呈现了无数个意志薄弱者和善良的“废物”。这篇剧作完成之后，虽然遭遇了初演的挫折，但通读下来，可以看出36岁的契诃夫倾尽全力对久居人世的困惑和苦恼发出的诘问：两对艺术家的创造和爱恋，其他生活着的人的疾病、痛苦和悲伤。只有医生角色仿佛置身事外，但也历尽沧桑，对人间万事万物无能为力。所有的人物塑造是那样殚精竭虑、用力过猛（或许是褒义）。接下来，《万尼亚舅舅》《三姊妹》《樱桃园》，共同构成了契诃夫戏剧的整体，有如小津安二郎的电影，充满了差异与重复的文体风貌。

而契诃夫这种一开始就推翻俄罗斯旧的戏剧原则的风格，在他少年时期创作的《没有父亲的人》（即《普拉东诺夫》）中就已成型。如果说《没有父亲的人》是风华正茂的契诃夫对那个时代的生活埋下的一颗“炸弹”，那么，之后的戏剧作品则是这个炸弹爆炸后的“余波”。正如格罗莫夫引用法国传记作者达尼埃尔·日列斯所说，“‘普拉东诺夫’是一道幕，从这道幕后将走出契诃夫在《伊万诺夫》《三姊妹》《樱桃园》中创造的典型”。[①]

比较有趣的是，1889年创作的《林妖》，是《伊凡诺夫》之后的一部相对成熟和严肃的戏剧作品，只是它上演并不成功，加之数年后契诃夫将其改编为《万尼亚舅舅》，因而名声相对不大。不过，跳出来看，这部剧作有着承接《伊凡诺夫》和《万尼亚舅舅》的过渡性功能。作品中的舅舅沃依尼茨基这个角色自杀成功，最后活下来的两对人也有了幸福的结局（也许和当时他写的滑稽喜剧互相映衬）。在《万尼亚舅舅》中，舅舅杀人未遂，继续劳作，将苦恼进行到底，延续了稳定的悲剧感。“杀自己”体现了这又是一个伊凡诺夫，“杀教授”则暗示杀死庸俗的愿望和破坏的本能。这说明中年契诃夫的冷静和残酷，也使故事更加真实和悲怆。而《林妖》之名似乎强调了医生角色。林妖象征人内心深处的黑暗和迷茫，人类总在追求

① 格罗莫夫：《契诃夫传》，第123页。

幸福的冲动和互相伤害的本能之间产生冲突和痛苦。契诃夫把希望寄托在医生角色上，这个“林妖”既不会破坏森林，也会喜欢讨厌他的人。这在契诃夫的文学谱系中，似乎“失真”到了托尔斯泰文学的地步。而在《万尼亚舅舅》中，医生也参与到了悲剧之中而不能自拔，他有自己的苦恼，也对生活无能为力。而且，这时真正的主角可能已是失败的劳动者万尼亚。可以说，《林妖》是契诃夫唯一一部以幸福结尾的较长的戏剧作品，衔接了他前期的独幕剧、滑稽喜剧和后期严肃的剧作。随着契诃夫自己的思想进展的惯性，它最终还是成了《万尼亚舅舅》的样子。

不管怎样，米尔斯基说，契诃夫的戏剧比小说更具有民主、平等色彩。从这个意义上说，契诃夫戏剧中的角色都是完整戏剧结构下的精心布排，都是势均力敌的存在。他们有各自存在的苦闷以及相互间努力理解的徒劳。那种日常的疲倦在契诃夫的戏剧中是一种普遍的气息。每个人都是同一个人，每个人也都是契诃夫。因此，如果观众不能共情于契诃夫抒情诗人一般的暗示和启迪，是无法接受这样的戏剧的。当然，如果深谙契诃夫后期丰富的小说创作，也很容易从中找到戏剧故事和人物关系的影子，尤其是那些充满悲凉色彩的故事，其典型恰恰促成契诃夫戏剧中的“民主、平等”结构。这样，他庞大的小说系统几乎成了他珍珠般戏剧世界的澎湃海洋。或者说，契诃夫这些有关人生苦恼的戏剧形象，都被打上了契诃夫文学普遍性的烙印。

这种“民主、平等”的结构，在当代英国批评家詹姆斯·伍德那里，被认为是一种“意识的自由”。他觉得，和易卜生、托尔斯泰等大文豪相比，契诃夫作品中的人物有一种逃离作者的本领，他们兀自过着自己的生活，思索着自己的思索，“忘了自己是契诃夫的人物”，完全不顾及作者的规划。这正是契诃夫文学所呈现的生活的样子。[①] 尊重这种“意识的自由”，让契诃夫作品中的人物获得了解放。如果说，文艺评论家乔治·斯坦纳执着于作为读者面对经典作品的谦卑，而契诃夫则从创作者和生活观察者的身份，呈现出了谦卑的力量。契诃夫沉迷于玩味这种人物的存在状态，有时到了自由或游戏的地步，这也构成了他独特的文学审美。

在契诃夫的《海鸥》中，特里波列夫憎恶千篇一律的戏剧表演的“浅薄”和“庸俗”，因此他用“戏中戏”即插入“未来科幻剧”的独白方式，在作品中呈现人类存世的苦恼和更为广阔的宇宙空间想象的拼接，二者形成了一种奇怪的平衡。而随着特里波列夫作为小说家的成长，他意识到：“问题不在形式是旧的还是新的；重要的是，完全不是为想到任何形式才写，而只是为了叫心里的东西自然流露出来才写。”[②] 这时候，特里波列夫的形式探索和心灵表达完成了统一。或者说，特里波列夫（或契诃夫）对新形式的要求，也不过是对现有戏剧精神中

---

① 詹姆斯·伍德：《什么是契诃夫所说的生活》，《破格：论文学与信仰》，第148—168页。

② 契诃夫：《海鸥》，焦菊隐译，2014年，第178页。

的庸俗、浅薄和虚伪的不满，它是自然而然地和他的内在生活连接在一起的。

三

在小说《约内奇》(1898)中，县自治局医生约内奇常去城里拜访一位退休军官，军官的妻子是一个狂热的小说爱好者。她每天都写小说，并且写得“一点都不像生活”，像很遥远的地方发生的事情。正如他在《在故乡》里写的，回到家乡的女性幻想着能干一些不可能实现的艺术工作。契诃夫深知这种生活的虚假性。所以，他的创作很少虚构传奇、悬疑和幻想，既然希望和美好的东西并不总在生活之中，写作上朴实和诚实的本性便要求他独辟蹊径。他像托尔斯泰一样反对莎士比亚式世俗的故事走向。他让舞台就是生活的样子。所以在他的戏剧作品中，我们常常看不到激烈的冲突，而是无聊烦闷的对话和缓慢的行动，阴差阳错的情感周折，以及将要爆发而未能爆发的压抑和困顿。

其实，如果不理解契诃夫的小说，就无法理解他的戏剧。契诃夫在创作上虽然受到欧洲各种思潮甚至故事原型的影响(例如他所擅长的“戏仿”，包括对莎士比亚《哈姆雷特》人物关系结构的戏仿等)，但他透彻而精确地观察生活和文学转化的能力是独特的。即便是看起来带有悲观、颓废色彩的故事，契诃夫的处理也不是欧洲浪漫主义或唯美主义以来的倾向，而是贴紧俄罗斯人的世俗生活和精神风貌：庄园、城市、婚姻、爱情、劳作、创造、烦闷、寂寞、生老病死……由此而生的悲伤或与此密切相关的谐谑，也是从生活本身提炼出来的，它来源于生活本质的缺憾，由此带给观众审美乃至情感上的共鸣。

因此，契诃夫的小说是生活的、朴素的、审美的、诗意的，也是悲悯的、亲切的。契诃夫的戏剧是在他较为完整的小说的叙事宇宙中提炼出来的，关系和结构极具象征意义，某种情况下又呼应了戏剧传统。不过，不同于传统的是，他这种高度凝练的戏剧内核仍然是“生活的”。他把人的不幸放大到几乎“完美”的地步，但又没有超出现实生活着的人的状态。正如苏联文艺家屠尔科夫说《三姊妹》：“它反映了剧本中许多人物的复杂结合和对位，性格的聚合和排斥，也反映了各种人物命运的不同和相似。”[①] 相比小说，契诃夫的戏剧更像是混响中整饬和精确的交响乐。《三姊妹》表现得最为明显，除了作品中明示的各种乐器、乐曲的声音，它更像是一首有关人活着或存在的进行曲。其中的交谈、低语、杂音、轰鸣、沉默、大火等，像是乐曲中不同的音符，在复调般的叙事线索中点缀着。最后，曲终人散，三姊妹互相拥抱着，痛苦地发出希冀的呐喊之后，简直好比“东船西舫悄无言，唯见江心秋月白”。

当然，这并不意味着搬上舞台的生活和现实生活没有丝毫区别。当代一些艺术家常常会发现，生活的鲜艳，有时候要远

① 安·屠尔科夫：《安·巴·契诃夫和他的时代》，第404页。

远比舞台上动人。于是，艺术逐渐从对生活的封闭走向开放，走向日常。我们在摄影、艺术装置、电影，甚至舞台上看到了这种对传统艺术解构的“破坏性”：重复与擦拭成为另一种疏解生活之痛的方法。契诃夫发现了这种方法背后的秘密。他认为，“戏剧像生活，而不是生活像戏剧”，“像”字，是各种美学之力从生活中撷取的能力及其体现。因此，即便是生活，是日常，也是一种象征化了的，而非简单的复制。在契诃夫作品中，我们看到象征化了的日常情绪（等待、无效行动、孤独、不安等）弥漫在作品中几乎每一个人物身上，其中的空气静谧又紧张。它似乎在提醒人们：世间心灵的磨损、伤害与消耗，还能否修复并复苏于尘世？日渐衰老、病苦的肉身该如何度过残余年华？就像他在《海鸥》中构想的20万年之后那样，万事万物都浸透着他的灵魂（“我”），都有他（“我”）的影子。因此，契诃夫很反感传统戏剧表演虚张声势的“绝望”“喊叫”，主张坦率、冷淡，像平常那样。[①] 他希望演员们学习和观察生活中的普通人，要他们了解地主、商人、神父、官吏等。

托尔斯泰曾经批评契诃夫：

> 将作为艺术家的契诃夫，和向来的我们的文人都介涅夫、陀思妥夫斯基，以及我相比较，是困难的……。契诃夫之文，具有印象派文人之所有似的，自己独特的样式。他的文章，恰如毫不选择，任取身边的颜料，涂抹起来，

---

① 1901年1月21日奥·列·致克尼碧尔，《契诃夫论文学》，第339页。

> 涂抹了的线，又仿佛毫不互相联络，但略略走远一看，便发生可惊的感触，成着出色的图画，就有这样的趣致。[①]

这种印象派画家点染生趣的办法，也被契诃夫用在了自己的戏剧作品中。他那些主要的戏剧，改变了少年时期对天真谐趣成分的热情专注，转而走向全面的琐屑、痛苦和疲倦，“昏暗、消沉、无望的基调比在小说中强烈”。[②]（契诃夫在《海鸥》中借助特里波列夫之口说出了这种“印象”式写作无方向感的迷茫，大概也是就这一问题对托尔斯泰的回应或自嘲？）没有方向感的“印象”书写，自然不会奔向一个目标。

> 契诃夫的戏剧，是被蹂躏了的意志，无活动，忧郁的情调的戏剧，那剧中的主要人物，是失了可以取法的理想，唯服从于刹那的心情的，要之，是时代精神的反映。[③]

契诃夫曾经有些懊丧地跟苏沃林谈到他这一代人的苦闷：已经没有信仰，也没有60年代的辉煌文艺和理想，唯一能做到的，就是不剽窃传统，不虚伪，“不会用对美好未来的希望迷惑自己”，保持诚实，尽己所能。[④]或许，契诃夫戏剧这种强烈的赤诚，恰恰体现了走向现代的普遍性的状态，是世纪末过

---

① 罗嘉契夫斯基:《契诃夫与新文艺》,《鲁迅译文全集》第8卷，337页。

② 米尔斯基:《俄罗斯文学史》，第480页。

③ 米尔斯基:《俄罗斯文学史》，第339页。

④ 1892年11月25日致苏沃林,《契诃夫文集》第15卷，第265页。

渡期的迷茫和焦虑的人文精神。也就是米尔斯基所指的“时代精神”。

四

契诃夫的戏剧，仿佛在暴风雨来临之前，人以虚拟而真实的日常与死亡练习呼唤未来。暴雨将至，这些不能诉诸神灵的孤独的灵魂，通体暗淡，对外在世界无所抵抗，正如一个一个疲惫的酒神。然而他们对待自己忠诚，靠自己的力量在困苦之中屹立，尽管他并不知道暴风雨之后是否意味着黎明。在他的作品中，总有这样一种故事。所有的道德思考和行动都已经尽心完成，一个疲倦的英雄躺在七月的庭院，等待暴风雨，等待黎明，等待解放。据说契诃夫在他生命的最后阶段，还酝酿过一个剧本：一个科学家被爱情抛弃，跑到极北地区。最后的场景是：“被冰封住的轮船停泊着，北极光在闪现，科学家独自一人站在甲板上，安静、肃穆的夜晚，这时他在北极光的背景中看到，他所爱的女人的身影在飘忽地移动。”[①] 而在斯坦尼斯拉夫斯基的回忆中，契诃夫讲述的则是两个友人爱上同一个女人，最后也是被困在冰封的大船上。[②] 无论怎样，契诃夫尝

① 奥·列·克尼碧尔:《忆安·巴·契诃夫》,《同时代人回忆契诃夫》，第749页。

② 斯坦尼斯拉夫斯基:《安·巴·契诃夫在莫斯科艺术剧院》,《同时代人回忆契诃夫》，第437页。

试书写的人世疲倦最后似乎都要消弭在广阔无垠的自然宇宙之中。在更早的《海鸥》中，契诃夫以戏中戏的方式设想过20万年之后“我”代表的“宇宙灵魂”（精神）和“撒旦”（物质）对峙的场景，这部“未来科幻剧”更加将人常规的具体存在消泯，取而代之的是模糊普遍的精神能量；与上述生命末尾的故事计划中弗兰肯斯坦式的结局相对应，形成一种诉诸自然、未来、宇宙的归属感。

当然，契诃夫这种戏剧风格并非完全孤绝地存在，其中的情绪和氛围与同时代的欧洲作家和剧作家有着神似之处。在写作《海鸥》之前，契诃夫就对比利时剧作家梅特林克的作品大为欣赏。在生命的最后一年，他还十分关心并“指导”过莫斯科艺术剧院排演后者的《盲人》《室内》等。1897年7月12日，契诃夫给苏沃林写信说：

> 我正在读梅特林克的作品。我看完了他的《盲人》（*Les aveugles*）、《不速之客》（*L'intruse*），正在看《阿格拉凡和赛莉赛特》（*Aglavaine et Sélysette*）。这都是些古怪而美妙的东西，可是给人留下巨大的印象；如果我有一个剧院，那我一定会上演他的《盲人》。这个剧本里正巧又有海洋和远处灯塔的壮丽布景。观众有一半是愚蠢的，然而这个剧本的失败却可以避免，只要海报上写出剧本的内容就成，当然要写得简短；本剧是比利时颓废派作家梅特林克写的，内容如下：有一个老人，是一群瞎子的向导，

无声无息地死了，那些瞎子不知道他死，坐在那儿等着他回来。[①]

读过契诃夫的人，如果去读梅特林克，一定会感到亲切。反之亦然，如果一个人能够从契诃夫处获得精神照拂，同样也能在梅特林克所构建的生活之景中获得。比利时剧作家梅特林克（1862—1949）几乎和契诃夫生活在同一个时代，代表作有《不速之客》《盲人》《室内》《阿格拉凡和赛莉赛特》等。可见，契诃夫随时关注着同时代人，而且不止是俄罗斯的欧洲的文学创作。《盲人》中，12 个盲人的声部从 12 个地方发来，不能沟通，但又同病相怜。故事以某一知觉（视觉）的封闭为象征，灵敏地察觉到生存着的困惑。在契诃夫那些所谓（心理）现实主义的戏剧中，呈现出带有哲学意味的诗境，同梅特林克的作品在某些程度上具有一致性。《盲人》《室内》同样展示了现世人群因未来或者其他空间的不确定性而产生的焦虑和恐慌。这种由时间和封闭性死亡的神秘性所带来的内在焦虑，也时常成为契诃夫的主题，他将这一共同的痛苦赋予看起来切实的生活之场上，并增之以丰满清丽的羽翼。

据说梅特林克的这部作品还启示了贝克特的《等待戈多》。这表明“等待”的戏剧主题渐渐上升到了哲学和象征的层面。梅特林克也许还启示了更多的艺术家。正如齐奥朗说，贝克特

① 1897 年 7 月 12 日致阿·谢·苏沃林，《契诃夫文集》第 15 卷，第 539 页。

的戏剧不是在时间之中，而是始终与时间并行。[①]这一说法好像也适用于契诃夫，正如米尔斯基说他只关心灵魂的琐碎和细枝末节。这些“灵魂的琐碎和细枝末节”弥散于时间之中，与时间并行，难以分离。同样，传记作家格罗莫夫也这样总结契诃夫文学的新形式：

> 在契诃夫之前，文学并不知道那种既可分析当前生活的瞬息特点又能提供丰富的史诗般生活画面的方法。……这不是生活“之后”的，而是生活进程本身之中的现实主义；这是一个审美的“集合”，它替代了昔日长篇小说史诗性叙述的复杂形式。[②]

在契诃夫戏剧作品中，故事是正在进行着，不是完成之后的复盘，不是对人类特别命运取其精华、去其糟粕的处理。如鲁迅所说：删夷枝叶的人，一定得不到花朵。契诃夫甚至以枝叶为本，使其一起参与到现实生活的进程之中，它们与我们是如此地亲密，以至于显得没有那么庄重。殊不知，契诃夫似乎重塑了一种“日常的庄重”，对人类完全、完整的存在状态的尊重。

1900年8月，契诃夫在雅尔塔创作《三姊妹》期间，写信给一位叫薇·费·柯米萨尔热甫斯卡雅的女士，谈到自己的状

---

① 齐奥朗:《齐奥朗文学随想录》，高兴译，《外国文学动态》，2003年第3期，第1页。

② 格罗莫夫:《契诃夫传》，第424页。

态：“我感到，我不是在这里生活，而是在沉睡，或者说我是在离开生活，不停留、也不转弯地朝着一个什么方向离去，就好像是一只气球似的。”[①]这一说法可以看出他的孤独和寂寞，以及面对生活的“悬浮”状态。实际上这种悬浮状态是契诃夫小说中人物的常态：一种梦寐般的彷徨和犹疑状态。他似乎在控诉自己缺少生活，好像莫斯科、彼得堡有理想的生活，但正如《三姊妹》中威尔什宁说的那样：“我们的幸福是不存在的，我们只能想望着幸福罢了。”他也知道这是一种有待被打破和质疑的幻象。《樱桃园》写出之后，那时还年轻的作家蒲宁就谈到，契诃夫所描写的“樱桃园”，实际上无论是在传统还是现在俄罗斯的贵族庄园都不存在。[②]然而《樱桃园》似乎在暗示一种无用和象征之物，一种追寻物质世界之后中止并且不再有力气向前的虚无缥缈的实体。它存在，也不存在。

值得一提的是，2017 年，新西伯利亚红火炬剧院导演季莫费伊·库里亚宾以哑剧的形式上演了契诃夫的《三姊妹》，整部作品时长 248 分钟，以俄罗斯手语演绎《三姊妹》的对白。这很容易让人想起契诃夫在评价《盲人》时所说的“一种静止的冲突”。而《三姊妹》中那句反复被玛莎引用的象征“海岸上，生着一棵橡树，绿叶丛丛……树上系着一条金链子，亮铮铮……”[③]，虽来自于普希金爱情童话《鲁斯兰和柳德米拉》的

① 转引自安·屠尔科夫：《安·巴·契诃夫和他的时代》，第 400 页。

② 格罗莫夫：《契诃夫传》，第 487 页。

③ 契诃夫：《契诃夫戏剧全集》，第 175 页。

开头，猫儿踩着链子讲故事，但在这里似乎暗示着玛莎的爱情故事线，暗示着进行曲一般的《三姊妹》中“副歌”部分的忧郁、滑稽和惆怅。这一意象，也让人想起梅特林克的《盲人》：海岛橡树旁等待着12个盲人，“金链子”也许象征着时间（钟表），也许象征着死亡。《三姊妹》作为“回到莫斯科”的“等待戈多”式的戏剧，同样传达了这样一种气息。在梅特林克那里，《盲人》以感官丧失，也就是失明的方式感知周围的空气，形成了“静止的冲突”，契诃夫正是在写作《三姊妹》前后观摩莫斯科艺术剧院排演这部作品。而当代导演库里亚宾和红火炬剧院以几乎全体演员失声的方式（手语）来表达《三姊妹》中的冲突，仿佛使周围除了人声之外的嘈杂的声音，成了营造人物内心的唯一鲜明的符号。某种意义上，这也是导演以一种忠实于契诃夫的方式，是对《三姊妹》由内而外的形式创新。

梅特林克、契诃夫之后，与其现代意味同调的后继者贝克特，也恰是以一种失语（不知所云又意味深长）的方式表达人的存在状态，乔治·斯坦纳曾不无形象地说道：

> 贝克特带着爱尔兰人的无所畏惧的逻辑，走向了一种戏剧形式，其中人物的步伐泥足于混凝土，嘴巴被钳制住，眼睛死死地盯着观众，一言不发。恐惧和唐突的细节灌满了想象力，借此表达出现代的恐惧。诗歌从来没有像现在这样被沉默勾引。[1]

① 乔治·斯坦纳：《人文素养》，《语言与沉默》，第14页。

《三姊妹》的哑语式表演的改编，正是契诃夫对这一现代精神的凭吊和回敬，也是对贝克特以来的现代精神的延续。实际上，回到契诃夫原作，在1889年的《林妖》中就有这样的一段描述，堪称《等待戈多》的先驱版。地主的儿子费多尔·伊凡诺维奇描述自己当志愿兵时的寂寞：

> “我记得有一次坐在简陋的小棚子里，和我在一起的有上尉卡什基纳齐……该聊的都聊过了，没地方可去，没有事情可做，酒也不想喝了……恶心，你知道吗？简直想上吊！我们坐着，像两条眼镜蛇，大眼瞪小眼……他看着我，我看着他……我看着他，他看着我……我们彼此坐着，不知道这是为了什么……我们坐了一个小时，又坐了一个小时，我们一直眼对眼地看着。突然间，他无缘无故地跳了起来，拿起一个木块朝我砸来……真有你的……我，当然掏出自己的木块回敬了他，这下子咔嚓咔嚓乱成一团，好不容易把我们拉开了，后来我倒没事，而上尉卡什基纳齐直到今天脸上还留着一块疤。”①

这一“无聊”细节的描述在戏剧中显然带有极强的象征色彩，正如贝克特的《等待戈多》一样，揭示出人身处人世的莫可名状的存在状态：不可避免的互相伤害、不可沟通、无所逃

① 契诃夫:《林妖》,《契诃夫戏剧全集》，第271页。

遁、无路可走。

契诃夫提到的梅特林克另一个剧作《室内》也是这样。它讲述了一个封闭在房间里的家庭，夜晚沐浴在静谧而安详的空气中，这时候整个村子里的人要打破他们的安全，告诉他们，他们的亲人死去的消息。剧作似乎暗示着，外在的安全和庇护并不能解决内在的危机和焦虑。

> 老人：我们往往长年累月生活在一个已经不属于这个世界、灵魂再也不能得过且过的人身旁，同他交往，却毫不察觉。后果如何是不问而知的了。
>
> 老人：他们自以为安全，……门都关好了……[①]

再安全的门窗也庇护不了游离的灵魂。这时，外在的安全与内在的焦虑形成鲜明的对比。在契诃夫的戏剧中，我们也看到，虽然贴近现实生活，但整个剧作的氛围中呈现出孤独和焦虑的空气。这种痛苦在温和而忍耐的契诃夫内心深处表现为厌倦，甚至厌恶。厌恶是基于对平庸生活的仇视，厌恶所处的境遇，包括如此贴己和震颤心灵却未能被拯救的爱情。契诃夫所仇视之物是人人都有的部分，而托尔斯泰和陀思妥耶夫斯基所仇视和赞美者，如至恶和至善，则是人人少见的东西。

梅特林克在这种带有神秘色彩的沉思中渴望更新生活，契

---

① 莫里斯·梅特林克：《玛兰公主：梅特林克剧作选》，第111—112页。

诃夫也一样，一边沉滞于生活，一边“顾左右而言他”。我们在契诃夫最后的剧作《三姊妹》《樱桃园》中能够很明显地看到这样的因子，晚年的契诃夫也的确过着无聊、等待的孤独时光。只要读一读契诃夫那个时候的书信，便能了然。他的戏剧正是他早年对生活的总结：“纯粹由灾祸、纠纷、庸俗构成的。它们混在一起，互相更替。”

对于作品独特而难于被理解的形式，以及在这种形式下表演所遭受的挑战，契诃夫这样回应：“不需要什么情节。生活里没有情节，那里一切都是混杂在一起的——深刻的和浅薄的，伟大的和渺小的，悲惨的和可笑的。先生们，你们简直墨守成规到了被奴役、被麻醉的地步，怎么也不能把它撇开了。需要新的形式，新的形式……”[①] 不同于《小妇人》或《傲慢与偏见》讲述姐妹爱情的细腻、优雅与恬淡，《三姊妹》一如既往地保持着契诃夫对人世理解上的“重口味”，这部作品显示着契诃夫惊人的敏感，即发现生活不幸的能力。

五

正如之前的作品《伊凡诺夫》《海鸥》，《三姊妹》同样呈现了生活中近乎完美而精确的琐碎和不幸，每个人都在自己爱

---

① 伊·尼·波塔片科：《和契诃夫交往的几年》，《同时代人回忆契诃夫》，第317页。

恋的善变和困顿之中，每个人都像一个执拗地向生活撒娇的孩子，所有的幸福都将腐朽成不幸，所有的不幸又都企望着幸福。生活是一场未知的行进，随时磕碰着不幸的潜流，人们在其中动荡着，忍受着永恒的不幸和迷醉于刹那的欢欣。仿佛时间可以解决一切，或者说疾病和死亡可以解决这一切。仿佛人类总是在挑战未知，尝试边界，对所有完美甚至飘荡着道德光环的既定答案不能满足，渴望通过更新自我来更新世界，通过更新世界来确定自我，决不允许时间静静流失。

正如高尔基在 1898 年底写信给契诃夫谈及《万尼亚舅舅》和《海鸥》时所说，这种“新的戏剧艺术”将“现实主义提高到了激动人心和深思熟虑的象征”，“把人从现实生活抽象到了哲学概括”。[①] 契诃夫的戏剧连接了俄罗斯传统的现实主义和当时欧洲刚刚出现的自然主义与象征主义。而在看似日常生活的琐碎和对不幸的完美呈现中，它们暴露和探索了人的存在问题。其中包括厌倦、烦闷、破坏的本能，人与他者之间的沟通，生活和自然、真理之关系，以及由此延伸出来的对人类未来的企望。

当然，在过去的研究者看来，契诃夫身上有两重矛盾性的存在：从早期的滑稽幽默短篇，到严肃深沉的长篇幅作品；戏剧内部充斥着喜剧元素和阴暗的情调之间的矛盾。每个人物絮絮叨叨、答非所问，酿成的交流也令人哭笑不得，因此故事

---

① 童道明:《契诃夫戏剧全集》导言，第 4 页。

也在这样的重重阻力之中，无法推进。鲁迅说果戈理的《死魂灵》中琐屑的细节展示了“几乎无事的悲剧”，那么在契诃夫的戏剧中，也充斥着日常生活中的“无事”，这些“无事”越是琐屑、无聊，就越显出故事的悲伤。正如纳博科夫所说，“事物对他来说既滑稽可笑又令人悲伤，但是，如果你看不到它的可笑，你也就感受不到它的可悲，因为可笑与可悲是浑然一体的”。[①] 契诃夫小说和戏剧中这种天真与忧伤并存的气质，也正是喜剧的特征。因此，如他所说，他的戏剧都是喜剧，不能单演得苦大仇深。也因此，除了那些纯粹日常的慵懒逗笑的趣事外，契诃夫作品，不管是短篇小说的写作演变，还是从滑稽喜剧到严肃的戏剧，都不过是一个事物的两面的不同呈现而已。

有趣的是，在契诃夫的笔记碎片里，还有一些未完成的剧作，要么留有剧名，例如《黄金雨》《蝙蝠》《生活的荚》等，要么只有一些碎片化的情节和片段，这显示着剧作家契诃夫的更多的可能性，就像海面下仍然涌动着的广阔的暗流。在米尔斯基看来，契诃夫的风格不在于故事，而是一种情绪。令人惊讶的是，这种情绪不仅是契诃夫的时代情绪，也是人类共有的。在今天文学式微、现代化进程急剧变化的情况下，它带给东亚人的亲近感，仍然比我们想象得要浓烈得多。只不过，它们多半以电影的方式呈现，日本的小津安二郎、滨口龙介，中

① 纳博科夫:《俄罗斯文学讲稿》，第 253 页。

国的贾樟柯，韩国的洪常秀，伊朗的阿巴斯，越南的阿彼察邦，土耳其的锡兰等，都在沿着契诃夫的轨迹持续前行。正如印象派之于东亚，其方法的亲近带来情绪和思想的亲近，继续触动着现代东方乃至世界上所有人共通的生活。

第十章　决斗

知识分子一无是处，因为他们喝很多的茶，说很多的话，房间里满是烟雾和空酒瓶。……[①]

一

1892年春，契诃夫深居梅里霍沃，他写信给好友苏沃林说："不管多么奇怪，我已经早就过了三十岁，觉得自己将近四十了。我不但身体上苍老，心灵上也苍老了。不知怎么我对人间万物抱着一种愚蠢的淡漠态度，而且不知什么缘故这种淡漠态度的开始同我的国外旅行是同时发生的。我起床和入睡的时候总有这样一种感觉，似乎我对生活的兴趣已经耗尽了似的。这或者是一种病，在报纸上通称为过度疲劳，或者是一种为意识所觉察不到的内心活动，在长篇小说里通称为内心的转变，如果是后者，那倒更好了。"[②]这一年，除了以"无脾人"为笔名"复兴"过去的短篇滑稽小笑话如《一鳞半爪》《一家

---

① 契诃夫：《笔记本》，《契诃夫文集》第13卷，第534页。

② 1892年4月8日致苏沃林，《契诃夫文集》第15卷，第223页。

商号的历史》《鱼的爱情》等之外，就是一些表达萨哈林苦境的作品如《第六病室》《在流放中》《凶杀》等。《跳来跳去的女人》则因为素材与现实之距离的暧昧使他在朋友当中饱受争议，而《妻子》《邻居》则是另一种意义上借助爱情婚姻话题表达对生活境遇疲惫与厌倦的作品。可以说，这一年，契诃夫小说中明媚、纯真的气息减少了，反而增添了生活的沉重和思想的哀愁。而且，小说中那种恬静的表达也变少了，文字中时常暴露出为了写作而写作的感觉。两年前，30 岁的契诃夫把自己放逐到了萨哈林，仿佛是希望以生命之疼痛代替虚无之痛，但经此一遭，为何他很快又陷入"苍老"之境呢？

从萨哈林归来之后，契诃夫已经无法忍受在莫斯科的乏味生活，没多久，契诃夫跟随苏沃林去了欧洲旅行（如前所述，这趟长达几个月的旅行并没有让他盛赞或沉溺于欧洲辉煌的文化和艺术）。1891 年 10 月，契诃夫发表了《决斗》，算是这次欧洲旅行归来之后所写的重要作品。如果说《古塞夫》是契诃夫对萨哈林之行的记忆速写；那么，《决斗》可以算是契诃夫在经历了这场洗礼之后，某种程度上，对自己关注的当时的社会思潮在文学中进行实验性重塑的体现。小说中充满了大量的争论和思辨，人物形象也极具时代典型色彩。

故事讲述政府工作人员拉耶甫斯基带着情妇在高加索小镇上过着无所事事的生活。对情人和眼下的处境逐渐厌倦之后，拉耶甫斯基想逃离现有处境。于是他向军医官萨莫依连科借钱，后者是一个善良博施的好人，早就散尽了钱财。于是，军医官帮他向动物学家冯·柯连借钱。冯·柯连是笃信自然进化论的科学家，早看不惯拉耶甫斯基的颓废与无用，觉得他是社会的蠹虫。被拉耶甫斯基知道后，两人决定用决斗来消解仇恨和尊严上的伤害。于是，在一个惊心动魄的清晨，拉耶甫斯基险些被击中，而动物学家也因为前者的懦弱（朝天空放枪）而毫发无损。但这场决斗最终改变了拉耶甫斯基的人生轨迹，他决定重新面对生活。动物学家也因此和他重归于好。最后两人海边告别，引发了拉耶甫斯基关于生活的深沉思索。契诃夫在这篇小说中呈现了一些富于雄辩色彩的场景，最典型的对立方就是拉耶甫斯基和动物学家冯·柯连，后者坚守物种和社会进化论，认为拉耶甫斯基是社会的毒瘤和废物。故事中还有一个善良的军医官萨莫依连科，似乎代表着无条件的善，他对所有人报以仁慈之心，这遭到了动物学家的痛斥。另外，小说中还有一个来此地工作的助祭波别多夫，他是一个温良的旁观者，有大笑的习惯。正是他在偷窥决斗场景时制造的响动影响了动物学家决斗时枪击的准确度。这两位柔和、仁慈的形象缓解了小说中紧张的气氛。虽然契诃夫不信仰宗教，但他的小说中总有这样的列斯科夫式的神职人物。他们扮演着悲悯和安慰者的角色，好像给冲突的、不幸的、悲惨的命运一种稳定的护佑和祝福似的。就像《草原》《在峡谷中》中那些为飘荡、摇晃的轨迹和命运赋予一层柔和怜爱色彩的信仰者一样，他们似乎代表着新的时代在淘汰旧的事物和“旧的人”之时仍不能被替代之物。而契诃夫文学作为过渡时期作品的特质也在这里体现出来。

二

由此可见，从荒寒之地绕一圈儿回来之后，契诃夫小说原本的叙事和人物结构都发生了较大的变化。《决斗》算是继《草原》之后，契诃夫想要建构的第二个富于野心的较长的作品。小说潜在地实现了与当时的俄罗斯知识分子及其传统的对话。契诃夫借动物学家冯·柯连之口探讨了拉耶甫斯基所代表的知识分子的严重问题。或者，毋宁说，契诃夫是借用科学家对知识分子的人格进行反思。冯·柯连这样描述拉耶甫斯基：

> “他只有每月二十日领薪水的时候才按时到机关去，至于其余的日子，他只是在家里趿着便鞋，极力装出一副神情，好像他在高加索住下来就是赏给俄国政府很大的面子。”①

而拉耶甫斯基就是俄罗斯国家庞大的官僚系统中的一员。契诃夫似乎要借助冯的视角，下死力气去解剖这些平庸的官僚知识分子，他们懦弱、轻浮、虚伪，又受制于自己的情欲。而且，契诃夫在这里阻断了过去小说中对这类带有“多余人”气

---

① 契诃夫：《决斗》，《契诃夫小说全集》第8卷，第149页。

质的“正当性”的渲染（例如《许多个中的一个》里那个被平庸的机关生活所伤害，想要自杀的公务员）。冯·柯连继续嘲讽道：

“……他回答我这些问题的时候，却苦笑着，叹口气，说，‘我是个失意的人，多余的人啊’，或者说，‘您要我们这些农奴制的残余怎么样呢？’或者说，‘我们退化了……’要不然，他就废话连篇，讲起奥涅金啦，毕巧林啦，拜伦的该隐啦，巴扎罗夫啦。他讲到他们，总是说：‘他就是我们肉体上和精神上的父亲。’……一句话，我们得明白，像拉耶甫斯基这样伟大的人就是在堕落当中也还是伟大的。他的放荡、缺乏教养、卑鄙龌龊，是一种自然现象和历史现象，由于不可避免而变得神圣了……”①

接着，冯继续批判说拉耶甫斯基这样的人只是“灵巧的骗子”，他们会污染整个社会的风气，应该像劣等动物那样被清除出去：

“原始的人类是依靠生存竞争和自然淘汰才消灭了像拉耶甫斯基那样的人而保存下的。可是现在，我们的文化大大削弱了这种竞争和淘汰，我们就不得不自己来操心，

① 契诃夫：《决斗》，《契诃夫小说全集》第8卷，第144页。

动手消灭虚弱而不中用的人了，要不然，等到拉耶甫斯基之流繁殖起来，文明就会消亡，人类就会完全退化。我们就有罪了。”[①]

冯·柯连认为对懦弱、虚伪和无所作为的人给予同情是错误的，他以自然万物演进的尺度来看待世界。（这大概是契诃夫通过萨哈林之行在动物学家、博物学家、民族学、人类学的探索者身上看到的突破他固有生活边界的特征。）在小说中，冯不断地用动物进化论和斯宾塞哲学的“优胜劣汰”来鞭挞拉耶甫斯基，而后者也自省着：

他像一个局外人，或者一个从其他星星上雇来的人，根本就没有参与过人们的共同生活，对人们的痛苦、思想、宗教、知识、探索、斗争等一概漠不关心。他没对人们说过一句善意的话，没写过一行有益的、不庸俗的文字，也没为人们出过一丁点儿力，光是吃他们的面包，喝他们的酒，拐走他们的妻子，靠他们的思想生活。为了在他们面前和自己面前替他这种可鄙的寄生生活辩护，他总是竭力装出一副样子，倒好像他比他们高尚、优越似的。虚伪啊，虚伪，虚伪……[②]

---

① 契诃夫：《决斗》，《契诃夫小说全集》第8卷，第150页。

② 契诃夫：《决斗》，《契诃夫小说全集》第8卷，第223页。

的确，如动物学家所述，小说中，为了爱情，拉耶甫斯基带走了别人的妻子，后来听说“别人”去世的消息时，他却已经不爱了。这个意欲再次逃走的公务员，最终被动物学家决斗的枪声警醒。契诃夫在小说中甚至直接提到托尔斯泰、屠格涅夫、莱蒙托夫。他甚至引用了一长串普希金的诗《回忆》，这段诗行在小说的第十七部分，渲染了主人公拉耶甫斯基在决斗前夜的愁苦：

……在我那愁闷苦恼的心中，
涌现许多沉痛的思想；
回忆在我的面前，
默默地展开它那冗长的篇章。
我回顾我的生活而感到厌弃，
我诅咒，我战栗，
我伤心抱怨，流下心酸的眼泪，
然而我并不能抹掉这些悲哀的记忆。[①]

正如《草原》继承了果戈理以来的“草原帝国”，《决斗》似乎也自觉地延续了普希金以来的决斗主题。契诃夫用中世纪这种体现男性自尊和荣誉的传统，唤醒了新的堕落者的意志。但与早期带有少年感和传奇色彩的“多余人”不同，契诃夫将

① 契诃夫:《决斗》,《契诃夫小说全集》第 8 卷，第 221 页。

他们置放在了日常生活中。他不无敏感地说："以前中篇小说和长篇小说的男主人公（毕巧林、奥涅金）都是二十岁，可是现在所选的男主人公不能小于三十到三十五岁了。女主人公很快也会这样。"[①] 也许，从萨哈林回来后，契诃夫认为自己有资格批判俄罗斯这些厌倦生活的"懒虫"。由此，小说赋予了新角色（动物学家）以积极色彩。

> 可是冯·柯连有独立精神，为人固执，正因为没有人在黑海这儿工作，他才偏要在这儿工作。他跟大学决裂，不愿意跟学者和同事来往，因为他首先是暴君，其次才是动物学家。你瞧着就是，他日后会大有成就的，就连现在他也已经在幻想：日后等他考察归来，他要扫除我们大学里的倾轧之气和庸碌之辈，把那些学者管束得俯首帖耳。专制主义，在科学界也跟在战争中一样厉害。[②]

因此，冯·柯连像一场狂风暴雨席卷了拉耶甫斯基的倦怠和懦弱。决斗之后，他们各自循着自己的方向经营新的生活。但是，正如前文所说，契诃夫并没有赋予冯·柯连完全的真理在握的权利。助祭救了在决斗中险些丧命的拉耶甫斯基之后，后者的"振作"让动物学家意识到自己可能存在偏见：人类是否也必须遵循大自然演进的外在强弱逻辑活下去呢？人类真的

---

① 契诃夫：《笔记本》，《契诃夫文集》第 13 卷，第 535 页。

② 契诃夫：《决斗》，《契诃夫小说全集》第 8 卷，2016 年，第 176 页。

不能靠内在的精神能量自我革新吗？比较有意思的是，作者反复强调冯·柯连身上是一种“德国精神”。而据说契诃夫在写作这篇小说期间，“常跟动物学家瓦格涅尔发生争论，题目是当时流行的退化问题、强者的权力问题、自然淘汰问题等，后来这些都成为冯·柯连的哲学基础了。……安东·巴甫洛维奇在这类谈话中总是抱定主张，认为人的精神力量永远能够克服由遗传产生的缺陷”。[①] 在小说中，契诃夫似乎也暗示了冯·柯连观念的有限性及其对真理探索的艰难，暗示了俄罗斯的“局外人”“废物”拉耶甫斯基身上潜在的“精神力量”。不过，契诃夫批判的矛头是指向拉耶甫斯基多一些的，但这些恰恰显示了19世纪后半期自然科学和哲学思想的发展带来的某种悖论式存在：一边是科学的进化论对人类的冲击，另一边是主我的唯心哲学思想在反击着这种冲击。这个问题一直困扰着19世纪后期的知识分子。（如果大胆一点，我们似乎可以这样引申：契诃夫在《决斗》中批判了当下人群的危机，即“多余人”精神的疲软；又预示着未来20世纪可能存在的危机，即超人哲学所影响的外在的帝国意识？）

三

除了拉耶甫斯基之外，在契诃夫的作品中，还有不少神经衰弱、失眠症、癔症、歇斯底里病、热病等精神疾病出现，他

---

① 《题解》，《契诃夫小说全集》第8卷，第447页。

曾经谈到过除了社会问题之外，他还想描摹人类的精神疾病，一如他在《黑修士》中呈现的那样。在《决斗》中，意志荒芜者拉耶甫斯基正是带着情妇逃离到黑海一带生活之后感到厌倦，决定再次离开而无果，于是陷入情绪上的绝望。在责难的夹击之下，他癔症发作，不断地大笑、大哭，伴随着无法自控的身心动荡。这恰恰体现了拉耶甫斯基在这种苦境之中难以自拔的窘迫和灵魂的痉挛。在此之前，契诃夫书写了这么多缺少行动力的"多余人"，而这里似乎带有一种迷恋兼告别的意味。正如斯坦尼斯拉夫斯基说契诃夫的戏剧，"是我国精神上苟且偷生的见证。心怀不满扼杀一切创举，心灰意懒把精力消耗殆尽，随心所欲地发挥斯拉夫民族世代相传的哀伤"[①]，而小说中动物学家将拉耶甫斯基身上的这种苦恼给解构了，以一种动物式的暴戾（决斗）强迫他回到"正常"状态。

小说中，助祭和动物学家的对谈，似乎也暗喻了这些疾病和社会之间的关系。科学家认为人类离不开科学，离不开"知识和不容置疑的事实"。这样的情况下，疾病不是用来判断道德的标尺，而是新时代前进的标尺。冯说："脑子的严重疾病以及一切所谓的精神病，首先表现在破坏道德准则上。"这就让精神疾病成为社会道德和伦理发展的某种隐喻（这恰恰和当代福柯的言说具有某种连接性）。白银时期哲学家别尔嘉耶夫后来曾经反思过这种倦怠和懒惰是俄罗斯民族陷入危境的"毒

① 斯坦尼斯拉夫斯基：《安·巴·契诃夫在莫斯科艺术剧院》，《同时代人回忆契诃夫》，第 438 页。

药”，必须以科学和启蒙精神来唤醒整个民族的文化。而契诃夫也寄予了这样的希望。既然“脑子的严重疾病以及一切所谓的精神病，首先表现在破坏道德原则上”，那么，这样的精神疾病可以通过科学的方式来治愈，同时借此反思和革新社会的普遍道德与思想原则。就像《林妖》或《万尼亚舅舅》中“舅舅们”所说的：“最高的道德不是给自己的青春戴上镣铐，和尽力在自己心中扑灭生活的热望……”[①] 契诃夫对此类疾病的书写，恰恰提供了这样发问的机会。这样，契诃夫就在“科学—疾病—道德”之间建立了清晰的连接，并且，他相信在这之中人的内在“精神力量”所发挥的作用。

《决斗》的结尾说：“寻求真理的时候，人也总是进两步，退一步。痛苦、错误、生活的烦闷把他们抛回来，然而渴求真理的心情和顽强的意志却又促使他们不断前进。”[②] 这似乎暗示着：拉耶甫斯基过后仍然会忘记子弹从额上擦过的皮伤，度过这种因为惊愕于死亡的威胁而带来的生活的“保鲜期”；而他的亲密的“人妻”伴侣，也仍然会因为拉耶甫斯基的冷落而继续动心于新的健康高大的年轻肉体。到那时候，这样的“痛苦、过错、烦闷”重又泛起……然后，为了继续活下去，新的追求真理的意志又需要重新被点燃……一切对生活的厌倦和破坏是必然的，一切振作则需要花费巨大的气力。不过还好，在这趟艰难的人生之旅中，契诃夫说，是退一步，进两步。

---

① 契诃夫：《林妖》，《契诃夫戏剧全集》，第256—257页。

② 契诃夫：《决斗》，《契诃夫小说全集》第8卷，第245页。

四

19世纪俄罗斯文学和现实中决斗的传统与经验，足以让《决斗》的写作有根可据。但契诃夫在这里将过去具体的仇恨转化为带有象征色彩的议题。虚无会让人倦怠，但倘若虚无真的把人送到死亡的枕边，人的本能又会迸发出强大的反作用力。这似乎也证明，成长于1880年代的契诃夫正面临着新的时代挑战。一如动物学家、人类学家、旅行家们，包括契诃夫自己，意欲冲破封闭的俄罗斯的“黑葡萄”精神；一如他口中反复提及的“德意志精神”中那种解构柔弱、寄生生活的专制、强悍、暴戾。这两种作用力在19世纪交绕着，以探戈舞般的方式前行。

写完《决斗》后，有一天，在梅里霍沃庄园观看晚霞和海市蜃楼的白日记忆在夜晚被契诃夫演绎成梦境。契诃夫从房间里走出来，大汗淋漓地给弟弟米沙讲述了“一头飞来的修士”的梦，而后，他根据这个素材完成了《黑修士》(1894)。小说讲述哲学工作者柯甫陵因为精神疾病而时常梦见黑修士。黑修士暗示柯甫陵是上帝的使者，暗示他在人间具有神圣职责。由此，后者渐渐丧失了对日常人事的兴趣，受不了平凡、自私的尘世生活，从而不可避免地毁坏了和他的监护人、庄园主叶果尔·谢敏内奇及其女儿达妮亚在一起的世俗幸福。最终，他在黑修士的幻觉中吐血而死。尽管我们在契诃夫那里得到哲学工作者柯甫陵是“一个自大狂”的提示，在小说中看到了关于近乎热病症状的睡眠和梦境的冷静书写，[①]但其中充斥的真实感，仍然令人不寒而栗。也就是说，描写黑修士并不仅仅在于他提供了一个精神疾病或者心理疾病的范本，还在于其中蕴含关于人内心魔鬼般的力量。黑修士说：“我生存在你的想象里，而你的想象是大自然的一部分，可见我也生存在大自然里。”他还说：“我的朋友，只有那些平庸的芸芸众生才是健康的、正常的。”[②]因此，柯甫陵坚信自己出类拔萃，能够担负人类的智慧和思想的使命。联结主人公柯甫陵和上帝的使者黑修士，最终也害死了他。这个带有魔幻色彩的故事似乎超出了契诃夫惯常的写实范围。而且，除却契诃夫自陈，就小说本身，我们似乎看不出这是契诃夫在讽刺“自大狂”，还是在凭吊包括他自己在内的“天才”。

不过，据说这些思考实际上和当时俄国颓废派的代表梅列日科夫斯基的《论俄国文学衰落的原因及其新思潮》（1893）中所提到的神秘主义和象征主义有着呼应关系。不过，在《黑修士》那里，契诃夫建立了一种独特的文学表达方式。同《决斗》中的拉耶甫斯基一样，虽然契诃夫以第三视角的方式审视作品中主人公柯甫陵的病坏之处，但它们又似乎并非与契诃夫

---

① 1894 年 2 月 25 日致苏沃林：“我写黑修士的时候，没有任何灰心的思想，而只是根据冷静的思考。我只是想描写自大狂罢了。不过那个飘过原野的修士却是我自己梦见的，早晨醒来以后我把这梦讲给米沙听了。”《契诃夫论文学》，2023 年，第 249 页。

② 契诃夫：《黑修士》，《契诃夫小说全集》第 9 卷，第 138—139 页。

的人生体感毫无关联。从萨哈林归来之后，32岁的契诃夫就发作了一次严重的肺结核疾病，大概正是这一问题让他开始思考自己的艺术生命。通常，借助于契诃夫自己的解说，人们会认为“黑修士”是对作品中知识分子“自大”的讽刺，即人类倘若将太多神圣性加之于平凡的生命或生活，就会不堪重负。但契诃夫似乎也在这篇小说中添置了某种象征色彩的记述，读来令人伤心和感动。柯甫陵无父母、寄居在庄园主家里，这个孤独的年轻人优秀杰出，常年从事哲学工作，却无法从骨子里适应与亲近世俗生活，并对自己获得的尘世幸福生活焦虑不安。这些似乎暗示着男主人公注定要对外在世界或真理进行抽象的探求。于是，黑修士成为一种象征和隐喻，象征着连接人类和真理的桥梁，象征着柯甫陵式的少数人的使命。而黑修士只和连接人类与上帝的天才或信使交流，如同幽灵，它不仅穿梭在俄国，还穿梭在地球上任何一个角落，甚至是宇宙的空间里。

> 一千年前，有个穿着黑衣的修士在叙利亚或者阿拉伯的荒漠上行走。……渔民们在离这个修士走动的荒漠几英里远的地方看见另一个黑修士在湖面上慢慢地走动。第二个修士是幻影。现在请您忘掉光学上的一切定律，这个传说似乎不承认那些定律。……最后他走出地球的大气层，如今正在整个宇宙漫游，……说不定如今可以在火星上或者在南十字星座的一个星星上看见他。……按那个传说的

意思，我们很快就会看到这个黑修士。[1]

一千年后，在另一个行星上关于地球的谈话：你还记得那棵白树（桦树）吗？[2]

不同于宗教显身，这种幽灵仿佛科幻一般（令人想起20世纪60年代那部带有极强震撼感的《太空漫游2001》中无所不在的黑色纪念碑），暗示着在自然世界之上还有未知的神秘的影子存在。契诃夫曾经在《笔记本》中写道，“真正的贤哲”是努力穿梭在“有上帝”和“没有上帝”之间的广阔地带的，而俄罗斯人只对其中一个极端感兴趣，所以“他照例什么也不知道，或者知道得很少”。[3]这两者之间恰恰是一种对全能的信和不信的极端（终点）的怀疑，“其中一个”终点往往是单一的、被动的，是对人的无限可能性的逃避和拒绝。而黑修士就在呼唤和寻找这样的人，探究宇宙、自然的真理，也就是“上帝”的奥秘。由此，契诃夫对“目的”的不信任感，表现在他对“不是什么”而不是“是什么”的强烈确认。

混沌初开时，人类茫然失措，到处寻觅自己的目的而不可得，因而感到苦恼，结果终于找到了自己的上帝。为

---

① 契诃夫:《黑修士》,《契诃夫小说全集》第9卷，第128页。

② 契诃夫:《笔记本》,《契诃夫文集》第13卷，第505页。

③ 同上，第452页。

孩子或人类而生活是不可能的。而如果没有上帝，那生活就不是为了死后去见上帝。[①]

在契诃夫那里，目的既不是某种世俗的个人生活，也不是纯然的道德责任，而带有某种智性的超越色彩。当然，这里也包括他对人处在“现在”是否幸福的怀疑。柯甫陵年近四十在大学谋得一个教职，“用呆板、乏味、沉闷的语言讲述一些普通的而且是别人的思想”，最终，他因为黑修士带来的迷狂而无法承担这种平庸或平静的生活。在毁掉了幸福的庄园生活，离开那个天真的姑娘达妮亚之后，他随机转向一个爱护他的夫人的怀抱，最后终于在黑修士的幻影中吐血而逝。契诃夫将人置身于广袤无边的现实和自然之中。这相对削弱了现实的道德重负，却增添了许多抽象的痛苦，即渺小的人与永恒的自然之间的矛盾。

尽管违反作者初衷，但我们可以说，这个小说似乎暴露了 34 岁的契诃夫对自己能否平衡健康和才华（使命）的潜在疑虑。他开始思考自己的身体、疾病和职责、思想之间的关系。与此相关，小说中，柯甫陵吐血的疾病来自母亲，母亲“带着这种病活了十年”，而这篇写于 1894 年的《黑修士》几乎是契诃夫对自己艺术寿命（也是物理寿命）的谶语。从这个意义上说，《黑修士》是契诃夫自身疾病的隐喻。它以一个“自大狂”

① 契诃夫:《契诃夫手记》，贾植芳译，第 242 页。

的故事呈现，并且转化为带有普遍色彩的人的肉身和精神、现实和真理之间的矛盾与平衡的永恒话题。

五

《黑修士》发表之后，虽然得到托尔斯泰等前辈的赞美，但更多地，人们想从中弄清契诃夫的思想倾向。《俄罗斯新闻》的评论家带着善意剖析其中可能正向的道德光芒：

> 他写过成群有着小小的痛苦、在个人感觉中苦苦折腾、经常想到自己的渺小和贫乏的小人物；而在这群人当中他几乎没有塑造过一个具有深刻的思想感情、志在造福社会、积极肯干的所谓正面典型。在中篇小说《决斗》中，契诃夫试图通过动物学家创造这种典型，可是这次尝试（指《黑修士》）却大大地失败了。现在，我们眼前很生动地出现了一个有智慧、有感情、渴望造福社会的人；但是这个人却疯了。[①]

或许正如《黑修士》所提示的那样，“只有那些芸芸众生才是健康的、正常的”，人们无法最终从契诃夫这些人物典型中获得没有内在矛盾的积极力量。而评论家口中的“失败”，

---

① 契诃夫：《契诃夫小说全集》第9卷，第477页。

恰恰是他作为一个创作者诚实的体现，如果说《决斗》某种程度上反思了知识分子和作家文人的虚伪、高傲和无能，那么《黑修士》则从一种更高、更广的意义上反思了这种身份的痛苦。柯甫陵是因为脆弱才看见修士，还是因为强大呢？也许只是因为他的存在方式太过艺术化、精神化。从庸常的同辈之中超拔出来就会更好吗？纯粹相信精神的力量，就可以无往而不利吗？也许无论走哪一个极端都会面临毁灭的风险，人类就像走钢丝者，真正的现实生活本身需要不断努力维持平衡。

六

总之，《决斗》是30多岁的契诃夫继长篇作品《草原》之后另一部杰作，如果说《草原》探讨的是包含人事在内的自然风物，那么《决斗》则是在探索匍匐在自然之上的人的精神世界。契诃夫在其中“清算”了从事科学和艺术两种类型的人的内在，以及在他们之外是否有全面的现实生活。答案是没有，一切看起来都是不可解的谜。

自普希金以来的“多余人”典型，多呈现为帝俄时代在大多数落后沉沦的世界里贵族社会产生的无能为力的纨绔子弟，是时代和环境造就的产物，他们在那些作家笔下散发出无用而带有浪漫主义色彩的光辉。不同于过去贵族世界带有传奇色彩的“多余人”故事，契诃夫文学世界中的“废物”们带着生存的苦恼，既包含哈姆雷特又有堂吉诃德，但又都不是他们，而更接近于现代的日常，现代的心理，这种生而苦恼的剖白是随处可见的。契诃夫以一种社会学、自然科学的视角，“清理”了这种人在精神层面的困境或疾病。正如他有时会振作起来同苏沃林说：“您在最近这封信里问道：‘当前俄罗斯人应当希望什么？’我的回答是这样：‘应当希望。俄罗斯人首先需要希望，气质。萎靡不振已经惹人厌烦了。’”[①]

而那种精神的热病和眩晕所带来的“多余人”之思，并非19世纪的专题，20世纪以来的现代人，更在这种无能和倦怠之中确认了自我的存在。同时，他们也更需要一种强力来克服这种无能和倦怠。例如法国哲学家齐奥朗，他常常以虚无为实存，经验着拉耶甫斯基式的“烦闷”，同时表现出对死亡近乎病态的迷恋。

> ……整个世界被无用感击中。什么也提不起兴趣，什么都不值得关心。烦恼，是一阵晕眩，却是一种平静而乏味的晕眩；这是普遍的无意义的显现……但它比一场发烧持续更久——在生活中我没能干任何正经事。实话实说，我活得紧张，但没能融入存在。我的边缘化不是偶发的，而是本质的。……[②]

---

① 1894年12月12日致苏沃林，《契诃夫文集》第15卷，第358页。

② 齐奥朗：《一本书是一个伤口——齐奥朗访谈》，树才译，《世界文学》，2017年1期，第299页。

> 我应该写一部《论眼泪》。我常常感到一种极为强烈的哭泣的需要（我因此感到同契诃夫的人物如此相近）。我对一切都感到懊悔，我会一连几个小时凝视着天空……[①]

当代哲学家齐奥朗也坚持作为城市的边缘人而写作，没有正式工作，没有稳定的财产，但在现代社会仍然被一种无力感和倦怠感所侵袭。这说明倦怠和烦闷可能是人潜在的、本质的存在形式，随时可能以某种方式爆发。最后，不管是以死亡的恐吓还是自我省察来逐渐唤醒生活的热情和意志，这种状态都不会永远褪去，它像跳着探戈舞的幽灵一样，伴随着人类尤其是现代人的一生。而契诃夫是最早察觉这种颓废的春江暖意的作家之一。契诃夫没有在官僚系统中任职，始终以局外人的身份参与社会行动。他在梅里霍沃的瘟疫爆发期间，大量劳作却不收诊断费，为的是可以确保自由身份，不会被金钱左右和控制。当然，他也许还担心成为拉耶甫斯基那样的社会蠹虫。

那么，除了这种对立的力量，“废人”们就没有别的出路了吗？在契诃夫的信件中还有一则有关《没有意思的故事》的有趣的议论。1889 年 9 月 30 日，他对普列谢耶夫说，“我的主人公过于不注意四周人们的内心生活，而这正是他的一个主要特征；在四周的人哭泣、犯错、作假的时候，他心平气静地谈

---

① 齐奥朗:《在句子的中央：齐奥朗笔记选》，高兴译，《福建论坛》（社科教育版），2011 年第 4 期，第 1 页。

论剧院、文学”。[①] 也就是说，如果小说中的医学教授愿意，他可以更关注他人的内心生活，也许由此能够打破这种给自己带来痛苦的“厚障壁”。当然，前提是“周围人”不被庸俗蒙蔽，有“内心生活”；前提是他愿意，就像小说《醋栗》中的尼古拉·伊凡内奇能找到一个强大的理由，心甘情愿地放弃种植他热爱的醋栗，放弃他匍匐于其上的亲密土地，重新回到城市胸怀天下一样。

不管怎样，《决斗》的确给出了一种破解“废柴”的可能。正如舍斯托夫所说，整篇小说中，契诃夫似乎赋予了动物学家越来越多的力量，“把自己放在挨打的位置上”，而结尾的处理，则是一种“对道德的嘲弄”，只不过“正常人”只能看到拉耶甫斯基改邪归正这一层，表面上和社会舆论达到了吻合。[②] 因此，在这篇小说中，契诃夫还暗示，谁又能保证这种解决之道的可行性呢？小说结尾这样描写看起来已经完全没有生活疑问的拉耶甫斯基：“‘是的，真正的真理是谁也不知道的……’拉耶甫斯基暗想，愁闷地瞧着不安定的、乌黑的海洋。”[③]

七

契诃夫去世之后，风急云涌的社会运动和革命暴动，以及

---

① 1889 年 9 月 30 日致普列谢耶夫，《契诃夫论文学》，第 182 页。

② 舍斯托夫：《创造源自虚无》，《开端与终结》，第 35 页。

③ 契诃夫：《决斗》，《契诃夫小说全集》第 8 卷，第 244 页。

欧洲革命失败的情形，让俄罗斯的知识分子开始迷茫于俄罗斯思想潮流的方向。1909 年出版的《路标》，就是在这样的环境下引起一系列知识分子的大讨论合集。他们共同的焦虑是：在欧洲科学与实证、无神论乃至新的革命思潮的冲击下，俄罗斯内在的主体该如何发展？此时，作为过渡的现代性文学，契诃夫似乎被认识得比过去更加清晰一些。

1904 年，契诃夫去世后，别尔嘉耶夫写了一篇纪念性的文章《悼念契诃夫》，他说契诃夫的作品形成于“疲乏而无望的80 年代”，“反映了俄罗斯知识分子的内心世界，以及他们的悲伤和愁苦”，“当入世的愿望和庸俗的市侩生活碰撞在一起，由此产生的日常生活悲剧成为契诃夫作品的主旋律。”他“成了中产阶级知识分子苦闷情绪的歌者”。别尔嘉耶夫从《没有意思的故事》《主教》等小说中找到了契诃夫对“真理”的孜孜以求，而这正是和西方世界不同的。[①] 布尔加科夫则彻底反思了俄罗斯知识分子内部有些脱离现实的“英雄主义”情结。他说，俄罗斯知识分子在走向无神论之后，一边与旧制度的专制抗衡，深谙拯救与受难的意义，另一边又因为脱离现实，常常陷入虚无主义，就像契诃夫作品中那些“只能打牌度日浑身乏力的知识分子”一样。[②] 而梅列日科夫斯基在《高尔基和契诃夫》(1916) 中，也将契诃夫这种充斥着死亡和腐朽的日常书

---

① 别尔嘉耶夫:《悼念契诃夫》,《基辅评论》，1904 年第 227 卷第 17 号。

② 谢·尼·布尔加科夫:《英雄主义与苦修主义》,《路标：论俄国知识分子文集》，第 81 页。

写归于宗教精神的匮乏。这些作者都从带有宗教色彩的超越性角度反思了契诃夫文学，对他作为旧制度下知识分子的思想状况进行了深入的解剖。从他们的角度看，契诃夫身上虽然尽可能地保持着谦卑，但他自觉奔赴萨哈林受难，的确也是出于个人生活的内在匮乏，是英雄主义情结高涨的时代潮流的产物。他的文学和学术工作背后，也带有过渡阶段知识分子的痛苦。

不过，其中宗教匮乏的苛责在契诃夫那里显然是一厢情愿的，正如批评家从《第六病室》中感受到契诃夫从“泛神主义”转向“人类中心主义”而表示称赏时，他回应称：“我想进天堂，可是我没有那种力量。”[①] 因此，除了隔膜的必然性之外，他的“多余人”，还有对这种人自身生活的具体有限性的反思，也体现了契诃夫在托尔斯泰、陀思妥耶夫斯基、屠格涅夫等的经典形象和看似明朗的高尔基革命文学之间带有昏暗色彩的宿命般的过渡性。只是，“只缘身在此山中”的契诃夫，以一种疲倦者的呼告来提醒自己和世人：生活好像不能仅仅是这样！

这些病态的人物，是任何敏感或者无能为力于过渡时代的知识分子个体都能理解和共情的。但这样的“沉溺”，也是注定要被打破的。白银时代的知识分子批评（或者说契诃夫批评），使知识分子前进的灵魂被置回到了俄罗斯艺术和宗教传统。然而，顺着契诃夫之路，他似乎既不能回去，也不能迈向

① 1893 年 2 月 11 日致约·伊·奥斯特洛夫斯基，《契诃夫论文学》，第 238 页。

新的鲜明的高尔基的时代。正如梅列日科夫斯基所说，它是一个死的点。不过还好，他的终点（死亡）和一个时代的终结几乎合并在一起。能扮演一个对时代气息敏感的表达者，对他来说已足矣。

第十一章 套中人

醋栗：自由主义的温和是从饱足开始的。[1]

一

萨哈林归来后，契诃夫家族很快搬离了莫斯科，契诃夫原本想要在乌克兰寻找庄园，但最终没有找到合适的地方，而选择了俄罗斯中部的梅里霍沃庄园。“二百一十三俄亩当中有一百六十俄亩森林，两个池塘，一条小溪，一幢新房，果园，钢琴，三匹马，几头奶牛…”[2] 契诃夫简直成了名副其实的“地主”，某种程度上他也实现了在西伯利亚旅行时所渴望的那种居住环境。梅里霍沃时期（1892—1898）通常被认为是契诃夫创作的辉煌时期，他经过了80年代文风的转换、创作题材风格的开拓，也摆脱了受前辈大师们影响的焦虑，例如，他对托尔斯泰的态度和80年代形成了比较大的反差。不过，他内心

---

① 契诃夫:《笔记本》,《契诃夫文集》第13卷，第550页。

② 1892年2月23日致哥哥亚历山大，转引自别尔德尼科夫:《契诃夫传》，第375页。

似乎依旧寂寞、厌倦、孤独，同时生动的灵魂又不完全被其湮灭，从而使自己具有足够的行动力：他参与治疗当地霍乱，在庄园里劳作，创办学校，为故乡塔甘罗格捐建图书馆，为当地县自治局做人口普查，出门旅行。但是，孤独让他感到自己渐渐苍老，似乎要开启新生活，写信告诉朋友“应当洗澡和结婚”，但因为疾病，害怕失去自由，于是停留原地，不过，他仍然认为这种生活不是自己的终局，只是一种“过渡”。[①]

1895年底，契诃夫写出了《海鸥》，接着是《我的一生》。1897年春天，契诃夫在莫斯科和友人会面时突然吐血发病，托尔斯泰来探望他。契诃夫在信中这样记述这次会面：

> 有祸必有福。列夫·尼古拉维奇到医院里去看望过我，我们进行了一场极其有趣的谈话，之所以对我极其有趣，是因为我听得多，说得少。我们谈的是长生不死。他按康德的方式承认长生不死，认为我们全体（人和动物）都会在原则（理智、爱情）中生活，而这种原则的实质和目标对于我们却是个秘密。可是在我的心目中这个原则或者力量成为一团不定形的凝胶状的东西，我的我（我的个性）、我的意识同这团东西合在一起；像这样的长生不死，我是不需要，也不理解的，列夫·尼古拉维奇由于我不理解而感到惊讶。[②]

---

① 1895年11月10日致苏沃林，《契诃夫文集》第15卷，第404页。

② 1897年4月16日致米·奥·缅希科夫，《契诃夫文集》第15卷，第511—512页。

> 托尔斯泰在写一本论艺术的小书。他到我的医院里去过，说他把他的小说《复活》丢开了，因为他不喜欢它，目前专写关于艺术的论文，读了六十本有关艺术的书。他的思想并不新颖；历代一切聪明的老人都以不同的方式重复过这种思想。老人总是容易看见世界的末日，说道德已经败坏到了 *nec plus ultra*（极点），说艺术正在变坏，正在衰落，说人们变得软弱了，等等，等等。列夫·尼古拉维奇打算在他的小书里证实当前艺术正在进入最后一个阶段，正在走近一条（前面）没有出路的死胡同。[①]

可见，契诃夫这时认为托尔斯泰的自我救赎之路跟自己的不相协调：他仍然相信科学与文明的进步，对吃素和禁欲不感兴趣。在灵魂和永生的问题上，与托尔斯泰相比，他要显得冷静、朴实和消极得多。从精神世界，包括对严肃的死亡问题的思考，到创作本身，契诃夫似乎都从过去托尔斯泰的阴影或抚照中走了出来。鉴于上述的科学态度，以及颓废的心态，包括一种来自平民的务实的心态，正如白银时代的批评家所指摘的，契诃夫的怀疑精神，让他对任何道德超越或死亡的神话都缺少足够的兴趣，至少他不愿意虚张声势地讨论这个问题。

大病之后，他只好去欧洲疗养，在尼斯居住了一段时间，他又吃到了象征闲暇与奢靡生活的牡蛎，然后回到梅里霍沃。

---

① 1897年4月17日致亚·伊·埃尔杰利，《契诃夫文集》第15卷，第513页。

1898年7月，在梅里霍沃他写信给朋友：

> 我在写作，急于弥补去年冬天欠下的债，一直要忙到八月中旬，然后到南方去，大概是到高加索去。……我休息得太久，甚至出现了耳鸣。我给《田地》写了一篇小说，给《俄罗斯思想》写了另一篇，目前在写第三篇。……[①]

这里提到的第二、三篇小说是《醋栗》或《关于爱情》，加上《俄罗斯思想》第七期中的《套中人》（第一篇），是契诃夫所自认的“系列小说”。他还给编辑写信说，“这个系列小说还远远没有完成”，他还打算补写一篇。[②]

在契诃夫的大多数中国读者的视野里，《套中人》是着力于批判落后、封闭、腐朽的生活方式的名作。而实际上，从叙事到形式，《套中人》系列是契诃夫“创作实验”的一部分：对屠格涅夫《猎人笔记》的“戏仿”。在这个“未完成”的系列中，契诃夫基本摒弃了第一人称或第三视角，而是让小说中的人物自己讲故事。主线是，兽医伊万·伊万内奇和中学教师布尔金两人打猎误了时辰，于是在米罗诺西茨科耶村边上村长普罗科菲的堆房里过夜。这时，布尔金讲起了他的同事别里科

---

① 1898年7月6日契诃夫致亚·伊·苏木巴托夫（尤仁），《契诃夫文集》第16卷，第40页。

② 契诃夫：《契诃夫小说全集》第10卷，第483页。

夫的故事，也就是《套中人》。第二天，他们起来赶路，到了另一个村子索菲诺村，这里住着一个地主阿廖欣。伊万内奇跟布尔金讲起第一天提到的另一个人，他的弟弟尼古拉·伊万内奇的故事，也就是《醋栗》。第三天，他们在阿廖欣家里吃早餐，阿廖欣给他们讲起了自己的爱情故事，即《关于爱情》。这种以猎游为行迹，由不同人讲述的故事系列，显然是契诃夫对屠格涅夫文体形式的致意。

揣摩小说的潜在内涵，可以看出，《套中人》无非是沉溺于现有生活无法自拔的夸大版；而《醋栗》讲述了一个新型庄园主，既不同于过去的奴隶主，也不同于农奴解放后的农民，他经历过城市小公务员的生活，有与自然亲密接触的童年，这让他渴望过避世的种植园生活。小说似乎确信了尼古拉·伊万内奇的幸福感，但也借助伊万·伊凡内奇之口，嘲讽了这种生活方式。《关于爱情》讲述了另一个新型庄园主的故事，他是知识分子，却不从事科学与文艺，反而在一个庄园里“像松鼠踩着轮子那样忙碌”，这种扭曲、沉闷的生活让他在一次看起来不伦的爱情（爱上好友的妻子）之中获得喘息，但这段感情最后又不得不走向终结。

从叙事结构上，这三个短篇之间具有互相连接的因子。从内在精神来看，这些小说保持着契诃夫一贯的对现有看似完满无事生活的怀疑，从极端保守的教师生涯，到勤恳自封的庄园生活，到看似毫无矛盾的世俗婚姻，一层一层地探索其深层的本质。夸张的程度越来越不明显，但也越来越引发人对生活的思考。从具象的“套子”，到土地的“套子”，再到生活的“套子”，这难道不是我们每个人曾经感到舒适、渴望，反过来又感到惊异的吗？契诃夫一步步地让人从平常生活中发现怪异、荒诞的一面。

契诃夫以旁观者的笔触写出世间百态，从教师（别里科夫）到小市民（尼古拉·伊凡内奇）再到知识分子（阿廖欣），看似很特别，但又不过是当时新兴的世俗社会的缩影。小说借人物之口，议论不同处境下日常生活背后共同掩盖的“异化”。

> 布尔金：那种性情孤僻、像寄生蟹或者蜗牛那样极力缩进自己的硬壳里去的人，这世界上有不少呢。也许这是隔代遗传的现象，重又退回从前人类祖先还不是群居的动物而是孤零零地住在各自洞穴里的时代的现象。不过，也许这只不过是人类性格中的一种类型吧，谁知道呢？[①]

> 伊万·伊凡内奇：人们通常说：一个人只需要三俄尺的土地。可是要知道，三俄尺的土地是死尸所需要的地方，而不是活人需要的。现在还有人说，要是我们知识分子贪恋土地，盼望有个庄园，那是好事。可是要知道，这种庄园也就是三俄尺土地。离开城市，离开斗争，离开生

① 契诃夫:《套中人》,《契诃夫小说全集》第10卷，第198页。

活的喧嚣，隐居起来，躲在自己的庄园里，这算不得生活，这是自私自利，偷懒，这是一种修道主义，可又是不见成绩的修道主义。人需要的不是三俄尺土地，也不是一个庄园，而是整个地球，整个大自然，在那广大的天地中人才能够尽情发挥他自由精神的所有品质和特点。[①]

阿列兴：他们看到我这样一个受过教育、通好几国语言的人不从事科学或文学工作，却住在乡下，像踩着轮子的松鼠那样忙个不停，干很多的活，却老是穷得连一个小钱也没有，心里总感到不是滋味。……假如我过着美好、有趣的生活，比方说，假如我在为祖国的解放战斗，或者是个著名的学者、演员、画家倒也罢了，可是照眼前的情形看来，这无非是把她[②]从一个普通而平庸的环境拉到另一个同样平庸，或者更平庸的环境里去罢了。而且我们的幸福能维持多久呢？万一我害病了，死了，或者干脆我们不再相爱了，那她怎么办呢？[③]

“讲故事的人”不是作者而是小说中的人物，他们和主人公的关系逐次亲密（同事、弟弟、自己），这样，三种议论就和相应的生存状态构成了对话关系，其中的反思和质疑也并非

① 契诃夫：《醋栗》，《契诃夫小说全集》第10卷，第217页。

② 小说中阿列兴爱着的一位妇人。

③ 契诃夫：《关于爱情》，《契诃夫小说全集》第10卷，第231—232页。

来自作者。这体现出作家的一种科学态度：尽可能地铺开有关知识分子生活的讨论。一开始以故乡的中学老师为原型，接着契诃夫写到了越来越和在梅里霍沃劳动的自己处境接近的庄园主尼古拉·伊凡内奇，最后一篇依稀显示自己爱情的影子。但这样“科学的”转述方式并没有使作品形成完整单一的意义建构，因为谁都可以在故事中思索人，思索人的生活。接下来，他还会写谁的故事呢？很显然，按照他的说法，这个“系列”虽然没有写完，但从意义的完整性角度，似乎又已经写完了。

有趣的是，十年前（1887），契诃夫也曾写过一篇和《关于爱情》故事相似的小说《不痛快的事》，但在那里，他以轻喜剧的方式，讲述了一个年轻人不知情人的丈夫归来而前去造访的尴尬场景。小说结尾也仅止于借主人公之口说出：“他开始思忖什么是道德的，什么是不道德的，思忖纯洁和不纯洁。”而在《关于爱情》（与之相似的还有前述《牵狗的女人》）这里，契诃夫对此生活形态进行了更深刻、严肃的解剖，并不止于婚恋伦理。这是人们所说的契诃夫后来的小说从滑稽、幽默转向严肃、深刻的重要原因，他为充满闹剧和荒诞的生活增添了沉思的部分（尽管同样没有出路）。

契诃夫似乎习惯于将道德生活的考量也放到更广的科学态度之中。例如一开始布尔金所议论的那样，人和生活之关系的神秘性，或许和人本身的进化有关。不管是被生活习惯和社会规则极度规训的别里科夫，还是不惜一切代价脱离城市秩序躲进庄园的尼古拉·伊凡内奇，以及脱轨之后仍然不免陷入“平庸生活”的庄园主阿列兴，他们似乎都是俄罗斯国民性或人性之中等待被观察和探究的对象。无论怎样，生活似乎都是无清晰标准的路可走的（“解决问题”），但与这种痛苦的清醒对应，作者似乎时时刻刻在提醒人和不可避免地日渐陷入的平庸生活之间的捆绑。这和契诃夫之前写的那些精神错乱的人物有着显著的区别。如果说之前是用一种冷峻的态度来观察悲世者的精神痛苦及其所处的社会之间的关系；那么这时候，或者，大多数时候“正常人”的精神世界是否也能经得起一番审视呢？

二

而实际上，契诃夫这种对生活的探索是一贯的。虽然1890年的萨哈林之旅看起来强化了契诃夫的道德感和行动力，但这并没有让他的90年代更好过。30岁以后的契诃夫正如后来书信中说的那样，有一种精神上的疲惫之感。他总是给人写信说：“我老了！我老了，或者懒得生活了，我不知道这是怎么回事，就是不太渴望生活了。”①“我老了，已经没有火焰般的热情了。”② 精神上是这样的疲惫，但在日常生活上他又要承担起重任，既然要承担，他就不得不过着一种精打细算的小市民的生活，然而这样的生活又是他憎恶的，更会加速让他对世俗生活“不渴望”。

---

① 1892年10月24日致列昂捷夫，《契诃夫文集》第15卷，第256页。

② 1895年1月18日致维·维·比里宾，《契诃夫文集》第15卷，第367页。

> 我的心灵渴望博大、崇高，可是我又不得不过一种狭隘的、在卑贱的卢布和戈比当中打发掉的生活。再也没有比小市民的生活以及它的小铜钱、伙食、荒谬的谈话、谁也不需要的传统美德更庸俗的东西了。[①]

在《文学教师》(1894，原名《庸人》)中，一个年轻教师从青春洋溢到倦怠忧郁，最终在甜腻的幸福中还是怀疑起了生活，总有一种莫名想要到更广阔的世界中去的冲动。小说改名《文学教师》，似乎也另有深意。契诃夫很多小说想要探讨的问题都是普通人无望的觉醒，或者生活的理想过于抽象与完美，而现实中又有各种牵绊和无能为力的矛盾和痛苦。由此，小说人物陷入一种无边的疲倦和循环之中。有时，这种疲倦感不仅仅来自个人的生活，就连整个社会环境都让他觉得无药可救：

> 我们没有政治，我们没有社会生活，没有团体生活，甚至没有户外生活；我们的城市生活贫乏、单调、呆板、枯燥……你会说我们是文学工作者，单是这一点就使得我们的生活丰富了。真是这样吗？我们深深地陷在我们的职业里，它渐渐把我们同外面的世界隔绝了，结果我们空闲的时间很少，钱很少，书很少，我们读书很少，而且读得勉强，我们听得很少，我们难得出门旅行……总之，你不

---

① 1892年6月16日致苏沃林，《契诃夫文集》第15卷，第232页。

必为我们的沉默，为我们的谈话的不严肃和没趣味而责难你自己，也别责难我，而要像批评家所说的那样责难“时代”，责难气候，责难辽阔的天地，总之爱责难什么就责难什么，听任环境沿着固有的、注定的、不可挽回的潮流发展，指望那美好的未来吧。[①]

这种颓唐和疲倦的心境，也让他重新思考文学的主题，让他很不满于那种皆大欢喜的小市民文学。例如他“吐槽”波兰作家显克微支的作品《波瓦涅茨一家》：

小市民很喜欢所谓的“正面人物”以及有美满结局的长篇小说，因为这些东西使得他们心安理得地认为人可以既攒大钱又保持清白，一面做野兽，一面又可以享受幸福。[②]

在《醋栗》中，伊万·伊凡内奇的感叹中又出现了契诃夫作品非常典型的多感的悲悯型人格，完全可以和《精神错乱》《第六病室》形成某种呼应关系：

“……不知道什么缘故，往常我一想到人的幸福，就不免带一点哀伤的感觉，这一回亲眼看到幸福的人，我竟

① 1896年11月26日致丹钦科，《契诃夫文集》第15卷，第458—459页。

② 1895年4月13日致苏沃林，《契诃夫文集》第15卷，第393页。

生出一种跟绝望相近的沉重感觉。夜里我的心头特别沉重。……可是偏偏所有的屋子里也好，街上也好，却一味的心平气和，安安静静。一个城市的五万居民当中竟没有一个人叫喊一声，大声发泄一下他的愤慨。我们看见人们到市场上去买食物，白天吃饭，晚上睡觉，他们说废话，结婚，衰老，心平气和地送死人到墓园去。……”①

这一段文字让人想起后来契诃夫在《三姊妹》中书写的安德烈对他所居住的环境控诉式独白。契诃夫以珠坠牵引的方式，将一个个短篇故事连接起来。在上述“三部曲”中，我们看到他使用这种新的表达方式，呈现着种种时代观念，包括托尔斯泰等人对城市、乡村、劳动等问题的思考。他意识到了这可怕的持续的庸俗氛围，正如他的女性读者在随后给他的书信中说的那样：“我感觉好像整个俄国都‘在套子之中’。”②

后来的作品，如《农民》《在故乡》《在大车上》《在峡谷间》，从外出务工的农民，到归乡的女庄园继承人、普通的乡村教师，再到转型期的小商人，这时候契诃夫似乎不再仅仅把笔触伸向诗意的象征，而是直接呈现社会景象，尽管他到死也没有放弃《樱桃园》式的病态与诗意的世界。

不过，从更普遍的意义上说，“套中人”是契诃夫最主要的文学命题。套中人的系列所呈现的世界，让人看到意义的纷

① 契诃夫：《醋栗》，《契诃夫小说全集》第10卷，第221页。
② 帕佩尔内：《契诃夫怎样写作》，第318页。

扰，无论是民粹的还是相信启蒙进步的，都按照自己的轨迹行动或议论着。在契诃夫那里，“套中人”的叙事，无论是来自现实的，还是象征的故事（一如他的大多数戏剧作品所展示的那样），都展示了人的有限性。他提醒人们，“人生，看起来虽是广大无比的，但是人们仍然坐在他们的那五个戈比上面”。[①]这种现实的苦恼是任何对生活充满期待和怀有理想的人都需要克服的。《在故乡》（1897）中女主人公薇拉归乡之后看到乡村的落后、残酷和善恶行径的交杂，寻不出一个在此地永居的万全之策。最后她只好做出和当地同等境遇的女性一样的消极选择：找一个爱自己的人，去工厂里办教育、做其他事。

> 至于那种经常不满意自己和不满意别人的心情，那种每逢回顾过去就会看到像山一样立在面前的一长串重大错误，她索性认为都是她注定要过的真实生活，她不再希望更好的生活了。……要知道，更好的生活是没有的！美丽的大自然、幻想、音乐告诉我们的是一回事，现实生活告诉我们的却是另一回事。[②]

在1890年代，还乡以及由此形成的“套中人”般的生活主题，几乎成了契诃夫写作的重要方向。其中无论男性还是女性，都面临着这种有限性和苦恼的严峻考验。据契诃夫笔记的

① 契诃夫：《契诃夫手记》，第71页。

② 契诃夫：《在故乡》，《契诃夫小说全集》第10卷，第164页。

考察者帕佩尔内说，同样写于 1898 年的《约内奇》是计划中“套中人”系列的第四篇，后来因为篇幅和写作的走向问题单独列出。[①] 而且《套中人》原本不是系列中的第一篇，而是“三部曲”最后一篇。[②]《约内奇》也是在讲爱情如何消磨于生活，无法与庸常稳定的世俗关系匹敌，而崭新的个人在这之中最终也变得面目全非。不管怎样，除了形式方面的某些断裂，我们可以看出这些作品内在共通的调性。

创作“套中人”三部曲的同一年，契诃夫还有一篇小说《出诊》，一个医师在工厂主家看到一名忧心忡忡的少女丽莎，少女的问题并非来自生理的疾病，而是为必须继承剥削他人的工厂，无法改变这一命运而苦恼。总体来看，无论是“套中人”中的三个男性主角，还是《在故乡》《出诊》中的薇拉和丽莎，都属于陷入自身命运而无法脱身，处于犹疑、徘徊和痛苦状态的个人。就契诃夫的境遇而言，这似乎也暗示了他在梅里霍沃居住的沉闷、封闭的心境。很有可能，即便父亲没有在随后的时间里去世，契诃夫也会很快从梅里霍沃脱身。1899 年的小说《新别墅》《公差》表达了作者在对俄罗斯苦难的自觉良心（可以说是真正从行动上进入乡村的“乡村实践”）和与当地人的隔膜之间深深的矛盾，这也暗示着他的梅里霍沃时期面临着终结。

但这似乎并没有让契诃夫陷入彻底的绝望状态，而是为普

---

① 帕佩尔内:《契诃夫怎样写作》，第 324 页。

② 同上，第 311 页。

遍的生活提供了一种激进的反思力量。小说中，时而有契诃夫借助人物之口充满希冀的议论，这种议论来自于他对眼下暂时状态的清醒认识——有时他仿佛在确定自己所处时代的过渡性和中间性。沿着“套中人”的方向，我们甚至可以将其引申为一种象征：他那些发生在“庄园”的戏剧中的人物，何尝不是另一种意义上的“套中人”？

契诃夫曾在自传中说自己总是以一种科学的前提来书写，正是这样的远视，让并不相信神的他没有选择宗教性的超越，取而代之的是一些神秘而不可言说的、带有未来感的东西。他谈到希望，吸引他的，往往是五十年、几百年或“一千年以后”那些遥不可及的东西。这样的“远视”又回过来“反噬”眼下“套中的生活”。这提醒人们，一方面不要自大，另一方面，也不能随便打发和摆布眼前的每一刻。美国作家乔治·桑德斯这样评价契诃夫文学中这种激进的思想空间：

> ……小说中的抵抗是如此平静，但不乏倾向性，堪称植根于那种俄罗斯式的超激进信念：每个人都应得到关注，那贯穿宇宙的善恶之战，可以在任一个卑微个体身上发现，以其心灵变幻的方式。[①]

契诃夫似乎十分憎恶完整的自圆其说的世俗生活，他不断

---

① George Saunder, 2021, p.2.

地对它们发起质疑和鞭挞：生活必须是这样，你不得不忍耐，生活又不完全是这样，所以你必须不能甘于堕落、平庸，要努力地、勇敢地摆脱人性中的平庸和懒惰，要褪去人在漫长的历史中囤积出来的险恶、伪善，等等，尤其是那种自以为的幸福，它们不过是假象和泡影。正如桑德斯说的，契诃夫文学带有一种平等、民主色彩的激进性，他赋予所有人反思自己生活的权力。

如果说科幻小说作家有不可避免的“地球存在的幽闭症”，那么可以说契诃夫的“套中人”系列集中体现了他身上的“人类存在的幽闭症”。不可否认的是，契诃夫热爱土地和劳作，不止一次地谈到“每个人都在自己的那块小小的地上做了他所能做的事情”是怎样的美好，认为“一切哲学的意义正是在这儿：人把大地弄成可以居住的地方，他还要把它弄成住得舒服的地方”。[1]但他又有一种基于自然科学的某种道家品格，这意味着人的尊严虽然来自自身、自我探索，但“探索”还要涉及的一点是人的普遍苦恼，包括人相对宇宙、自然的有限性。“套中人”体现的是人不可避免的求安全、稳定、舒适的动物和文明本性，而面对广袤的俄罗斯、地球乃至宇宙洪荒，人能占据的却也只有三俄尺土地和一口棺材。这样一重矛盾，是一种动物性和人类社会形态发展共同促成的困顿与腐朽，一种静止的轰鸣。

① 高尔基:《安东·契诃夫》,《文学写照》，第114—115页。

然而，契诃夫还要问，这样就够了吗？他似乎是提醒，世俗的贪欲无论怎样放大都是渺小的，而贪欲的边界感也是需要追问的。至于怎样才是正确的生活呢？契诃夫没有答案，观察和直觉告诉他，他的提问是独特而正确的。契诃夫比谁都清醒地等待死亡的靴子砸到他的头顶，与此同时他也没有忘记通过不断地书写和行动来力证个体的尊严。正如他自己所说的，在人群中不必感到渺小，应该在大自然和美面前，在上帝面前感到渺小。尽管，上帝在他那里已经被一种不可知的基于科学和未来的广袤世界所取代。

第十二章　沉默的谢玛

我的座右铭：我什么也不需要。[1]

一

如此下来，契诃夫作品中的人物多有精神敏感的病态者，这些人对人性的褶皱或细枝末节十分敏感和眷恋，是“无能的好人”，他们应该被放在聚光灯下进行人性和社会的分析和解剖。契诃夫带给我们的挑战是，如何像《灯光》中描述的那样，从终点出发，面对不可避免的死亡，以及漫浩浩的时间长路中的平庸、无聊、烦闷，即便躺在五个戈比和三俄尺的土地上，还能保持昂扬的姿态，暴风雨般地生活。

契诃夫的悲观，准确地说，并不是人性的悲观，而是从一种超出人之外的世界来看待人的悲观，或者说悲悯。他赋予自己文学人物的品性都是纯洁、善良的，即便是胆小、怯懦、凶恶、懒惰、贪婪，也被他写得坦率而天然，甚至是可原谅的。因此，契诃夫的厌世并非来自对人性的绝望，反而可能是原本

① 契诃夫：《笔记本》，《契诃夫文集》第13卷，第535页。

欢欢喜喜地热爱人间，长久之后疲累了，以及深知死亡会终止这一切，因之陷入遗憾的情绪。在这样的认知下，契诃夫的文学不管是否来自对俄罗斯国民性的采撷，它都给我们一种启示或者涤荡无信仰的灵魂的机遇。契诃夫拒绝书写邪恶人性，在他那里，再邪恶的人都会过日常生活，都会生病，会死亡，这才是上帝或自然平等地赋予所有人的难题。与托尔斯泰和陀思妥耶夫斯基对人性和道德无休止的开掘相比，契诃夫在更自然的维度上看人类。他对肮脏、平庸、陈旧的东西有一种天然的排斥，这种肮脏体现了人的精神进化线索上的鄙陋。他大概有一种精神洁癖，无法容忍人的精神或者智慧的丑陋和堕落。就像他自己说的，人应当从心灵、智慧到外表都要美。

与这些人相对，在契诃夫的作品中还有许多天真的、富于钝感力的人物形象。他们或许来自宗教的传统，抑或是过去的文学典型，契诃夫将之化用在自己的写作中，并增添了纯真洁净的力量。在契诃夫那里，这类人物的天真、原始，和他笔下的动物、儿童有着某种共通性。我们可以从《城外一日》《男孩们》《卡希旦卡》《白额头》《带阁楼的房子》等作品中各种可爱的形象那里得到印证。契诃夫曾经应儿童文学编辑之约投递了两篇写小狗的小说《卡希旦卡》《白额头》。他还告诉编辑，真正的儿童文学并不必须是专门为儿童写的，应该从更普遍的写作中、真正的文学作品中提取才对。[①] 实际上，就俄罗斯的文学传统来说，从普希金、果戈理到契诃夫，这种极具童

① 《题解》，《契诃夫小说全集》第 9 卷，第 492 页。

话色彩的故事，正是俄罗斯文学特质的体现。（当然，所有故事色彩浓厚的远古神话、传说，常常都富于这样的品质。）

因此，除了腐烂的布满忧郁和死亡的麦穗及其生还的可能性，契诃夫吸引我的，还有他笔下人的纯真。这种纯真不是来自于人性的修炼，而是内嵌在自然、“上帝”那里的天然样貌。契诃夫将它在作品中幻化为各种年龄、各种身份、各种职业的人。契诃夫在作品中讲述纯真如何释放、体现，如何被毁灭，似乎都在唤醒人类内心深处一种不能被修饰和污染的事物，例如《芦笛》《幸福的人》《城外一日》《爱情和低音提琴》《枢密顾问官》等。那种沉浸在形容和夸张中、没有既定方向的讲故事方式，在契诃夫几千篇短篇小说中呈现为一种压倒性的趋势。这既是契诃夫心灵纯洁的体现，从中也可以看出他自由自在的才华。少女、儿童、小动物、傻乎乎的工匠、艺术家或农民等，这些奠定了契诃夫后续愁苦的表述氛围里某种衬托和基调，如果没有生命中这道明亮的色彩，那么契诃夫富于时代和生命痛感的写作也就不会成功。

与此相关，契诃夫笔下还有一类人，米尔斯基称之为“无人性的粗人”。在米尔斯基看来，这些人反而扮演着发人深省的“强者”角色：

> 在他的世界里，强者仅为无人性的粗人，他们外皮过厚，感觉不到生活中唯一重要的东西，即那些“细枝末节”。[①]

① 米尔斯基：《俄国文学史》下卷，第480页。

这些强者似乎游离于现代社会之外，是从过去走来的人，是不易被环境改变的人。他们中，有的是顺从自然，只吃燕麦就可以保持很好状态的人（《芦笛》）。当然，也有一些强悍地追随自己的生活方式和情感方式的人，例如《贼》《村妇》等。

1884年夏天，莫斯科大学医学院毕业的契诃夫接替一位出外度假的医生，成为一个县城医院的行政负责人，算是正式涉足医生职业，当地政府经常要求他外出验尸并作为鉴定人出庭作证。小说《死尸》就是依照这段经验写成的，它会让人想起安德烈耶夫或者阿尔志跋绥夫、爱伦坡那种不动声色地慢慢抵达人性边缘的冷漠书写，但细察之，又有不同。一老一小两个农民深夜执行在路边看守死尸的任务，一开始，空气安静，“刚刚生出唇髭，两道眉毛又浓又黑”的年轻农民因为害怕而有意转移注意力，用小刀将一个小木块慢慢削成汤匙，同时有些愤慨地教育矮小的留着山羊胡子的老农谢玛：“你大概有五十岁了，可是你的头脑还不及上一个小孩子”“要是主委屈你，不给你头脑，你就该自己磨练自己的头脑啊！”而后者只是沉默乖顺，对着篝火漠然发愣。突然，身边的树林有了响动，年轻人紧张害怕。而老人很淡定，分辨出那是猫头鹰在吃小鸟。不久，从远处来了一个到处朝拜修道院的修士，他同他们打了个招呼，突然发现死尸。年轻修士本以为自己因拥有信仰而强大，但这时却不敢前行了。于是，他失魂落魄地感叹起来：

我们的生活呀！不过，弟兄们，我，那个……我要

> 走了。……我心里发慌。我怕死人比怕什么都厉害，我的亲人。……是啊，真没想到！这个人活着的时候，谁也不注意他，可是临到他死了，就要烂掉，我们却在他面前发抖，就像见着一位大名鼎鼎的统帅或者主教似的。……我的生活呀！怎么，他是给人打死的？[1]

走也不是，不走也不是，因为害怕，最后修士给年轻的农民五个戈比，恳请他把他送到附近的村子。年轻人觉得这是个不错的差事，又可以逃避恐惧，就跟着修士走了，只留下谢玛一个人看守死尸。

> 小伙子站起来，跟穿圣衣的人一块儿走了。一分钟后，他们的脚步声和说话声都消失了。谢玛闭上眼睛，微微地打盹。篝火开始暗下去，一个又大又黑的阴影落在死尸身上。……[2]

契诃夫自陈，故事缘于他到“一个离沃斯克列先斯克十俄里远的地方去执行一次法医解剖尸体的任务……两个站在尸体旁边充当 custodia（看守）的农民……日夜看守着尸体，直到长官过来查验为止，这是农民的得不到报酬的责任”。[3] 上大学

---

① 契诃夫:《死尸》,《契诃夫小说全集》第 4 卷，第 29—30 页。

② 同上书，第 31 页。

③ 1884 年 6 月 27 日致列依金,《契诃夫文集》第 14 卷，第 66—67 页。

期间，他的解剖成绩和其他门功课相比并不是特别优秀。这次经验是契诃夫毕业之后作为法医完成的第一次真正意义上的解剖[①]。原本，这可能涉及一个残酷的谋杀案，但契诃夫规避了那种带有强烈悬疑色彩的叙事，从一个侧面渲染了暴虐或死亡的“气氛”。农民无偿看守死尸也并没有成为作者的社会批判，而仅仅描述了他们面对死亡的状态。

后来，契诃夫在信中告诉苏沃林：“我想，在解剖一具尸体时，即使是最执着的唯灵论者也必然会问自己：在这具尸体中，灵魂安在？”[②]在这部小说中，他很奇妙地将平凡人的恐惧、他的医学上的理性，以及对人类死亡的哲思融合在一起，使人从不同的角度看到由死亡之海泛起的思想的浮沫，带有极强的象征和诗意色彩。

尽管文中主要的对话由年轻的农民和穿着修士服到处朝圣的人完成，然而，神秘而沉默的谢玛的形象却很动人。两个颇具说教色彩的年轻人衬托了这样一个与万物亲密的老人。他在世俗生活中似乎是愚笨的，对大自然的运行却了如指掌：他热爱劳动，能分辨各种声音，并且对待生死似乎朴素而无动于衷。这种“漠然”，是源自对死亡的麻木，还是过分的清醒？似乎都不是。跟他们比起来，谢玛正是米尔斯基口中的“无人性的粗人”，是无视那些“细枝末节”的“强者”。这里的“细

---

① 亨利·特罗亚：《契诃夫传》，第52页。

② 1889年5月5日致苏沃林，《契诃夫文集》第14卷，第499页。

枝末节”应该是人类在世俗的日常生活中，在精神世界漫衍出的无用的思想或情绪。相反的是，“无人性的粗人”生活简单、天然，并且毫无怨怼。

不过，与“验尸官”主题相似，15 年后（1889 年），契诃夫还写了一篇《公差》，县医师和侦讯官去一个村子调查一起自杀事件。相比大学刚刚毕业时的契诃夫，这篇小说在写法上做了非常大的调整，小说重心似乎放在了侦讯官、县医师和乡村生活的隔膜上。侦讯官在乡村、别墅、县城、莫斯科等广阔的视野下，思索了他和乡村的苦境之间的关系，充满极强的现实主义色彩。而故事另一个重心似乎放在了死者，即保险公司代理人列斯尼茨基身上。他是因为在“厌倦生活，苦恼”的“神经症时代”而自杀的。而那个沉默、奔波、任劳任怨参与案件的谢玛式的老乡村警察伊里亚·洛沙津，似乎也和医生、侦讯官构成了强烈的对比，即朴素、迟钝、无言的“强者”和更文明社会中敏感、聪慧、脆弱的知识分子互相映衬。

二

契诃夫也许从农民身上看到了原始的生活方式带来的韧性。谢玛犹如一个天职的“守墓人”。如果以《死尸》为原型改编一部具有现代色彩、镜头缓慢的电影，它给人所带来的有关死亡的安慰作用，也许完全胜过那些将死亡拉进幸福结局的故事。

就像地面夹缝里的蚂蚁，它们集体搬运着大块头的食物，相互提携，它们经过同类的尸体也是“无动于衷”，继续匀速前进着。契诃夫的小说仿佛也在暗示，文明的演进使人类加重了对死亡的疑虑，同时也加重了死亡的内涵，因此也使死亡更令人恐惧。至少，我们在中国上古的《春秋》里，能够看到许多死得很任性或者很任性地让别人死的个体。继而，因为贪恋生而用生的方式打扮死，于是就有了死的仪式。这仪式中，除了安顿生死，当然还连带着有克服恐惧的成分。直到今天，死亡成为现代人生活的一环，被赋予了越来越沉重的不可言说的可怖乃至神秘。

在一封给苏沃林的信中，契诃夫说自己接纳过一个女病人，她从运燕麦的大车上摔了下来，受了重伤（“脑震荡、颈椎骨脱落、呕吐、剧痛等等”），一边呻吟着快要死了，一边还叮嘱送她来的庄稼汉别忘了先磨他自家的燕麦。契诃夫告诉她，不要惦记燕麦了，病情要紧。她却回答说，他家的燕麦长得多好啊。这个细节打动了契诃夫，他同苏沃林感叹说，对这样沉浸在忙碌和嫉妒中的人来说，死是容易的。[①] 契诃夫在谢玛和这样的农妇身上，应该还看到一种简洁、直接地面对存在的方式。如他自己所说，思考着死亡的生活是令人打不起精神来的，没意思的。谢玛式的农人恰恰相反，他们兀自投入地活着，直到坦然面对死亡的降临。契诃夫的言谈中，可能也隐含

---

① 1891年8月18日致苏沃林，《契诃夫文集》第15卷，第152页。

他对自己和同行们知识分子式的死亡态度——包括他深深敬重的托尔斯泰晚年的死亡追问——的不满。

比较有趣的是，1888 年，契诃夫在《纠纷》中通过医生与调解法官之间的对话，展开了对恶劣的人和环境的思考。调解法官说："我得告诉您，在当前这个时代，诚实而不灌酒的、您觉得可靠的工作人员，只在知识分子和农民当中才有，也就是说，只有在这两种极端当中才能找到。"[①] 而处于"中间的人"，很难是可靠的。虽然医生对此表示不明就里，但小说似乎暗示了在过渡时期人的状态的不稳定性，除了进化完成了的知识分子之外，有着悠久历史的农民阶层才是可靠的，他们坚定地遵循朴素、自然的伦理生活。他们品性淳朴、善良，有信仰以及契诃夫书信中提到的那种坦率、天真。契诃夫作品前前后后的确也塑造了不少这样"可靠"的农民形象。

三

看来，这些人都与自然和素朴的生活方式相关。在契诃夫对萨哈林的叙述中，从书信、日记到完整的游记，都常出现谢玛类的"强者"。这些默默无语的人身上充满奇特的顽强，令读者对谢玛式的坚韧和带着自然主义色彩的淡漠表示敬畏。

写于 1892 年的《在流放中》就是这样。《在流放中》讲

① 契诃夫:《纠纷》,《契诃夫小说全集》第 7 卷，第 255 页。

述了几个在环境恶劣之地以渡船为业的流放犯的故事。其中，“精明人”老谢苗与刚被流放的年轻鞑靼人形成鲜明的对比。年轻人因为难以忍受严酷环境，时常痛哭流涕，他一边呼告着自己无罪，一边怀念着家乡的妻子，期待着哪怕一天的重逢。而老谢苗则带着“反正到头来一场空”的口吻嘲讽道：

> “我什么也不要，什么人也不怕。照我瞧起来，谁也不及我阔绰，谁也不及我自由。他们把我从俄罗斯送到这儿来，我从头一天起就咬住了牙：我什么也不要！魔鬼拿我的老婆，拿我的亲人，拿自由来逗我，可是我对他说：‘我什么也不要！’”①

老谢苗被流放之后，彻底地抛弃了世俗生活中可能的幸福甚至它的“残渣”，虽然出身于神职人员，曾是穿着礼服的体面人，但来到这里之后，他抱定决心孑然一身。整整22年，他这样总结道：“日日夜夜。梭鱼和鳟鱼在水底下，我在水面上，谢天谢地，我别无他求了。请上帝保佑每个人都能过上这样的生活。”②故事的结尾，新来的年轻人依然在深夜号哭，而老谢苗无动于衷，认为他总有一天不再哭泣。

这个看起来在控诉非人的流放生活的故事，却写得极富诗意和象征色彩，仿佛揭示了一个令人悲哀的事实：人的一生就

① 契诃夫：《在流放中》，《契诃夫小说全集》第8卷，第342页。
② 同上，第341页。

是在不断地占有然后失去的过程。所以老谢苗说，与其如此，还不如什么也不要。契诃夫将这种残酷的命运上升到带有哲学意味的、对人生的普遍思索。

想必，这和契诃夫自己的人生体验也有着某种隐秘的关联。他 20 多岁就多次表达出对人生的厌倦，对世俗的日常生活缺乏耐性，就以书信、小说、笔记的方式表达死亡之剑如何垂悬在每个人头顶。一次次身边人的死亡也加重了他对生活和各种人际羁绊的迟疑，他不再想要占有乃至失去生活的热情，这或许多少来自这样的“失去”所带来的虚妄感：“反正到头来都是一场空。”因此，萨哈林的岛屿，犹如人生的岛屿，反复念叨的“我什么也不要！”犹如人生的哀歌，体现了对宗教（上帝）乃至人的存在宿命的反抗，带有强烈的现代意味。所以，托尔斯泰说契诃夫：“他不吓我们，然而很怕（骇）人。”[①]

四

老牌的文艺批评家乔治·斯坦纳提出，陀思妥耶夫斯基和托尔斯泰大大优于巴尔扎克或狄更斯等人的原因，是“关于上帝的问题占据了核心地位”。[②] 而契诃夫这位虔诚的东正教徒的儿子已不相信上帝的存在，作为接受了系统科学教育的医生，他大体笃信形神俱灭。其作品的永恒性也恰恰体现在这样一个

---

① 罗嘉契夫斯基：《契诃夫与新文艺》，《鲁迅译文全集》第 8 卷，第 335 页。

② 乔治·斯坦纳：《托尔斯泰与陀思妥耶夫斯基》，第 7 页。

现代主题上：上帝死了，我们如何坦然面对自身的有限性，尤其是注定的死亡（或一无所有）。当死亡的苦恼缠身时，这种虚无带来的恐惧和无力同样如影随形。于是，在契诃夫和他不相信的明朗的上帝之间，横亘着一条黑暗而虚无的河流。正如米尔斯基所说，契诃夫笔下清醒的人物都被动地接受这一切，而他作品中积极主动的人物都成了“反面”角色，都成了勇敢而蒙昧的谢玛。清醒者们在这样的河流或草原上迷茫地游荡或驰骋，对人类和自身的悲悯及忧愁始终伴随，就像《林妖》中描述的在森林的黑暗中漫游的迷茫的人类灵魂。他们无法执着于尘世的贪欲，也无法在上帝的怀抱里得到抚慰，因而变得软弱、被动、善良。而沉默的谢玛们，这些看起来似乎是“倒退”的人，和上述软弱的人相比，区别在于不过多思考，在于纯粹的本能和由生活的愿望驱使的自然行动。他们自给自足，与自然亲近，没有把自己看得很高，也没有把自己看得很低，他们没有开阔的衡量人的尺度，他们去除了与自己无关的知识，反而会成为现代人群的一种无言的参照。

与此相关的是，在契诃夫的“无人性的粗人”的谱系中，还有一些非常动人的形象。在20世纪之初，契诃夫也写出了一些看似暴露社会矛盾的小说。例如《在峡谷里》，山谷中一个在城镇化过程中的乡村里，开杂货铺的商人娶了一个普通农民的女儿丽巴。然而，好运并没有降临到这个天真纯洁的女孩身上，她经历了结婚、孩子被烫死、被驱逐的过程，又回到原初生活。但是这样一系列厄运之后，丽巴仍然能和母亲一起重新在工厂劳动、唱歌，仍然保持着对他人的善意和单纯。这种“迟钝感”仿佛也来自她作为农民的“无人性粗糙”。

故事中，在丽巴的痛苦达到极点（儿子死去）时，她在求医路上遇到一个老人，这个老人就像老谢苗一样讲述自己的一生来安慰丽巴：

> “不要紧，……”他又说一遍。“你的苦恼还算不得顶厉害的苦恼。人寿是长的，往后还会有好日子，有坏日子，什么事都会来的。俄罗斯母亲真大呀！”他说，往左右两边看了一看，“我走遍了俄罗斯，什么都见识过，你相信我的话吧，好孩子。将来会有好日子，也会有坏日子。早先，我走着到西伯利亚去，到过黑龙江，到过阿尔泰山，在西伯利亚住过，在那儿垦过地，后来想念俄罗斯母亲，就回到家乡来了。……眼下，我却还不想死，好孩子，我还想再活上二十年呢。这样说来，还是好日子多。我们的俄罗斯母亲真大哟！”他说，又瞧了瞧两边，还回头看了一眼。[①]

可以说，这篇被赞赏带有极强社会批判色彩的小说，最后还是摇摇晃晃地滑入了读者所熟悉的无边的悲悯或客观的淡漠之中。这似乎还体现了当时盛行的民粹思想，而实际上，它也许更附着了契诃夫对乡村的一种带有感伤色彩的眷恋。

---

① 契诃夫：《在峡谷中》，《契诃夫小说全集》第10卷，第387页。

自彼得大帝改革以来，在俄罗斯漫长的现代化进程之中，知识分子和文学家一直在探索这个进程中存在的社会矛盾，尤其是从乡村到城市的矛盾。在这之中，“多余人”表现为疲软无能又善良的存在典型。在契诃夫那里，也呈现了这种浓烈的焦虑。他一方面在《我的一生》《醋栗》《农民》之类作品中表现了对田园生活的眷恋，另一方面，他又在《三姊妹》《樱桃园》中上演着旧的时代已经远去，而新的社会尚未成熟的现代性的感伤。而俄罗斯从1880年代末期到1890年代的民粹思想，主张通过农业劳动自食其力，主张地权，托尔斯泰认为这样可以充分发展个性和改善灵魂，能够实现对资本主义剥削文明入侵的抵抗。契诃夫的《我的一生》就反映了1890年代中期为呼应上述思想运动而产生的俄国知识分子务农的聚集区。不过，相比较这种乌托邦式的美化，契诃夫的书写更为冷静、客观。

> 与民粹派作家的乡村书写相比，契诃夫更加客观。他秉持着一贯的风格：不丑化也不美化，不激动也不干瘪，以平静的语调讲述着俄国农民的生存真相。[①]

正是这种客观的风格，使得他作品中的人物真实而生动。无论是批判还是赞赏，老谢苗们都岿然不动地作为契诃夫文学世界中的一类角色，呈现真实而剧烈的“生存真相”。他们与

① 孔朝晖:《火车上的安娜：19—20世纪俄罗斯文学城乡叙事的现代性》，第190页。

民粹相对，也更多地与软弱的善良人相对。

不过，从塔甘罗格搬到莫斯科，再从莫斯科搬到郊外庄园，到雅尔塔，中间常常居无定所的契诃夫，显然是对现代化的都市生活充满了疏离精神的。虽然他着力批判“装在套子里的人”，但谁都可以看出来，契诃夫也像《醋栗》中的尼古拉·伊凡内奇一样有着不断买田置地的庄园梦。可以猜想，他在梅里霍沃种下了多少花朵和农作物；半夜爬起来尝着自己亲手种出来的醋栗的人，有可能就是他自己。但契诃夫伟大的地方在于，作为艺术家，他的世界太广阔了。他作品中的人物及其存在方式往往等量齐观、互相矛盾，但都是生动而鲜活的。因此，在契诃夫所构建的这种整全的世界里，民粹主义或其他什么思想派别自然可以从他那里找到自己想要的部分，正如他所说，读者可以往他那里加进去“主观的成分”。①

五

无论是老谢苗、谢玛，还是作品中那些粗糙的无名之辈，从他们身上都能看到朴素、坚韧、超然的生存方式。正如米尔斯基所说，他们和他笔下善良、软弱、被动接受一切又哼哼唧唧的“多余人”形成鲜明的对比。与前者相比，后者自然会成

① 1890 年 4 月 1 日契诃夫致苏沃林：“我写作的时候，总是充分信赖读者，认为小说里所欠缺的主观成分，读者是自会加进去的。”《契诃夫文集》第 15 卷，第 35 页。

为缺乏行动力和无法直面现实的被批判对象。当然，在这些遭遇各种各样不幸的形形色色的人物身上，又有一种继承自果戈理和列斯科夫的俄罗斯民族天真、憨厚的影子。契诃夫对他们的书写，如同童话一般，这些个体的自足自觉，使得他们在承担痛苦的时候表现出极大的应对能量。如果说契诃夫文学大体是知识分子式的，能够唤起知识分子的共鸣、自怜和疗愈；那么，另一类粗糙的“强者”，则在契诃夫文学内部完成了对知识分子们强有力的批判。而与后者相比，前者所带来的感伤和诗意，除了上升为带有象征意味的人生哲学，以后来许多马克思主义者的视角来看，还应该以一种坚实的改变现实的勇气来面对。不过，寻找出路不是契诃夫感兴趣的，或者说，不是他作为文学家要完成的任务。契诃夫的任务始终在于客观、平静地呈现，用他自己的话说，正确地提出问题：提出知识者的问题，也提出“无人性的粗人”的问题。

当然，无论是稳定的纯真、可爱，还是“无人性的粗人”，这些都不仅仅来自契诃夫对俄罗斯现代生活的观察。这些人物从俄罗斯旧式的生活中来，甚至从一种叙述传统中来，也从至高的宗教情怀中走来。它们成为契诃夫珍视的文学典型，并且以一种无论环境如何变化都岿然不动的姿态呈现。尽管面临纷涌而来的现代生活潮流的冲击，它们的意义也不再是它们本身，而在客观上或间接上，对其所处的复杂环境具有了一种神奇的批判力量：看似在进步人类要将自身带向何方？

白银时代作家扎伊采夫认为，契诃夫身上有两种方向，一种是相信科学、客观的进步的世界，另一种是和他自身经验（贫穷、疾病）相关的忧郁的世界。这种矛盾常常在他的作品中体现出来。[①]而实际上，我们在契诃夫塑造的那些沉默中和自然紧紧贴近的农民或劳动者身上看不到这种矛盾。可以肯定的是，最朴素的身体劳动和人与自然的和谐仍然能够带给他震撼和感动。而这种强大的原始朴素的力量，给文明中的人的启示，则是一种更加艰苦卓绝的精神修炼。格罗莫夫这样说：

> 从不间断的精神努力——这是契诃夫全部生平的内在含意。这种努力在战胜自己方面获得越来越多的勇气和自由，他执拗地单枪匹马地不仅对抗环境的影响，而且似乎也对抗自然的法则："我本身甚至连失明和死亡都不害怕。"[②]

也许契诃夫在这些沉默的谢玛身上也看到了这样一种能量，包括老谢苗这种"什么也不要"的僧侣般深沉的情绪。只不过，它们在文学中是经过象征化思考之后才能提取的一种深邃精神。

---

① 扎伊采夫：《契诃夫传》，第12页。

② 格罗莫夫：《契诃夫传》，第300页。

第十三章　人间才能

应当头脑清楚，道德纯洁，周身干净。[①]

除了完整的创作，契诃夫还留给人们许多“未完成”的札记、片断和笔记，这些日常生活的速写，一个小故事、一个人、一段经历、一小节外貌、一则对话，都像疯长的野草，还未来得及长出完整的花果。用帕佩尔内的话说，是一个有待“发展”的“茫茫不定的‘原始形象’的世界”。[②]最后一年，契诃夫还将这五百页未能使用的素材拿给朋友看，说足够他用上五年左右。[③]参照他完整的作品，它们是那样的熟悉，那样的布满可能性，完全可以以一种戏仿的方式被今天的创作者接力完成，打上当代生活的烙印。

当然，从这些较长的笔记和碎片，也能看出契诃夫努力建构新世界的愿望。例如收录在《小说全集》中的契诃夫人生最后阶段（1902—1903 年）两个小说片段《补偿的障碍》《一封

---

① 契诃夫:《笔记本》,《契诃夫文集》第 13 卷，第 467 页。

② 帕佩尔内:《契诃夫怎样创作》，第 350 页。

③ 格罗莫夫:《契诃夫传》，第 526 页。

信》，从中可以看出作者作为病人的絮絮叨叨（主人公也都是病人），这种脆弱感和无力感，显然不是来自于作者的才华殆尽（这从后面创作的《新娘》可以看得出），而是肉体的衰竭。因此，这样失败的作品不但没有让人感受到契诃夫的缺陷或者不足，反而更加映衬出他那些珠玉一般浑然天成的大多数作品并非一蹴而就、信手拈来。也就是说，契诃夫今天展示给我们的，是他尊重自己的才华甚至命运，通过千辛万苦、殚精竭虑充分实现的。不管怎样，假设契诃夫的生命延长，他会有更多的可能性展示在我们面前。

在 19 世纪俄罗斯的文学中，如果说普希金的文学像悬崖，果戈理的文学像古井，托尔斯泰像大海，陀思妥耶夫斯基是泥石流，屠格涅夫的文学像是森林，列斯科夫像是山间流淌的古老泉水……那么，契诃夫就像湖泊一样，沉静、清澈。这些湖泊或大河流经山脉，它可以照到天空、四野，自然四时的变化也成为它的倒影。它是天时地利迸发出来的才能的集中显现，反映着作家的精神世界。

这是俄罗斯文学也是人类精神的永恒荣耀。但回头望过去，不是所有的才能显现都是彻底的，它们都曾经蕴含在可能性之中，就像那些没能开出的花朵、没能出生的孩子。即便同步观察契诃夫短暂而扎实的文学生涯，其才华的一步步迸发，也是令人感到惊心动魄和庆幸的。契诃夫是被发现的天才。如前所述，前辈作家格利果罗维奇告知他要珍视自己的才华，那封著名的信，成为契诃夫迈向新的创作阶段的契机。他在回信中感激而诚恳地说：

> 这封信高于任何奖状，对于新作家来说无异于一种对现在和将来的酬劳。我好比笼罩在迷雾中。我没有力量判断我自己是否配得上这种崇高的奖赏。我只能再说一遍，这种奖赏震动了我。①

这时候，契诃夫那些“大手笔”的作品还未面世，这仿佛才是真正迷人的时刻，充满了神秘未知的、令人提心吊胆的时刻。契诃夫从此得到更多的约稿，也更加严肃认真地对待写作，而不仅仅将写作当作一件能够糊口同时又带来创造趣味与快乐的自娱娱人的“兼职”。

而在契诃夫的小说中有不少是谈论庸俗生活的可怕，媚俗的可悲。这种媚俗中，有一类是“媚雅”，它表现为渴望成为艺术从业者的女人和男人们，逐渐消泯在日常生活中而无所成就。当然，还有真正平平无奇却热爱艺术的失败者，他们当中包括女演员、老年配角、不成功的作家，如《约内奇》《天鹅之歌》《海鸥》等作品表现的那样。《海鸥》中的特里波列夫和妮娜就是这样的典型。他们可能比人们熟知的艺术家（作家特里果林、女演员阿尔卡基娜）更为纯粹和充满潜在的创造力，然而因为处于成长之中，因为外在环境等，最后没能充分发挥

① 1886 年 3 月 28 日致德·瓦·格利果罗维奇，《契诃夫文集》第 14 卷，第 119 页。

创造力，或者孤寂而死，或者混同在为生活所累的人群中。尽管“海鸥”这一象征笼罩在这部剧作中的所有人身上，即便成功者也可能被牺牲掉正常、健康的人性和生活，但契诃夫似乎在通过文学探讨何为真正的艺术，何为世俗上的成功。两者相关，似乎又不完全相同。不管怎样，它暗示的是，在一个作家成为有广泛读者的作家之前，一个演员成为被公认的伟大演员之前，才能的潜流方向是不确定的。它意味着，富有这种才能、“非如此不可”的人，命运是否注定被毁灭，正如《海鸥》中的特里波列夫和妮娜那样。如果读者愿意，完全能够在特里果林和特里波列夫这两个相对的人物身上，看到契诃夫人生发展的两种可能性：如果说成功、世故而无奈的特里果林有36岁的成功作家契诃夫的影子，那么，特里波列夫就是契诃夫所珍视的另一个自己，他不被人认可，更富有才华和可能性，却被迫选择死去。

在契诃夫早年的书信中，不少篇幅是他写给家人的，以今天的眼光看，颇具老成或说教意味。这一方面显示着少年契诃夫为文学过早的自律；另一方面，这也显示着他作为一个平民（甚至贫民）后代忠实于写作事业的自尊。后来，这些信件常常被认为指向一个方向，那就是希望他的哥哥们都能“摆脱琐事的泥潭，跳出方便、舒适和温暖的平庸生活这个沼泽”。[①]作为家中的第三个男孩，契诃夫始终显示出成熟、得体并渴望

① 格罗莫夫:《契诃夫传》，第304页。

得到认可的一面。他直率地批评大哥亚历山大无法坦然、独立地面对和承担与其他女人的同居生活，同时，又为二哥尼古拉的懦弱和不能释放自己的才华而感到深深地遗憾。这些在外人看来毫不客气的信件，夹带着爱和批评，集中蕴藏着他对两位兄长未能充分施展天赋与才能的焦虑。而且，契诃夫深知仅凭“道德”是无力代替“技巧”或“才能”的。他说：“如果文学工作的质量仅仅完全取决于作者的善良意志，那么，请您相信我的话，我们就会用十位数和百位数来计算好作家了。”① 因而，他是一个主张艺术才能、技巧本位的作家，带有他所认为的既不夸大也不藐视文学功用的职业操守，虽然在他看来，道德上的自律也是一个作家“成功”的必要条件。

1886 年 3 月，契诃夫给尚在人世的二哥尼古拉写了一封有关“才能”的信。他首先肯定他的优点：善良、宽宏大量、独立、朴素、信任，还有别人没有的“才能”。他说，因为这个“才能”，“即使你是癞蛤蟆和毒蜘蛛，人家也会尊重你”。(可见那个时代对艺术才能的尊重。) 尼古拉未能像他一样成功或者充分发挥自己的创造力，契诃夫认为那是因为他缺少“教养”并且善良到懦弱。不同于惯常我们所说的家庭教育或基本道德品质，这里的“教养”，是一种进入“共同体”的综合能力。他说：“才能把你带到知识界里来，你是属于这一界的，然

① 1893 年 2 月 11 日致约·伊·奥斯特洛夫斯基，《契诃夫文集》第 15 卷，第 286 页。

而，……你一心想脱离它。”因此，契诃夫这样总结“教养”的内涵：

一、尊重人的个性，因此永远宽厚、温和、殷勤、肯让步……

二、他们不仅仅怜悯乞丐和猫。他们甚至为普通的眼睛里看不到的事情而心里难过。

三、他们尊重别人的财产，所以有债必还。

四、他们胸怀坦白，怕虚伪如同怕火一样。

五、他们不糟蹋自己来达到博得别人同情的目的。

六、他们不好虚荣。……克雷洛夫都说过：空桶比满桶响……

七、如果他们有才能，他们就尊重它。他们为它牺牲安乐、女人、酒、浮华……

八、他们有美学的修养。[1]

这八条看起来没什么严密逻辑的“教养”，某种情况下是契诃夫总结的道德和生活层面的经验，似乎又是指摘哥哥尼古拉身上可能出现的阻碍“才能”发展的缺陷。可见，即便如契诃夫这样的天才，也是通过多方面的“教养”获得真正的回馈。

---

① 1886年3月致尼古拉，《契诃夫文集》第14卷，第122—127页。

而且，贫穷和养家的使命一直催逼着他。他为兄弟找工作，为家人的疾病操心。通常情况下，他看起来是一个积极入世的人，与人群保持着友好关系。尤其是，他对大编辑苏沃林有着父兄般的敬意，甚而时常有一丝迎合或谄媚色彩。面对公众的时候，他知道报刊和编辑们想要什么，以至于后来他准备认真写《草原》时说，不知道为什么养成了一种习惯：自己想写的东西，都没舍得写出来。他还在同辈作家当中找到了参照对象柯罗连科。27岁时，他说，再过十年到二十年，他们会渐渐趋向一致。因为，他在写作上可以更加纯粹，像柯罗连科那样“严肃、坚定、忠诚”地尊重自己的才华，而非仅仅为了谋生而匆忙地进行“最轻浮而不严肃”的写作。[①]他最早的一部小说集《形形色色的故事》之所以坚决用笔名发表，也是因为包裹着这部小说集的“才能”的，还有编辑、审查官的蹂躏，家庭经济的迫切需要等。然而，尽管时常对世俗生活和人们的虚伪、平庸等感到厌倦烦闷，契诃夫仍然毫不回避地为写作事业持续努力，换句话说，他的才能发挥始终是有条件的，他的文学创作也始终是戴着镣铐跳舞。1899年，在认识了创作上的后辈高尔基并发现其创作才华后，契诃夫好几次写信建议他离开相对偏远的尼士尼城，放弃和大自然搏斗，往彼得堡或莫斯科去，进入文学的共同体，从而保持一个文学家的状态，“去和文学家吵嘴，不要承认他们，可以轻视他们，但得和他们一

① 1887年10月17日致符·加·柯罗连科，《契诃夫文集》第14卷，第229页。

起生活”。[①] 从这些都可以看出契诃夫清醒认识到从事文学所须具备的现实条件或教养。事实也证明，在契诃夫的鼓励和扶持下，高尔基开始创作更多的小说甚至戏剧作品，逐渐为当时的俄罗斯文坛所认可和欢迎。

在契诃夫那里，保持教养是他在人群中维护尊严的方式，它们也共同地培育着他的才华。如果尼古拉没有害病，能够珍视自己的才华，并且像契诃夫说的那样“有教养”，很难说他不会成为列维坦之外的另一个伟大的画家。不幸的是，1889年，尼古拉因为酗酒和不良的生活习惯加速了肺结核的恶化，最终致死。这对契诃夫来说是一个沉重的打击。他写信说：“他是个有才能的画家，已经出名，而且大有前途。他的死是我一生中的憾事。”[②]

在那张拍摄于1874年的著名的“全家福”之中，少年时期的契诃夫比哥哥尼古拉要高出许多，身姿和神情中透出一丝优雅。契诃夫和大哥亚历山大用右手抚摸着纽扣，尼古拉右手的手肘却随意地搭在弟弟契诃夫的肩膀上。这似乎显示了他少年时便有一股不羁的气息。虽然是哥哥，但他比契诃夫矮小许多，也许，这种体魄上的差异征候了尼古拉未来的病弱。当才华栖居在脆弱和封闭中时，它便注定丧失更多成长的机会。

---

① 契诃夫致高尔基，《契诃夫高尔基通信集》，第48页。

② 1893年2月11日致约·伊·奥斯特洛夫斯基，《契诃夫文集》第15卷，第287页。

尼古拉生前，也像是契诃夫的影子一般。两个人曾经一起探讨艺术，为各自的创作提供帮助（契诃夫很多署名“契洪特”的短篇小说都是尼古拉为其画插图），他们有共同的好友，甚至喜欢同一个女孩。在契诃夫家的墙上，挂着一幅未完成的画，是尼古拉创作的劳动时入睡的女裁缝。契诃夫还就此给哥哥亚历山大写了一封不无教训口吻的信，惋惜他这种浪费才华的行为。[①]叶尔米洛夫说，尼古拉去世对契诃夫来说是“向青春时代最后的诀别”，“失去了一个亲近的灵魂，一个在精神品质里有许多可亲之处的灵魂，——是失去了一个具有纯真的诗情、具有纯朴未凿的艺术气质、具有浑然未觉的天赋才能，像少年般无忧无虑、像孩子般轻信天真的灵魂”。[②]

在《契诃夫传》中，梅菲尔德记录了不少有关尼古拉的故事，更加力证了契诃夫对他的批评。尼古拉生前躲避兵役，酗酒，私生活混乱，到处借债，和朋友、同事不信守诺言等，也就是说，尽管他才华横溢，却未能像契诃夫说的那样，保持良好的“教养”。最后终于病入膏肓，在家人的陪伴（家人们也对他的病情渐渐感到麻木和冷漠）中离开了人世。[③]

---

① “尼科尔卡游手好闲（这你知道得很清楚）；一个俄罗斯的、强有力的、优秀的天才正在毁灭，白白地毁灭……再过一两年，我们这位艺术家的歌就要唱完了。他会消失在啤酒馆的人群、下等的亚龙之流以及其他的废物之中。你看一看他现在的工作吧……他在干什么？他干的全是些庸俗的、没有价值的工作……可是另一方面，客厅里却放着一幅开了头的、优秀的画。”1883 年 2 月 20 日致亚历山大，《契诃夫文集》第 14 卷，第 19 页。

② 叶尔米洛夫：《契诃夫传》，245 页。

③ 唐纳德·雷菲尔德：《契诃夫传》，2023 年。

有趣的是，1886年4月，就在契诃夫跟哥哥尼古拉写信谈教养如何为才华添翼时，他发表了一篇小说《复活节之夜》。这是契诃夫少有的整体性极强的具有宗教气息的作品，似乎在向列斯科夫的文学典型致敬，但它更倾向于凭吊一个富于“不同寻常的才能”的普通修士。巧合的是，小说中这名修士也叫尼古拉。渡船的修士叶罗尼木对“我”讲述了他的密友修士尼古拉写赞美歌的特别天赋，以及他们之间温柔的爱与友谊。

> 这个可爱而又富于诗情的人常常深夜出外呼唤叶罗尼木，用花卉、星斗、阳光点缀他的赞美歌，不为人所理解，孤孤单单，为此我把他想象成一个腼腆而苍白的人，五官清秀，神情温和、忧郁。他眼睛里除了露出智慧以外，必定还闪着爱抚的光芒，以及一种难以抑制的和稚气的痴迷。这是叶罗尼木为我朗诵赞美歌诗句的时候我从他声调里听出来的。[①]

这篇从头到尾布满宗教氛围的小说看似离奇，但也有着契诃夫经验和情感上的深层原因。虽然教育和经历让他并不笃信宗教，但他和家人仍然保持着家庭合唱的习惯，这些歌曲多是“祭祷歌、短歌、颂歌和复活节的赞美歌”。[②] 这就让宗教气息

① 契诃夫:《复活节之夜》,《契诃夫小说全集》第5卷，第13—14页。

② 伊·尼·波塔片科:《和契诃夫交往的几年》,《同时代人回忆契诃夫》，第292页。

成为他感到温馨柔和的气氛和情调。而这个在“我”的想象中“孤单”“腼腆”“清秀”“温和”“忧郁”“智慧”“稚气”的人，不免让人想起契诃夫的二哥尼古拉。（虽然写完这篇小说两年后，契诃夫才跟他做最后的告别。）这篇小说仿佛是某种“安魂曲”式的预言：一个有着特别的才华但无人欣赏的孤独死去的人，只有一位亲如手足的朋友懂得。在艺术和血缘双重的亲密关系上，我们不妨矫情地说：契诃夫是未死的尼古拉，他代替哥哥完成了艺术使命，完成了远赴重洋探险的愿望；尼古拉是死去的契诃夫，他代替弟弟终结了对生活的苦闷和厌倦，以及对不治之病的长久忍耐。

如果说尼古拉是契诃夫在家庭里最大的“影子”，那么他的父母、其他兄弟和妹妹则不同程度地弥散着这样的才华。叶尔米洛夫曾经这样描写契诃夫家族的这种“才能”。他说，契诃夫的祖父用这种“才能”成就了古怪的脾气，而他的父亲则用来转化为宗教及其“周边”，例如唱诗和演奏小提琴。到了契诃夫，这种能力才有机会发挥在艺术创造上。而且“这三代人身上都具有一种和艺术禀赋有关的显著特点，那就是耽于幻象”。[1]（的确，契诃夫无数次在小说中以不同的人物表达过艺术幻想和现实生活之间的分裂带给人的痛苦。）如上所述，尼古拉是一个遗憾。大哥亚历山大虽然也有写作的天分，但他有酗酒和懒惰乃至处理不好情感婚姻问题的毛病。小弟弟米哈伊尔也写剧本

---

① 叶尔米洛夫：《契诃夫传》，第 4 页。

和短篇小说，但大体和另外一个弟弟万尼亚一样，过着比较平常而幸福的世俗生活。妹妹玛丽雅跟着哥哥和列维坦学过绘画，爱好音乐和戏剧，但她的“才能”毕竟平常到能够持续地为哥哥的艺术事业做“经纪人”而不感到彻底厌倦的地步。

在所有的家庭成员中，玛丽雅是契诃夫信赖的对象。据说，兄妹俩的房间紧挨着，“只隔着一层薄薄的板壁，哥哥常常在夜间敲敲板壁，把他无意间想到的题材，有时候是已经想好的故事讲给她听”。[①] 她给契诃夫的书信中，主要谈的是庄园改造、契诃夫的文学事务以及人际往来、家庭琐事等，呈现了那种对琐细之事的冷静与耐心。信中她对自然风景和对人的描述，从文学角度看乏善可陈，她对社会事件（例如托尔斯泰被开除教籍之后的社会游行事件）亦表现出惊讶和不解的口吻。而在契诃夫给她的信中，则常常表现出对琐事的烦躁，甚至在回信中忘记给她有关他文学事务的“请示”做出回应。最后他为了避免麻烦，为了避免和出版商打交道，甚至不惜被盘剥而“擅自”把自己全部版权卖给一个公司。[②] 小说《众人中的一个》（1887）正表现出一个沉沦于日常琐事和人际交往而几近崩溃的男人。对于妹妹为了表示身份独立（不依附于哥哥的文学事业）常年从事的教师工作，契诃夫在小说《在大车上》（1897）中，仿佛也表现出对这样一个常年从事繁重重复的教育工作的

① 符·加·柯罗连科：《安东·巴甫洛维奇·契诃夫》，《同时代人回忆契诃夫》，第 84 页。

② 玛·契诃娃：《给契诃夫的信》，1963 年。

女人青春和创造力不断被消磨的无限怜惜。而这些作品中看起来无用而厌倦的情绪，在妹妹的书信中是没有的。也许正因为这样，两兄妹才能达到近乎完美的“配合”，最大程度上成就了契诃夫的才能。正如契诃夫所说，妹妹是一个“能干”的人。他曾在另一个场合这样总结文学创作中的“能干”：“能干的人就是无独创性的，实质上是无天才的人，因为能干就等于善于适应并‘生活得轻松’，而天才要经受痛苦，要探讨如何表现自己。”[①] 总之，这就是上帝或自然播撒在契诃夫之家的艺术才华的运化图景。它们集中呈现在了不辱使命的契诃夫一人身上。

不过，面对千千万万才华流播与运化的有限性和偶然性，这世界上还有多少人，在没有真正绽放异彩之前，因为各种境遇和时代不幸，因为“教养”不足而彷徨犹疑、不堪重负、一蹶不振，甚至因疾病和痛苦（包括自杀）而过早离开人间，沦为一个又一个无名的尼古拉呢！

---

① 蒲宁回忆契诃夫，见格罗莫夫：《契诃夫传》，第 74 页。

第三部分

过渡时代

“简而言之，应当暴风雨般地生活，
不准怯懦。”

第十四章　契诃夫与鲁迅

淡漠的人要么就是哲学家，
要么就是浅薄的、利己主义的人。[①]

契诃夫比鲁迅（1881—1936）大21岁，但总让人感觉鲁迅比他大一些。这大概跟二人在人世的寿命有关：契诃夫44岁离开人世，生命停留在我们今天所认为的青年时期；而鲁迅56岁生命终结。倘与鲁迅生活在同一个时代，也许契诃夫对中国的认识不会那么有局限（因为遥远、不熟悉和误解，他经常表现出对中国人生活和性格的怪异猜想），他应该也是钦敬鲁迅的，尽管他个人不愿意带着自己的文学走进时代最前沿，走进全然的道德和政治的圈套，但是他会佩服鲁迅这样的人，就像他大体佩服托尔斯泰和高尔基那样。他会觉得阿Q写得很好，也会觉得《故事新编》很有趣，好像让他看到了果戈理所描写的昏暗世界里滑稽、可爱的人。鲁迅则会对他回馈以同样的礼貌、坦诚和欣赏。相比契诃夫对鲁迅，鲁迅更熟悉他，鲁

---

① 1889年5月8日致亚·巴·契诃夫，《契诃夫文集》第14卷，第501页。

迅翻译过他的作品，他们同为医生，同样经历着国家的动荡。他们都处在“过渡期”，都是现代具有开创意义的艺术家，虽然鲁迅在生前被认为是“中国的高尔基”，但很显然，灵魂上，他或许和契诃夫更亲近。

在日本留学时，鲁迅就和弟弟周作人翻译过契诃夫的两篇小说《在花园里》《在激流中》，他还试图译过《决斗》。(《域外小说集》第1卷俄罗斯文学占多数，契诃夫和阴暗的安德烈耶夫各占两篇。）在20世纪30年代“左翼”文化时期，契诃夫是继高尔基之后鲁迅翻译最多的俄语作家。中国现代史上偏重翻译和介绍契诃夫戏剧，相比之下鲁迅似乎更关注他的小说。契诃夫逝世二十五周年（1929）时，鲁迅还翻译了苏联文艺家罗嘉契夫斯基的文章《契诃夫与新文艺》，称它“平允”，因为作者认为契诃夫是一位“自由的文艺家”。后来，他陆陆续续从德文翻译了契诃夫以“契洪特”为笔名写作的早期小说集《坏孩子和别的奇闻》。这些“奇闻”暴露了当时俄罗斯不同人群内在的畸形。但在中译本出版前记中，鲁迅说翻译这部作品是为了插画而不是为了文学作品。翻看鲁迅藏书，涉及契诃夫的有德语集子《海鸥》《决斗》、日语版的契诃夫全集等。他曾在短篇集译后感叹：“倘再有《草原》和《谷间》(汝龙译本《在峡谷里》)，就更好了，然而，都太长，只得作罢。”(《奔流》编校后记）或许是那些短篇更适合暴露当时社会的弊病，并且毫无颓唐的气息，加上鲁迅自己精力有限，总之，他放弃了翻译那些可能距离他的心灵更近的作品。我们由此可以设想，如果鲁迅像译出法捷耶夫《毁灭》那样翻译出《草原》《决斗》《第六病室》《三姊妹》等，该是一件怎样令人振奋的事情！

总之，鲁迅和契诃夫事实上的一点交集便是如此，但从《域外小说集》到《坏孩子和别的奇闻》，鲁迅对契诃夫持续了数十年的热情，似乎并不亚于对契诃夫同样热爱的前辈作家果戈理。

二

二人的文学都体现出作者极强的观察力和描摹的精确度。这种客观、冷静的观察和描摹力，相当一部分应来自他们早期的自然科学修养。而且，他们对于思想倾向的兴趣，常常要让位于观察和描摹事物的客观性的要求。这种科学与艺术的平衡共同开拓了他们创作的广度和复杂性。

每当与友人谈到写作，契诃夫都反复强调："无论人家怎么说，反正只有艺术才是永恒的！"[①] 他主张艺术的尊严，反对它暗搓搓被单一的道德、政治或者什么派别、思想取代。显然，契诃夫的这种"冷漠"要超过鲁迅。他没有那么强的自始至终的自觉的道德负担。或者说，他没有鲁迅那样强硬与乐观。如果说鲁迅是儒家，那么契诃夫有点像是道家。契诃夫对人世保

① 亚·谢·拉扎烈夫-格鲁津斯基：《安·巴·契诃夫》，《同时代人回忆契诃夫》，第111页。

持着均匀的“冷漠”的态度。他在自我介绍时不无骄傲地说：“我由于熟悉自然科学，熟悉科学方法而变得始终存有戒心，凡是可能的地方我总是极力按照科学根据考虑事情，凡是不可能的地方我就宁可一点也不写。”他说：“我不怀疑医学工作对我的文学活动有着重大的影响；它大大地开阔了我的视野，丰富了我的知识，这种知识的真正价值只有作家本人兼做医生的人才能领会。”他说：“我不属于那种用否定的态度对待科学的小说作家，我也不愿意属于那种凭自己的聪明推断一切的作家。”① 所以他诉诸自然的需求要胜过鲁迅，在他的很多作品中，人类的表层存在常常要让位于内心的自由意识，让位于自然的辽阔和神秘，他的那些看起来无所逃于天地间的精神探索，最终常常会在大自然中获得同呼吸的慰藉或解放。

基于二人的科学修养，他们在文学书写时都关注人的肉身感觉，包括对疾病、衰老、精神疾病的书写，作为写作者，他们能够表露出对人物的淡漠、精确，同时在文学表象上又做到无懈可击：年华逝去的衰老和道德信条、理想之间的矛盾；抑郁狂或热病患者敏感于时代问题的能力；等等。

不过，鲁迅很少不在风景中渗透进自己有关人世社会的思索，自然从来不是他的终点，哪怕是写景最频繁的《野草》中，也弥漫着与主体灵魂相纠缠的痛楚。我们无法想象鲁迅像写作《草原》一样纯粹地沉浸于自然风物，或者，无法想象鲁

① 1899年10月11日致格·伊·罗索里莫，个人小传部分，《契诃夫文集》第16卷，第222—223页。

迅脱离中国的社会现实，以游荡的姿态进入更广袤的大自然旅行。而他对自然的热情，则集中体现在他另一种带有科学色彩的工作中，例如辑校《南方草木状》《岭表录异》等博物学书籍。鲁迅尤其热爱植物，他的小说中甚至有许多以植物譬喻动物与人的描写，但这些也不是为了弥散具有超越性的诗意，而是和故事中人物的心绪、存在同呼吸。就像契诃夫仍然通过行医来抗拒文学的“无用”和“虚无”，鲁迅一方面加重了特殊时代的文学本不该承担的沉重责任，另一方面，他用学术和翻译作为代替，在文学之外做扎实而缜密的苦工。

不过，契诃夫对人类生物视角的观察更为宽大，这让他能够克服某种来自把人的存在当作中心的厌恶，从而把人写得更为生机四伏，多姿多彩。鲁迅虽然也有这种能力，但时代赋予他（他也自觉肩负着）的强烈道德责任感（由此，无法克服的厌恶多少消解了生物性的书写），似乎让他对人的书写有了某种类型化的局限。生于19世纪后半叶科学勃兴时期的契诃夫，尽管已经成为艺术上的成就者，但在艺术与科学之间，他显然更青睐后者（或者说他把文学纳入科学之中）。对鲁迅来说，道德责任胜过科学救国，而文学成为这种道德责任的武器，具体指向就是鞭笞国民性。尽管，这也间接带来了这个时代科学的革新。

二

由于艰难的成长环境，从“教养”上来说，两位作家都过早表现出强烈的道德感和生活中严格的自律。他们在儿童时期都未能得到完整顺畅的爱，在破碎或接近解构的贫穷家族生长。他们少年时都受到来自落后群体和传统的重压，成年后都有对这段时期的父权及其文化深重的耻感和反思。因此，他们都对过往有着说不清楚的酸楚和记恨。这让他们摆脱了从近处汲取和归还爱与温情的惯性，没有停留在温情脉脉的当下建构，而将目光投向更为广阔的外在世界。鲁迅曾浸于家族士大夫的传统，同时又被日渐混杂着西方思想的外来世界所启蒙。契诃夫的祖辈是农奴，他是靠独立奋斗崛起的自尊的平民分子，成长中有科学教育和宗教生活。鲁迅家道中落，看透了世态的炎凉；他深知这一层"陷落"对他认识世界的意义。契诃夫熟知在一个落后腐朽的社会中即便实现了从平民到"上等人"的阶层跃迁，也无法改变自己带有宿命色彩的终局：不能安享上等生活，心系不可避免的死亡、虚无。

在存在问题上，契诃夫和鲁迅都是怀疑论者。这种怀疑使得他们对现成或既定的人类精神或物质世界并不满足，转而对人类灵魂及其未知世界进行了自觉不自觉的深刻探索。契诃夫像 D. H. 劳伦斯一样，以赤身面对上帝的火焰。鲁迅则主张在"自身中遇见神"。(《小约翰》翻译小引)。并且，他们向往一种清醒的、纯粹的、真诚的、富于创造的生活。因此，他们都反对甚至厌恶平庸或庸俗，因为他们认为这辱没了人类的进取之心和作为人的自尊。他们尤其对过好自己生活就万事大吉的自私之辈深恶痛绝，就像竹内好所说的，鲁迅洞察了人类内部的"腐肉”。而契诃夫简直专门就写“腐肉”。虽然都是医学或自然科学专业出身，但是他们都相信人类精神的力量。鲁迅在20世纪初便发现了改良人心的作用。《文化偏至论》《摩罗诗力说》就是他最早发出的反对“伪士”的青春宣言。而契诃夫也从人的品性之中找寻改进的潜能，他一次次地通过对庸俗日常生活近乎毁灭式的诅咒，来表达对世人精神虚弱安于现状的愤懑。他们最无法忍受的是庸俗的小市民、麻木的民众、虚伪颓废堕落的官僚和知识分子。在他们的作品中，处处可见这样小丑式的人物。他们都将对学院知识分子的批判明确化，敏感地在这一群体内部发现专业化、职业化背后可能存在的麻木、狭隘、僵化，以及无法探究“真理”的“骗局”。他们都来自学院，然后又决然地与学院相背离，以一己之力承担精神探索的事业或使命。

他们似乎更相信“个别的人”，而不是某一类人或某一个阶层。契诃夫曾少有地满怀希望地说：

> 我所说的那些个别的人在社会上占据着不重要的地位，他们不占优势，然而他们的工作是显著的；不管怎样，科学一直在步步前进，公众的自觉性在增长，道德问题开始令人提心吊胆，等等，等等，而所有这些都是不顾检察长们、工程师们、省长们，不顾enmasse（大多数）知识分子，不顾一切而发生的。[①]

① 1899年2月22日致伊·伊·奥尔洛夫，《契诃夫文集》第16卷，第151页。

而鲁迅也在相当一部分文字中表达对知识分子虚伪、自私、逃避社会责任的嘲讽和鞭挞。大体上他也相信一二英哲，相信埋头苦干的“战士”。到了20世纪30年代，尽管他似乎摆脱了“精英的傲慢”，转向“左翼”，相信大众的力量，但其视角也是从个体到群体的。而且，随着时间的推进，他也逐渐表现出了对知识分子等在上位者群体彻底的悲观情绪。与其说他开始相信民众，不如说是因为他更不相信平庸无能、虚伪狡诈的上层统治者及其知识分子拥趸。因此，他们都以一种近乎洁癖的方式，反对日常生活的庸俗和虚伪。而且，他们似乎也知道自己的容忍限度不是当世普遍的限度。社会的事实往往是：“一千个笨蛋压倒一切”。

> 聪明人说：“这是虚伪，可是人们不虚伪就没法生活，而且虚伪历来受到尊崇，所以要一下子根除它是危险的，那就姑且让它存在下去，只要稍稍加以修正就行。”可是天才说：“这是虚伪，那么这就不应当存在。”[①]

同样，鲁迅在《聪明人、傻子和奴才》中表述了诚实的傻子是如何被聪明人和奴才利用的。他引用契诃夫笔记中的原话：“与其受到昏蛋的称赞，还不如被他们揍死的好。”[②]（《徐懋庸作〈打杂集〉序》）。这是他们对生活提问的底层逻辑，体现出他

① 契诃夫：《笔记本》，《契诃夫文集》第13卷，第508页。

② 契诃夫：《契诃夫手记》，第71页。

们对人的生活和精神向上的渴望。然而，尽管如此渴望，也正因为如此渴望，他们对人类的未来并未持全然的乐观态度。

三

从怀疑出发，两个人在生活中似乎都有一种消极被动的自由。作为骨子里的自由艺术家，他们似乎又心甘情愿地接受外在束缚，从家庭到社会责任。这种消极带来的妥协，让他们无从得到绝对自由，但也更好地书写了灵魂深处的“弯弯绕”。因为这种消极，他们对待个人生活都有一种延迟的态度。因此，他们似乎不善于经营个人的生活。契诃夫自承担起家庭重任之后，干脆就没有“另起炉灶”的热切愿望，他深知日常生活中充斥着庸俗、虚假和无聊。

契诃夫的疾病和对生活的清醒认识，让他到最后才在个人生活上迈出了一步，与其说这是对幸福的希冀和想象，不如说是死亡之前面对生活愿望的“回光返照”。契诃夫年纪轻轻就写过一篇作品，讲述一个大学毕业生在铁道工作时无法摆脱自己终将死亡、眼前一切若干年后终归化为灰烬的念头。可见，他早就跟烦闷和死亡结下了不解之缘，剧本《没有父亲的人》《林妖》等，都是描写在苦闷之中无所事事的慢性病患者的生活状态。这些成为他后来黑暗的成熟之作《伊凡诺夫》《万尼亚舅舅》的蓝本。

而鲁迅生活在时代的夹缝中间，他受“五四”文化的影响，认为家庭或爱情生活也应该是为社会、改良需要的，因而他的呐喊多，行动少。这种来自封建家庭和社会的重负，让他在一种内耗的状态下盘桓了很长时间，最后才勇毅地选择了家庭生活。从晚婚晚育到最后死亡，他们生活未尽的果实都以遗孀的方式留存。因此两个人出于这样或那样的原因，在家庭生活上都表现出一种迟滞的态度。

《海鸥》《伊凡诺夫》等作品中，无论是成功者还是失败者的无力和对未来失去希冀，都不免让人想起《伤逝》中的涓生，以及《彷徨》中在酒楼上陶然昏醉无路可走的失败者们。不过，不同的是，这种“迟滞”的结束在鲁迅那里表现得较为明朗，到晚年时，他的内心豁然开朗，这在他创作的《故事新编》中能够体现出来。而契诃夫哪怕在临死之前，还在反复书写那些带有象征色彩的作品，给人一种末世挽歌之感。这让他们的作品在意义的严肃性和日常的混杂之间游走，带有某种不确定性甚至虚无色彩。女娲会精力耗尽，然后化为腐朽。（《补天》）万尼亚舅舅也是生而绝望，死而不得。（《万尼亚舅舅》）契诃夫基因里有一种东西，好像随时准备迎接死亡，从少年时期的《没有父亲的人》到临死前的《樱桃园》，都灌注了一股腐朽（化作肥料）的气息。鲁迅似乎也有一种向死而生的精神，他在《野草》中高密度地思考过生死的问题，面对刚刚出生的婴儿就亮出虚无的匕首：“这孩子将来是要死的。”他以中间物为自己人生的虚幌，临死前干脆说，“死掉，埋掉，拉倒”，临末还在小说中戏谑而悲凉地说起生死同一的话题。（《起死》）在他们死去之后，变革的力量更加剧烈，他们都未能真正直接参与时代风暴，而是在生前熹微的斗争底色中清醒地挣扎着。

不过，他们带给人们的共同安慰，在于揭示了人类知觉的敏锐，道德的纯粹，言行的抵牾，人自身的有限性、脆弱性；然后还有在此之上，人类自我探寻的勇气和毅力。

五

然而，鲁迅以自身的体验直接与现实相砥砺，常常有短兵相接的局面，对抗“上有御用诗官的施威，下有帮闲文人的助虐，那遭殃当然在意料之中”（《坏孩子和别的奇闻》译者后记）。契诃夫早年的经验让他将滑稽和批判融为一体，对当局审查也体现出明朗的斗争性，而随后，他渐渐将痛苦、昏暗的气息注入到作品氛围当中，所以伊凡诺夫、万尼亚舅舅以及三姊妹都会说“无聊啊”之类的话。他说“在我们城市的生活中没有悲观主义，没有马克思主义，任什么思潮也没有，只有停滞、愚蠢、庸碌”。[①] 他这样嘲讽当时俄罗斯所谓的自由思想：

> 我想，要是现在我们突然得到我们在相互责骂的时候讲得那么频繁的自由，那么我们起初就会不知道该拿它怎

① 契诃夫:《笔记本》,《契诃夫文集》第 13 卷，第 579 页。

> 么办，而会把它完全用来在报纸上互相攻击……我还认为在新生活的霞光四射以前，我们会变成阴郁的老头子和老太婆，而且会首先带着憎恨扭过脸去，不理睬这霞光，用种种的坏话去中伤它。[1]

契诃夫在高尔基家里朗诵《新娘》的时候，曾经与魏列萨耶夫发生过小小的争执，后者说，“女孩子不是这样加入革命的”，契诃夫回答，“参加革命的道路是各种各样的”。[2] 他和鲁迅都体会到自己的写作面临着未能亲临时代现场的瓶颈[3]，但他们并没有屈从于任何外在的潮流，不会轻易被社会上的风吹草动感染或改变。

在普遍的讽刺、深刻的隐喻及诗意上，两人又有极为相似的地方。因为过于深刻，他们的诗意很难用诗的文体来表达。契诃夫写过长诗一般的小说或戏剧（《草原》《海鸥》等），却很少写诗；鲁迅的新诗尝试也是很快溶解在他对新的散文及小说形式的探索中了。因为这种独特的诗意和隐喻色彩，他们又都很难于写较长的小说，他们对于漫长的平铺直叙缺少兴趣，他们的眼光里有滑稽、嘲讽、柔情、悲悯，对于写作中开头和结尾的热情胜过写作“过程”。即便写长篇，契诃夫也是像

---

① 契诃夫：《笔记本》，《契诃夫文集》第 13 卷，第 560—561 页。

② 魏列萨耶夫：《安·巴·契诃夫》，《同时代人回忆契诃夫》，第 599 页。

③ 1901 年 3 月 18 日致高尔基：“我知道的事情很少，几乎什么也不知道，好比一个在鞑靼人中生活的俄罗斯人，然而我的预感很多。”《契诃夫文集》第 16 卷，第 359 页。

《草原》那样将短篇连缀起来：讲故事并不重要，重要的是人物、情绪和气氛。鲁迅的《阿Q正传》亦是如此，可长可短，顾左右而言他。而且，契诃夫的长篇小说，例如《三年》《决斗》《我的一生》等作品，尽管能够显示出作者写作的耐心和毅力，以及精湛的组织架构能力，但从阅读的惯性上也能体会到契诃夫写作时的某种疲倦感。鲁迅曾经发愿写有关杨贵妃的历史小说和几代知识分子的长篇，也因为类似的秉性缥缈了。

鲁迅所借用的对契诃夫的评价，都是其中较为尖锐或具有批判性的部分。这让人想起契诃夫27岁刚刚出版小说集《黄昏》后，曾经有人这样评价："天才，天才！但是，上帝啊，让作者的灵魂安息吧！"晚年的鲁迅也许在内心认同这种艺术态度，但他比契诃夫更相信（或不得不相信）变革的力量。鲁迅发现了契诃夫平和温情背后揭露的病态和痛苦，这正是与他的讽刺与泼辣相对应的内容。如果说前期契诃夫是一个冷眼旁观者，因为冷眼而滑稽，而笑话，那么后来他便和他们一起病痛，再加上自己的孤独和寂寞，他的笔不再轻巧和灵动。

纳博科夫在《俄罗斯文学讲稿》中曾经说过，契诃夫真正爱的人"不是他的同胞，不是那些与他最亲近的人，而是远在天际的人。……他们的困境比起他的邻居或者他的妻子所遭受的困境来说，使他有一种更深切的道德之痛"[1]。这种看似刻薄的评价实际上可能带来对二者的误读。契诃夫曾经解释过这种

---

① 纳博科夫：《俄罗斯文学讲稿》，257页。

冷漠来自于哲学性，而非生活或日常。这与鲁迅晚年就自己有限的身体和精神与世界的关系深沉的自况（“无穷的远方，无数的人们，都和我有关。”《“这也是生活”……》），或许有着相似之处。虽然与身边的邻居甚至至亲不能悲欢相通，但那种来自“人的才能”的天性，“悲世至深”的冲动与直觉，还是难以割舍。

六

在欧洲 19 世纪后半期的科学语境下，契诃夫从宗教过渡到非宗教的途中，无法抛弃对生活真理和生命超越性的探求；鲁迅在儒学走向现代的过程之中，也自然而然地承担着某种带有超越色彩的救世使命。就像卡夫卡在短篇小说《桥》中所写的那样，“只要不坠落，一旦跨卧为桥，便无法停止做一座桥”。注定毁灭的命运，使他们和生活保持着疏离的态度。虽然追求生命的超越性，但这并非意味着他们愿意美化追忆，或者对未来充满期待。契诃夫遭到白银时代思想家们的集中批判，原因在于他不肯向宗教低头，他的小说如《复活节之夜》《主教》《草原》《在峡谷里》中的修士和神甫，与其说暗示的是坚定的信仰，毋宁说是作家灌注进人物命运的怜悯和柔情。而鲁迅更是一条抓住当下的硬汉，黄金世界有我不乐意，天堂也有我不乐意。他不相信闭门自修的儒士，更不相信被豢养在权势之家的温柔敦厚之人。他赤身以无形的长矛或匕首走进无物之阵，将中国传统儒家知识分子的担当精神发挥到极致。时代永是不完满，这种顽抗就永是徒劳而不会休止。而契诃夫和鲁迅两人在现代性的探求中相遇。他们接纳的不是“相信什么”或“是什么”，而是勇于承认“不相信什么”“不是什么”，正是在这样激进的进取之中，社会的道德伦理和人的精神力量才得以获得解放和自由。

七

1936 年 10 月 19 日，鲁迅的绝笔停在他半夜醒来呼叫医生的便笺上，而很快地，他也在这最后看似积极的求生之举中面对了死亡。1904 年 7 月 15 日，契诃夫也是在异乡第一次请妻子去请德国医生后，完成了他的临终告别。他们都了解自己，了解自己的疾病，他们都逃避和讳言自己的疾病，也许是因为，相对于自己千锤百炼的精神世界，他们都对自己麻烦的肉身健康感到轻视，甚至不屑。他们都在生前谈过自己的死，并提前写好遗嘱，准备好了死。

1959 年，翻译叶尔米洛夫《契诃夫传》的翻译家张守慎在后记中说道：

> 事实上，“审判官”的契诃夫和“旁证人”的契诃夫始终结合在一起，而且，随着革命风暴的临近，随着契诃夫世界观的逐渐明朗，随着他对革命行动的愿望的增强，

> 那深藏在他作品“潜流”里的“审判官”的声音也一年比一年变得严峻、响亮，大有突破“旁证人”的局限，直接发出战斗号召的趋势了。[①]

“审判”谁呢？“审判者”一般需要明确的高位。契诃夫只是知道生活不能容忍什么，但如何活下去？这好像也是他在密林深处以鸟鸣或斧子声所叩问的。相比较而言，鲁迅似乎是严明的审判者。他曾说，至死也一个都不宽恕。他不能宽恕的，似乎常常也是契诃夫不能容忍的。至于如何活呢？鲁迅似乎也没有明确地告诉我们，以至于至今仍然有人批评着他的批评。

无论如何，历史更迭，二人的文学就像多棱镜一样，不同的读者都可以“把主观加进去”，拿它们作为自己时代倾向或观点的代言人。而他们呢，就只是完整而漠然地屹立在那里：望着我们，一言不发。

① 译者后记，见叶尔米洛夫：《契诃夫传》，468页。

第十五章　阿穆尔游记[1]

岸上人烟稀少，
风光独特，景色秀丽，
使人恨不得留在此地生活一辈子。
——1890年6月致契诃娃[2]

9月5日

从抚远到哈巴的渡轮靠岸后，和大巴车一起迎接我们的，还有一位哈巴[3]当地人吉玛，常年做翻译或导游，三年疫情让他无事可做。他的汉语很好，言谈中常夹杂着一些北京方言，这让他的表达自带某种怪异的幽默。他瘦高，略驼背，光头像一个椰子，单看脑袋，好比陀思妥耶夫斯基转世。他的眉骨很高，眉毛和眼睛之间的距离很近，因此眉毛和睫毛连成一片。加上他地道又怪异的汉语，又给人一种老于世故的商人的感觉。果然，后面

---

① 这趟旅行一千多公里，从中国抚远—俄罗斯哈巴—共青城—庙街—鞑靼海峡，途经一些少数民族村落和其他历史文化遗迹。

② 1890年6月23—26日致玛·契诃娃，《契诃夫文集》第15卷，第94页。

③ 俄罗斯远东城市哈巴洛夫斯克，与中国接壤。

他在车上还提到，疫情之前，他还带哈巴的人去天津看中医：中医很受远东人的欢迎，效果显著。他因此也挣了很多钱。

他带我们吃的第一顿饭是中餐。名字里有“香港”的一个地下餐馆。大概因为香港、哈尔滨之类中国城市在远东地区比较有名吧。这个餐馆在当地很有名，吉玛说老板是佳木斯人，餐馆里干净宽敞，长形桌已经摆好，仔细看盘子里，却是各种各样的东北菜。我又看到了途经哈尔滨时吃到过的金灿灿的锅包肉。餐厅中央有一块空地，天花板洒下多彩的灯光，很有中国八九十年代的气息。果然，吉玛说这是用来跳舞的。一个升级版的漠河舞厅。

吉玛似乎不饿，他象征性地拿起了筷子，跟我们聊起了他在中国的留学生活。他说他“小的时候”在北京的大学读书，那时候北京的空气并不好。然后他似乎有点讨好似地说，现在中国厉害了，就像过去和美国对峙的苏联一样。

本着李老师说的随处可以采访调研的原则，我们趁机问了吉玛几个问题。你是在哈巴长大的吗？他说不是，是在萨哈林。我有点儿兴奋地问，契诃夫写的那个萨哈林吗？他波澜不惊，说，我的父亲服兵役到了萨哈林，然后母亲怕他跑掉也跟过去。后来，他三岁跟随父母从萨哈林岛来到了哈巴。然后我问，你是俄罗斯族人吗？他似乎有些不满，说，苏联时期只有人人平等，各民族混血，打成一片，所以现在他们已经没有纯粹的俄罗斯族人了。不过后来，他补充说，他的父亲是乌克兰人，母亲是西伯利亚人。

聊起更近的话题，我坦率地问他对战争的态度。他若有所思，低头说，老百姓当然不同意战争了。然后，他拿着筷子，似乎想吃点什么，又耸耸肩说，但是哈巴的年轻人也要去参战的：先是志愿，然后就是征兵。我问，远东这样偏僻的地方还好吧？他说，越是边远的地方越——，你知道。他还说，苏联解体之后，俄罗斯现在有许多寡头，只关心利益，不会为老百姓考虑，这一点比不上中国。中国保留了"计划"，俄罗斯在苏联解体之后就没有了。我问他，这么说，你是不是有点儿怀念苏联？他说，我的外婆和妈妈都很怀念，那时候人们有信仰，有保障，有干劲儿。然后他点头怅然道，俄罗斯错过了发展的机遇，现在只有中国能够跟美国相抗衡了。

接着，我很认真地问了他一个严肃的问题：今天俄罗斯的处境，会不会像19世纪一样，唤起许多知识分子和文化界人士对于本国命运的思考？比如写文章或发声，例如，抗议战争？他说，当然有，不过，很快就会被抓起来。他作束手就擒状，脸上露出嘲讽而无奈的笑容。接着我们又问他俄罗斯的生育率和婚恋情况。他说，未来的不确定感让大家都不能安稳地过生活。然后又说，不过，俄罗斯人已经不太在乎婚姻这种形式了，婚姻只会让人更加不自由，女性生了孩子就会要求男人付出，很辛苦。我想，这也许是他从男性的角度讨论问题。不过，后来我才发现，这里的大街上的确男人带孩子的居多，这使得这些高大的男人身上有一种莫名的温和气质。接着，我又问到他如何看待俄罗斯的文学，尤其是伟大的19世纪文学。

他淡然地点点头，说他是学语言学的，不太懂文学。不过他又说，在俄罗斯文学中，普希金和契诃夫是独特的，因为他们都有语言的才华：简约，优美。他们都是天才。

吉玛身上泛着典型的东北亚的特征，萨哈林、乌克兰、西伯利亚、哈巴洛夫斯克、中国。在整个东北亚，人们按照自己的方式互通有无，看起来很精明的吉玛更是如此。

后来，我们登上奔赴阿穆尔河的轮船，吉玛为我们派来了一个大学四年级的学生翻译伊利亚，伊利亚也是哈巴长大的，父亲是俄罗斯人，母亲是乌克兰人。他已经学了三年中文。他说之所以学习中文，是因为他喜欢东方文化，另外也因为哈巴距离中国很近，有就业的便利。他将为我们的这次阿穆尔之行提供翻译服务，这也是他在大学第一次跟团队的 part-time job（兼职工作），他腼腆而害羞，翻译起来夹杂着俄式口音，并且很缓慢。和吉玛完全不同，伊利亚帅气优雅，但年轻时期的吉玛，也一定像他这样腼腆和青涩的吧？如今，吉玛已经变成了一根中俄友谊之桥上的“老油条”了。后来，在吉玛和另外一位老先生一起缅怀过去的时候，我趁机偷偷问了一下斯文的伊利亚，你怎么看待苏联时代和当下的俄罗斯？或者说，哪一个更好呢？伊利亚思考了一下，认真地说，苏联当然是好的，但是，现在俄罗斯的年轻人普遍更喜欢自由。

饭后，大巴从城市将我们送上“苔原号”，据说这条船的命名和“泰加林”有关。它将航行一千多公里，带我们到通往太平洋的鞑靼海峡。据说，这艘船先在海上航行了十几年，然后在共青城造船厂翻修之后，改名并在阿穆尔河航行了二十多年了。在登船的途中，我们在阿穆尔河边的港口看到与这个发达的城市同在的大片船舶的废墟，以及废墟中掩埋的铁道，长满了荒草和野花。这让我妥妥地想起了塔尔科夫斯基的电影《潜行者》。一种并不阴郁，反而亲切温暖的气氛浮泛起来。

船头排列着接待着我们的人员，从船长到厨师长、大副、水手，还有其他杂役。他们微笑不语，脸上带有一种略显庄严的仪式感，其中几个迎过来主动帮助我们将行李拎上船。这条船有 22 个床铺，两三个人住在一个房间。我的房间靠窗，拉开窗帘就能透过圆润的方形窗户看到夕阳和阿穆尔河的波浪。

船开始缓缓移动，城市和城市边缘的钢铁废墟渐行渐远，远山和天空越来越空旷。慢慢地，夕阳染红了天际，船只也被笼罩在这种橙红色的氛围里，如同梦幻。

夜晚，我第一次被窗外的星空给震撼到了。繁星在幽蓝色的天空闪烁，勺子星（北斗星）横躺在天空中，跟着船只向北移动。高悬的月亮在江上照出一条光，一直铺到窗口、眼前，像一个无声的神女。我端坐在白色的床铺上观望着这一切发愣，一动不动。直到三个小时过去，月亮渐渐消失。我想起中国独臂的航海家徐京坤说到自己只身一人在海上航行三个月，只有夜晚的月亮照耀自己。那是多么孤寂、独特而神奇的体验。

这时，同行的小伙伴过来敲门，问我为什么不去甲板上看星星，大家都在。我小声说，这里也一样的。

9月6日

早上起来，淡蓝色天空中的白云和水中的世界相映，船体划过江面，掀起冰块一样的斜浪。有人说，早上冻醒了，正好看到了日出。

我又被这样的景色震撼了，想起在都市里的生活。我还剩下什么呢？我要去哪里呢？“你还能去哪里呢？”这时我仿佛听见长眠在地下的史铁生翻了个身小声咕哝说。

吃完早饭，我泡了一杯从家里带的挂耳咖啡，就着小光头糖饼喝掉，至少保证了一天的精神。这是我几年来少有的早起的时光。下午大家集体去托拉斯科村调研赫哲族（俄罗斯人称那乃族）的生活。刚下船到江边，就看到当地的赫哲族女人穿着民族服饰手执柳条燃烟，组成人形的拱桥唱着歌欢迎我们。我又看到了熟悉的圆脸的赫哲族人，就像看到纪录片《雨果的假期》中的许多个鄂温克族的雨果的妈妈柳霞一样。不远处，江边坡上四个穿着短裤的少年在嬉戏，其中一个背对着江水纵身翻跳到江水里，然后再爬上来，换着不同的姿势跳下去。他们当中不时发出快乐的喧嚷声。

车开到一个木式的建筑前，小孩子们组成了两列队伍，同样穿着民族服饰唱着歌欢迎我们。我朝其中一个孩子扮着鬼脸走进屋里。这仿佛一个小型的剧院，舞台幕布有好几层，显得优雅与隆重。演出开始了。第一个节目是乐器表演，一个小男孩左手拿着一个长一点的象牙色管状乐器，右手一个短一点的，两个乐器交替着吹，看起来很吃力。他站在主旋律的队伍边缘，见缝插针，仿佛鹅叫的声音不时跳进乐曲的海洋，增加着诡异的节奏。他吹得越吃力，就越显得滑稽而可爱。这些孩子的表演也是犹豫不决，参差不齐，但没有一丝规训与呆板的气息。

接着是赫哲族成人的歌舞表演，转场认真而有序，其中还有一个有关那乃族生育的仪式。亲友送来礼物，并喊着祝福的话语。新娘抱着小孩儿出来，放在地上，所有的宾客从孩子的身上庄严地跨过，充满了喜悦和神圣感。口弦琴大概是通古斯人的普遍乐器。我记得蒙古族、满族的人似乎也使用。还有一种是二胡一样的乐器，在底部扫弦。这些成人演员中唯一的男性是个老人，他高大魁梧，歌声低沉、浑厚，在合唱队中，仿佛是回旋的鸟儿们沉落的低谷。

最后是一个独唱，我看着她苍老的面容和整洁的民族服装，像是被一种生命的尊严逼视着。我坐在前排，尽管为这样的表演和仪式所感动，但理性上我也知道，因为这些人过上了现代生活，它们也仅仅变成了表演的一部分。果然，演出结束之后，小孩子们又穿回了原来的衣服，在院子里蹦蹦跳跳。院子中央是一座纪念碑，为纪念“二战”牺牲的烈士，显示这里并非世外桃源，它有着与世界历史共振的步伐。

走廊里也有人在快活地交流，当地人显然为我们的到来准备了很久。合唱队有个女孩一直保持着微笑，她的名字叫娜塔莉亚，和别的赫哲族人圆月一样的脸庞不同，她长脸，尖尖的下巴，小小的身材。她用英语和日语跟我们聊天。她是鄂温克和日本民族混血，去年 11 月份才从大都市搬到这个村子。她的整个家族都在这里，生活得很安逸和快乐。她还说，这里的人很重视孩子的艺术教育。然后，她抱起双肩，露出紧张的样子，同我们悄悄地说，这里冬天可能会有熊和老虎出没。我又问她是否看过一个鄂温克族的纪录片，她问是俄国的还是中国的。我这才突然意识到民族也是分国别的，她后来把自己的邮箱写给我，说可以发给她那个作品。

狗鱼和大马哈鱼似乎是这里常见的。契诃夫的游记里也常提及这两种鱼。后来，我还在博物馆里看到了中国乡下铡刀一样大小和形状的鲟鱼，也是契诃夫游记中提到的。阿穆尔河的生态，让赫哲族人有着丰富的生活资源。过去，他们夏天居住的是简单的帐篷，冬天则是比较结实的狭长的房子。走进这些帐篷和房子，都能看到墙上挂着厚厚的熊皮。这让我想起《乌苏里莽林中》的塔尔苏，他敬畏老虎，射杀熊也有特殊的本领。不过现在，这些帐篷都成了摆设。

帐篷门口有一棵树，树上挂满了彩色的布条。我们每人收到一条布条，要求系挂在树枝上表达愿望。我想了半天，居然没有愿望，最后只好许了一个可能无法实现的愿望：愿这个世界上不再有战争。

接着，我们去博物馆，讲解员是一个瘦小的那乃族女孩，她上身穿着浅蓝色衬衫，在腰间系成短短的一束，下身是碎花的长裙，红唇和长直的黑发让人想到她是否也像娜塔莉亚有日本的血统。她向我们讲解了阿穆尔河畔赫哲族发展的历史，从最早的渔猎生活到后来被俄罗斯接管，不少细节和前面仪式感的表演形成一种静与动的关系。

从博物馆出来，旁边就是幼儿园。天已经很晚了，没有孩子，只有地上的彩色图案和旁边的儿童游玩设施。不远处一个淡蓝色的房子里，有个男人时常探出头来张望，房间里一直传来快节奏的歌曲。这里的人似乎都喜欢比较快节奏的音乐，一路上但凡听到外放的音乐，都是 Kino 那样的摇滚乐队的乐曲。远东人生活在苦寒之地，也许音乐就是他们表达热情的方式吧。

从博物馆回航船的路上，看到村口家家木屋门口堆放着木柴，应该是为过冬准备的。院子外面簇拥着的栅栏门上有一个简易的邮箱。一只黑色的小狗从栅栏底下伸出脑袋张望我们。沿着村口的坡道下去，就是阿穆尔河，这时夕阳已经染红了江水，江面给人一种温暖的感觉。

跳水的少年们已经消失了，岸边长凳坐着一个孤零零的老人，旁边的铁栏杆下放着他的乱七八糟的包裹。他一动也不动，神情呆滞，头发乱糟糟的，夜色朝他笼罩过来。他让我想起俄罗斯小说中那些因为悲伤或酗酒而流离失所的老人。渐渐地，江水黑黢黢的，失去了中午时候淡蓝与白的水天一色，阴冷和忧郁的感觉浮上来。我在岸边捡了几个小石头就和大家一起上船了。

9 月 7 日

昨天晚上依然有月亮。弯月在暗蓝色的天空中被夜晚散落的云包围，云一会儿隐藏，一会儿现身，倒影在江上游动着跟空寂的江水捉迷藏。我平复了看星星和月亮的热情，打算尽量睡一个好觉。

早上醒来，琥珀一样的江水，如镜子的背面，被擦破了的那一块，发出明艳的光芒。远山在天际线露出青黛的轮廓。中国的山水画多是湖泊和河水，被拉入与人类异常亲近的和谐关系之中，成为人的心外之影。而在这里或契诃夫那里，人只是开阔与野性的自然的一部分。

今天上午在地下餐厅又读了一章《萨哈林旅行记》。在萨哈林北部的亚历山大罗夫斯克的山脉，契诃夫向下俯瞰。他说，在大自然面前，人类（在萨哈林）的这一切监管和治理行为是多么愚蠢啊。我想到阿穆尔河的壮阔和优雅，那似乎也在暗示现实中正在发生的战争是多么愚蠢。餐桌上的糖饼和调料引来苍蝇飞。我又突然想起契诃夫一些短篇小说中会提到小饭馆的苍蝇和滑稽的食客，想起20世纪70年代苏联改编自契诃夫作品的电影《带小狗的女人》中的一幕，男女主人公在房间里，桌上放着一个西瓜，一只苍蝇在桌上飞……

从餐厅上来，船外仍然是明镜一样的河面，天际线上的远山越来越小，近似于无，如一块绿色的长条积木。左岸有黄色的草原以及远处层层叠叠的青山，右边则是更近处的山坡，长满了浓密的绿色植被。

前面是另一座跨江桥了，银白色的。桥上有车辆相向穿梭。偶尔有小的快艇沿着草原的边缘方向孤独而敏捷地行驶。

驶过大桥，在一个破旧的港口，我们的船停靠了下来。共青城到了。据说这座城市和苏联的建设有着密切的关系。这次出发之前，我在“哔哩哔哩”（B 站）看到过一个女孩的短视频，她很沮丧地谈到共青城作为她的家乡乏善可陈。镜头摇晃着，萧条凛冽的冬天气氛给我留下很深的印象。

接待我们的是一个叫亚力山大的向导，他看起来大概五六十岁（后来我们才知道他已经七十一岁了）。白发，长鼻子，上唇留着龇须，说俄语很用力，就像是钝重的拖拉机或者犁耙一样。他的牛仔裤上拴着花色的皮带，衬衫扎在里面，肚子凸起。手里还拿着一个黑色的小笔记本。他自我介绍说，他在共青城的科技大学学的工程专业，然后在人文大学学的地理专业。他比较感兴趣的是地质学。亚历山大为了接待我们似乎做过功课，聊天的时候时而翻看一下自己的小黑本子。一路上，经过不少厂矿的废墟，还有废墟边上蛮荒丰富的植被。这像是一个荒城，正如“B 站”上那个女孩所表达的那样。

大概半个小时之后，我们到了城外的一个树林。地上是软绵绵的落叶，枯枝，还有零星黄色的小蘑菇。亚历山大把我们带到一棵古老的杨树下面，说它已经有 160 岁了，曾经有一个植物学家最早发现了它，并在附近建了村子。我略显尴尬地想，中国这样的树很多，值得作为一个景点吗？大概这里的确没有什么可值得单独拿出来欣赏的吧？也许是因为作为一个特殊城市，他们需要谨慎对外。不过，无意中我还看到大片的坟墓，高高低低地、密密麻麻地镶嵌在林中空地上，在阳光下给人一种苍凉和肃穆的感觉。

了解到我们来自中国的大学之后，亚历山大继续拖着浓重的口音，饶有兴致地提及中国的历史，他居然知道夏、商、周。他很高兴地说，我还知道你们中国 1861 年有一个很重要的大学建立了，跟翻译有关。他说这是他在大英百科全书上读到的。亚历山大的腔调和气质让我想起了契诃夫小说中的乡下知识分子，严肃、煞有介事、可爱。

大巴继续开到山谷。破旧的工业区少了，大片的白桦林出现在道路两边。偶尔，山谷里有一座桥，桥下的浅滩流淌着明亮的溪水。这让我想起契诃夫《决斗》中野炊的场景：家庭、男女，在这样秀美荒蛮的景色里上演着浪漫又忧伤、痛苦的情感故事。车行驶了一个多小时，从山谷而上，俯瞰有两个湖泊。第一个是硒矿留下的，大约五十米深，湖面是狭长的绿色。周围是墨绿色的山，层层叠叠，远处是夕阳。另一个湖泊更美，也在山谷里，它附近是铁矿的废墟。我们还碰到了从莫斯科来旅游的人。他们为什么来？是怀念苏联时代吗？

亚历山大讲述了共青城老城区的故事。这里的主要建筑建于 1958 年，仿照彼得堡的建筑，所以又称作“小彼得堡”。经过一条宽大的马路时，他说，至今这条马路每天有两万人去造船厂上班。接着，他还说到一件有意思的事情：这些老建筑的顶层都有一层特别的设计，是为艺术家专门加盖了阁楼。从山上返回，我们去市中心买了点东西，出来看到广场上赫然有一个金黄色的伊斯兰建筑，似乎是一个教堂。一辆货车经过，停下，驾驶座上的小伙子探出脑袋来，朝我们兴奋又热情地说了一堆俄语。交流没那么通畅时，他干脆放弃挣扎，直接从车窗伸出手来要和我们击掌。

登船。晚饭后，李老师拿来了一瓶白兰地。我们天南海北地闲聊，后来谈到文学，谈到自己比较喜欢哪个文学人物。李老师说他最喜欢林黛玉，她不招人待见，比较敏感，唯一信任的人是贾宝玉，结果最后从她理解的角度也辜负了她。又说现代作家里他比较喜欢老舍，因为语言比较好。我说，老舍有点悲。他说能不悲吗？那样一个时代。而后他问我喜欢谁。我自然喜欢鲁迅。他说，鲁迅不解脱啊，总跟人计较。我说，是。他问，鲁迅读佛经吗？我说，读，一度好几年集中读。他说，读佛经也不解脱？我笑说，金刚怒目。他感叹说，你看那句，横眉冷对——，不解脱啊。

很晚，大家上楼去睡觉，阿穆尔河的河水在黑暗中一如既往地咏叹着，月亮和星星也都下去了。正如契诃夫说，河水令人惆怅。好在我和人群在一起，这样可以冲淡或者掩盖这些随时浮现的惆怅情绪。

9 月 8 日

今天一天都在船上休整，因为风浪较大，我们所经的地方早已没有了信号，手机作废，大家只能踏踏实实地用最朴素的方式开始互相交流或者独自阅读。等到我醒来时，早餐已经结束，我去餐厅吃了牛角面包和香蕉，泡了半杯咖啡。继续读

《萨哈林旅行记》，契诃夫继续调研库页岛北部河边的村落。各种人的生活窘境：罪犯、原住民、自由民、强制移民、服役人员、服刑犯。环境很糟糕。人们随意地生活着：偷盗、赌博、卖淫、奴役等。萨哈林岛上的自然风光，更加让他感到他们的生活令人绝望……

有同伴喊我上甲板，看到二层有很大的休息场所，大家正在围绕着圆桌讨论问题。高处看到的风景更加壮阔。二层前半部分是船长的驾驶舱。船长正坐在高脚凳上开船，侧脸对着前面的江水，露出微笑，胳膊上刻着文身。驾驶舱里有一个简易的沙发和一把吉他。大副在船舱的楼梯上下地跑着。

风很大，室外摆放的折叠板凳被吹起，到处乱撞。我在摇晃中给自己贴了三片晕船贴。船舱里的温度和甲板上比也差了很多，闷热又令人眩晕。因为风浪很大，今天的阿穆尔河显得异常壮阔。傍晚的时候，暗紫色的河水、淡蓝的天空、夕阳晕染的山脊形成了天际线的夹层，絮状的云朵一块一块地点缀在山顶。偶尔有插着小旗子的矮矮的红货轮从河上慢慢地泅过。

远山近的时候，山上的树林变得清晰起来，当中也有契诃夫眼中苗条的女人一样的小白桦树（《希尔洛的提琴》）。我会想起相关纪录片以及书页的封面，上面有漫无边际的泰加的森林。在小说《毁灭》中，也有对森林的描写。鲁迅翻译过它，专门在序言中点出小说对“泰茄”美景的书写。泰加的森林，包括我体会过的大兴安岭、共青城的山林，以及这岸边的丛林，远处乌苏里的密林。契诃夫说，在无边的森林面前，所有的人类文明都是脆弱的。就像阿穆尔河之外的河水，在等着我去展开无边的探索。可惜人生是烦琐而短暂的，每一次起心动念都需要花费很大的力气吧？

深夜的时候，大家都睡了，我从公共浴室出来。天上没有星星，只有呜呜的大风，在黑暗中行走总害怕会撞上什么可怕的事物。等到使尽浑身的力气，拉开甲板上被风焊紧的房门的时候，光照出现了：现实的一切又重获我的信任。

9 月 9 日

上午八点多的天空是淡蓝色的，不远处有草原。船体的影子映照在江水上，使颜色变暗了一截。我们吃完了早饭，下船去拜访另一个村落“布拉瓦”。江边点缀着不少的木头房子。它们大多是蓝色屋顶，木栅栏围起来的庭院，庭院里种满了鲜花，月季、金光菊和大丽花等。路的右侧是山林，偶尔还能看到“二战”纪念碑。一路下来有不少的坟墓。

在路上，我还看到了大片凤仙花。它们大多数是粉色或玫红色的，长着细长的枝干，花朵也狭长许多。后来，我们到更多的村子或荒地，都看到这样的凤仙花，我观察到村里的一些小女孩会拔掉这些花冠，放在嘴里吃。大概其中有一种甜味，就像我小时候在乡下和小伙伴吃芝麻开的花。在这些蓝屋顶的木头房子前，常常还会矗立一棵不大但很丰盈的树，树的叶子近似枫叶，果子是红色小珠串，远看给人一种美好的印象。我查了一下，说是美洲花楸。这让我想起契诃夫小说中常出现在饭桌或宴席上的一种花楸露酒。

给我们带路的一男一女是村里的“干部”，个子不高，面容黝黑，也许是打鱼的生活让他们变黑。迎接我们的依然是两队穿着少数民族服装的年轻人，他们手执白柳（有一种清香的味道），搭成桥梁的形状。

仍然是木头房子，我们被引导到二层的博物馆。导引的是一个五六十岁的女人，圆圆的脸，穿着民族袍子。他们的服饰多以螺旋花纹和黑色边缘为主。从生活用品和服饰，看到渔猎生活，再到他们的萨满仪式，中间，我们还看到他们打捞出来的清代时来自印度的茶碗，碗口很大，里面刻着莲花纹，古朴文雅，还有来自中国的茶具、丝绸以及梳头用的篦子。茶具上还写着中国的古诗，这证明此地一度有热闹的对外贸易。

在他们的宗教世界中，也分为死亡、现世和天堂。他们希望能够将同胞带向死后不受苦的境地。他们的图腾里，除了渔猎生活中的鱼皮衣，我印象深刻的还是象征泰加林的木头神。它们从小到大排成一排，样子就像苗条的尖脑袋的小人，又像是模仿泰加林里主要植被的样子。看来在江河之外，他们情感最深、最为神往的是森林。是啊，辽阔的河水与森林是他们丰富生活的依靠和背景。

接着，他们在一片简朴的空地上展示了民族舞蹈。鼓是普遍的，就像赫哲族一样。他们很善于一边敲鼓一边做曳步的舞蹈动作，看起来像是鱼在水中一样自如。最令人惊叹的是，他们额头抹上一条黄底黑纹的带子，穿着白色的裙子，下摆宽大，随着音乐旋转、展翅，蹦跳，时而还发出海鸥的叫声。表演结束之后，不知道是谁突发奇想，播放了一首现代的舞曲，我们当中的几个女孩和她们一起跳起韩舞来了。这个场景一下子把我拉进了现代生活，看起来很滑稽，无奈，似乎又令人有点感动。

村子就靠在阿穆尔河边。零星的木头房子暗示着这里人烟稀少，门口已经堆放好准备过冬的木材，又暗示着我们离开之后这里即将到来的冬季的冷酷。我们走出小别墅，去村里另外一个手作大师家，老人长得有点像韩国人。干净的衣服，颜色朴素，肤色素净，又像是从中国的六七十年代走出来的。老人的院子里拴着一只声音嘶哑的老狗，不断地朝我们喊叫。我们被引导进一家展览馆式的手作房屋。大家围拢在一起，听老人介绍着自己的作品。角落里的书架上放着《和露大辞典》。我对墙上挂着的一个木质佛像很感兴趣，老人说那是他买来的圣物，所以不卖。

我走出展览厅，院子前面是整齐的木柴和丰满的菜地。后面菜地里长着西红柿、野草莓、高山耧斗菜、绯红茶藨子、覆盆子等。野草莓似乎已经过了结果的季节，绿油油一片。淡黄色的小西红柿结满了枝头。后院主要是土豆，已经有些枯萎的秧苗，在围着栅栏的后院挺立着。还有一畦一畦深绿色的卷心菜。四边是其他的蔬菜，金色的类似南瓜之类的也在生长着。土豆已经收获完毕，沟畦里还散落着几个乒乓球大的，表面上有浅紫色的花纹。我捡了两个，放在口袋里。

出了院子是一条石子路，面前就是阿穆尔河，河岸边停着零星的破旧渔船。坡上长着一些野花，一种叫作柳穿鱼的淡黄色花朵的植物，是这里常见的野草。宽阔的河水上不时飞过各种各样的鸟类，它们时而翻动银白色的身体，让我想起刚才女孩儿们跳的舞蹈。我又突然想起，在电影《西伯利亚的理发师》里，那个因为爱情犯罪的军人最终被流放到西伯利亚，也过着这种狩猎、打鱼和种土豆的生活。

返回途中，路边浅蓝色的小雏菊，开在破败的木船废墟里，更显出一种荒蛮之感。透过栅栏，看到一家院子里，有一颗巨大的金黄的南瓜，像一块石墩，埋在大叶子中若隐若现。一种形似格桑花（秋英）、形状轻薄的花朵，在院子里缤纷地点缀着。旁边绳子上晾晒着的鱼干，整齐得如同一把把竖立的银剑，在阳光下闪闪发光。栅栏边还站立着几株金光菊，异常鲜艳。

阿穆尔河发出灰亮的光芒。岸边的废木柴和小雏菊衬托着幽静。一个戴着帽子的赤脚的渔民，在两条船之间的木板上晾晒着渔网。他的左边是铁皮船，右边是木船。两只蝴蝶在我们走的小路上追逐，一只白色，一只黄色，黑暗的影子在地上跟着它们漂移，像是四个。我们喧闹着合影、唱歌，闲聊，和村里人依依惜别。

午饭后，我躺在床上，看到天花板上透过窗户照进来的江水的影子，闪烁着静谧和无聊。半小时后，我拿着地图去二层甲板上研究契诃夫的路线。这里的视野更加开阔，天地融为一体，白色的日光在水面上照出银色的光芒，一直到眼前。契诃夫从莫斯科出发到萨哈林花了三个多月。看地图，走阿穆尔河这条路线之前，从莫斯科穿过西伯利亚，要历尽千辛万苦，甚至没有回头路。我们这条旅程，算是他整个旅程最顺利的一段。从萨哈林返航回到俄罗斯后，他说他“活过了”，确是真切的。“活过了”，仿佛就是有多远走多远，有多难都能克服。

船上的厨师开始为我们做饭。他沉默寡言，面带微笑，时常从楼上为我们端来一铁锅的食物，到地下餐厅给二十多个人分食。一天三顿，这就意味着他从来没有休息过。为厨师打下手是船长的妻子，她很善于表达，充满管理的热情，饭后常常以收拾餐具为由让我们不要在餐厅久坐闲聊。

今天厨师为我们做烧烤，烤架旁放着音乐，是俄罗斯的流行歌，还有雅尼的小提琴。夜晚渐渐降临，甲板上的阳光变得微弱起来，天气越来越凉。等到厨师忙碌完，离开烤架的时候，我突然想起来口袋里还有两个土豆，就把它们洗干净，然后用铁夹将土豆埋到了灰烬里。还没开饭的时候，土豆就已经熟了，很香。

夕阳染红了整个天空和河流，船只的玻璃窗的镜面也倒映着远山和河流，形成一个立体多面的奇特世界。而后，太阳落山，像一个顽强的弹丸那样照着江面，江面上一道金黄的光芒一直通向船体。接着，夜晚到来，月亮升起，船体上灰白色的栏杆像是璀璨星空下的陆地凉亭，令人如在梦境。

因为船上的旅行接近尾声。李老师端起酒杯，展开了一场热情洋溢的讲话，把小小的船只中几个人群之间的往来上升到了中俄友谊。他的发言体面又真挚，一瞬间显示出他多年积累的专业素养来。

饭后讲座。其中我讲了契诃夫的萨哈林之行和阿穆尔河之间的关系。然后，大家在甲板上唱歌，等到冷下来，大家又去餐厅里聊天。我和两个女孩一起躺在甲板上看星星，耳边是江面上的冷风，黑黝黝的。天上浩瀚的星空，给人一种眩晕之感，仿佛随时可以让人失去重心坠入天空的海洋。大概十二点半，月亮从江面上升起来了，跟随着的还有繁星，就像每个天气不错的夜晚一样。我们兴奋地爬起来凭栏远望，浑身快要冻僵了。

9 月 10 日

今天下船去了永宁寺遗址。村长是一个干练的女人，嗓音浑厚，喜欢大笑，戴着墨镜，名字叫达妮亚。后来，李老师给她取了个谐音的外号，叫“大娘”。村口有一些人在观望，带着友好的表情和我们打招呼。路边仍然是废弃的船舶。清丽的凤仙花弥漫在这些废弃物内外。我们跟着达妮亚上坡。悬崖上能够眺望整个江河，天空依然有飞鸟盘桓，映衬着蓝天白云，美丽极了。对岸有黄色和橙色纹理的植被，我们问了问女村长，她说那是牧草。

永宁寺是明朝时中国政府为治理地方建的，现在什么也不剩下了。只有两个土坑，里面蓄着水，照着蓝天。据说一些建筑残骸还在海参崴（官方名称是符拉迪沃斯托克）和庙街博物馆里藏着。遗址旁边还有个炮台，是俄罗斯人曾经的军事要塞。两个遗迹，两段历史的重叠。契诃夫描写阿穆尔河两岸风景时也提到了"悬崖"，是否包括这一个呢？在这条路上，他似乎不擅长谈论战争和纷争，而是从博物学或文艺的角度来寻找映照。他说，"我看见过极美的悬崖，要是公达索娃异想天开，跑到这个悬崖的山脚下来神魂颠倒，她就会快活得死掉"，"这真是惊人的天然景色"。他还说，这里的人们倾向自由主义，对俄罗斯本土发生的事情不感兴趣。"人人都说：这关我什么事？"[①]

这时一条渔船经过，划破静谧的江水，更显出人的纷扰，自然的无事。从悬崖上下来，我们到了河边的码头。小亭子里有几个休息的男人，都是渔民。两个中年人，一个大胖子，红鼻头，笑眯眯的。还有一个微笑着，双手抄在胸前，脸上充满了淡然和友好。最右边是一个老头儿，他身体前倾，双肘抵住膝盖，右手轻握一只很小的鸟。他小心翼翼，似乎所有的精力都放在这只楚楚可怜的小鸟身上，另一只手掌里似乎还有给小鸟的食物。

另外的渔民上岸，把捕到的两只大马哈鱼送给我们。我们要给他们钱，他们摆手，表示这不算什么。这时正好碰上我们船上的厨师在岸边钓鱼，他穿着迷彩服，扛着钓鱼竿，手里

① 1890年6月23—26日致玛·契诃娃，《契诃夫文集》第15卷，第94—95页。

捏着钓饵桶，打算晚餐为我们做鱼汤。我们把大马哈鱼带到船上，请他为大家烹饪。厨师是一个简约派。大马哈鱼肉质鲜美，鱼皮尤其香脆。在契诃夫的《萨哈林旅行记》中，他非常详细地记载了大马哈鱼的生长习性，它们属于鲑鱼系，会回流产卵。据说日本的银行做广告，就是用大马哈鱼作为例子来劝人投资：成本小，回报大。

下午轮船停靠在岸边，我们就上岸走走。白色脊背的飞鸟在天空中自由地翱翔。我紧盯着，直到它们消失。心灵也跟着开阔起来。也就是在这时候，我才真正明白那句老话的意思：海阔凭鱼跃，天高任鸟飞。靠岸仍然是小村，地势较高的地方长满了小树，仍然是瘦高的杨树和白桦。河边很安静，有些鱼的尸体，在阳光下被照射得发软，几只苍蝇围绕着，还有废弃的发黑的铁锚，以及用石头围起来的篝火的痕迹。契诃夫小说中常有篝火旁讲故事的人们。这是一个疆域辽阔而人群需要用更多故事来取暖的民族。

沿着河岸，我们爬上高坡，好奇转角会遇到什么，结果是另一个安静的村落。村子里家家户户都有美洲花楸树，灰色的木栅栏里同样种满了鲜花，门口也拴着狗。比较小的狗则行动自由，其中有一只黑色的，浑身长毛，脏兮兮的，几乎看不到眼睛，它跑出来盯着我们，直到我们走远，才又从栅栏的小洞里返回。路边站着三个女人，她们衣着整饬，胸上别着什么牌子。我们上去问路，才知道她们的村子里正在选举。

村子并不大，我们很快走到尽头，沿着坡道下来，就又通向了阿穆尔河。在拐角处，有一个破旧的儿童游乐园，几个孩子在那里玩，叽叽喳喳。有的荡着秋千，有的在玩滑梯。商店到了，非常朴素，摆放的都是基本的生活用品。我买了一瓶水，几个棒棒糖。走出商店，迎面走过来一个小男孩，我分给他一个棒棒糖。他转身就走开了。过了一会儿，我和同伴在聊天。他居然又出现了，手里举着一朵蒲公英花，昂头笑眯眯地递给我。

顺坡而下，有一个菜市场，旁边院子里，有个男人正在修车，一边还播放着动感的快节奏音乐。再转角，我们又到了岸边，回到船上。

接我们去庙街的车也到了。我们陆陆续续和船长以及船员、厨师告别，我很快上车，不再像小时候那样坦然地渲染离别。

中巴车扬起了一阵灰尘，什么也看不见，石子路两旁只能看到无边无际的树林，在阳光下发出斑驳的光芒，给人一种温暖而静谧的感觉。

天快黑的时候，终于到了庙街的旅馆。旅馆前的广场上依稀可以看到一个列宁像。这是离船之后住的第一个陆地上的旅馆。屋子里是20世纪90年代一样简朴的电视和床单。拉开窗帘，对面公园路边一排整齐的树，有点儿中国八九十年代公园的意味。

晚上天气很凉，我们穿着厚衣服，到河边散步，河边公园正中央是圣尼古拉雕像，而后看到苏联时期的一些阵亡者纪念碑。几个小伙子在闲聊，长得瘦高，就像契诃夫全家福里几个兄弟的样子。他们问我们是日本人还是中国人。岸边的栏杆旁，两个女人一边抽烟一边闲聊。

顺着河边的公园闲逛，马路对面有一个苏联时期留下来的老建筑，现在已经是一个杂货铺，旁边是一个废弃了的教堂。两个建筑之间是一个小的酒吧。我们进去一人要了一瓶啤酒。旁边有一个十分简易的卡拉 OK。两个当地女人喝完酒之后开始唱歌。那个胖一些的屁股很大，脑袋很小，面部很精致，有点像鸵鸟，她沙哑的声音有点儿像艾米·怀恩豪斯（Amy Winehouse），但比她更加柔情、奔放、热烈。不一会儿，她的女伴开始跟着歌声跳舞，并且拉着我们也跟着跳起来。

9 月 11 日

今天接待我们的是哥萨克导游瓦西里，他身材高大，脊背笔直，浓眉大眼，长着络腮胡子，穿灯芯绒衬衫，黑裤子，斜挎着一个小黑包。他总是微笑着，给人一种体魄和精神都很富足的样子。他说自己是档案和考古专业出身，曾经和海参崴的考古学家一起在庙街做过调查。他又带我们转了一圈庙街的中心公园。昨天夜晚那个尼古拉的雕像，在白天显得更加慈悲和宏伟了。因为过于疲惫，我不再认真听他的介绍——无非是战争。阿穆尔河边停着各种船舶，近处是莽苍的野草和灌木，以及丛丛簇簇不知名的蓝色小野花，星星点点地点缀在岸边的废墟上。不远处一群肥胖的鸽子走来走去，它们红色的脚，在阳光照耀下像是透明的植物，如凤仙花的根茎。旁边草地上长有一种贴地的植物，叶片肥大，就是传说中的牛蒡叶。契诃夫在《萨哈林旅行记》中记载，妇女们在阳光下用宽大的牛蒡叶子挡在头顶防晒，远看样子像是昆虫。

街道上有零星的咖啡馆、餐馆，还有水果摊，我见到了久违的西瓜，路上偶尔走来一两个行人，他们戴着耳机，沉浸在自己的世界里。一个腿受伤的男人自己坐着轮椅从看起来比较破旧的医院里出来，吃力地把自己推到大路上。瓦西里说这是庙街很重要的一个医院，医疗救助都是免费的。一路上还有不少衰败的木头房屋，方形的窗户快要变成平行四边形了。

在路边，我们看到一个压水井，和中国的类似，但样子略有不同。这样的水井，不知道是过去留下来的，还是现在仍然适用。一个东正教的教堂矗立在马路的尽头，淡黄色的主体，上端是墨绿色的，金色的尖顶，乍一看类似伊斯兰建筑。建筑旁边有一座高尔基雕像，显示着苏联时代的痕迹。我们问，为什么没有契诃夫的雕塑，契诃夫不是来过庙街吗？哥萨克说，可能因为契诃夫不喜欢这个地方。接着，他又说到法捷耶夫来这里考察过。我立刻想起法捷耶夫在创作《毁灭》之后渐渐有了为文学创作而到各地考察的习惯。路边仍然是破败的木头房子，已经没有人居住，长满了转黄的茅草，秋天为它增添了一层衰败感。

我们经过这些废弃的荒园去博物馆。博物馆主要介绍庙街的历史，包括为其做出贡献的人物、少数民族的生活、经历过的动荡与战争，以及现在的发展等。我们看到了永宁寺遗址留下的残骸，只有几个带着花纹的瓦片，剩下的都是图片，石碑也消失了。有趣的是，考古学家在那里拍摄照片时几乎和我们站在同样的位置。这里还记载，在南萨哈林的契诃夫博物馆里，收藏着那个年代庙街的摄影作品。看照片，庙街似乎并没有发生什么样翻天覆地的变化：一百多年前契诃夫就记载过庙街的衰败。不过，这里展览的圣像给我留下了深刻的印象。在契诃夫的漫游小说中，漫游者到一户人家，常常看到墙上挂着的圣像。这里有各式各样受苦受难、慈悲为怀的圣像，看起来都很老旧，但似乎还散发着神圣而虔诚的气息。

接着，我们又去了尼夫赫族的民族博物馆。这里和阿穆尔河边其他少数民族的故事都差不多，大概因为他们过去都过着渔猎的生活吧。当地人还为我们准备了具有民族色彩的食物，有一种莓果点缀的土豆泥（还是紫薯泥？）非常好吃。鱼是腥的，点缀着独有的香料。然后就是茶。茶出现的频率很高，尤其是红茶。俄罗斯人是爱喝茶的，在契诃夫的小说中，曾记载过杂货铺贪婪的老板从中国福建运来上好的茶叶，过期之后，还想办法登广告卖出去。

不过，这些仪式已经变成一种展览或表演，不再实在地内嵌在他们的生活之中。我不禁想，文明与原始，秩序与野性，人类历史进化的分寸感又在哪里呢？

9月12日

上午瓦西里先带我们去了中国居民城。在晚清和民国，这里曾经居住过一些中国人。天气凉起来，并且有风。不远处的大树为俄罗斯那种苍凉、忧郁的风格定下了基调。我游离出队伍，看到远处走过来一个拎着桶子的老人，还有拿着包准备赶公交车的女人。这些都让我想起印象派油画，毕沙罗或者柯罗的风景画。只是不再那样唯美，有一种现代性的衰败。

然后一路向北，我们要行驶60公里，奔向鞑靼海峡。令人震撼的是，一路上两边不是海岸就是森林。大概一个小时后，我们终于到了离库页岛最近（45公里左右）的奥泽尔帕克渔村。我已经彻底陷进路两旁的风景之中。白桦林，高高低低的白桦林，在阳光下，呈现着优雅而温馨的光影。契诃夫在《寄自西伯利亚》中曾经震撼于无边无际的森林，迷失于人类及其文明在其中所处的位置。那样的丛林和现在比，估计就是浩瀚的海洋和小溪之间的关系吧？

这里的渔民大概有250户，都生活在海岸边，安谧而险峻。离村子不远处的海水里搁浅着已经废弃的发白的船只和房屋。强劲的南风吹起海浪，我们头发凌乱，跑到离海岸最近的悬崖，俯瞰村舍。一个渔民开着铁质的小斗车经过，里面还有一条蹲踞着的黑狗，很冷静、威严的样子。谁敢于守着废墟或坟墓过热火朝天的生活呢？如果契诃夫看到这样的景象，一定会写出精彩的故事吧？

这里应该没有契诃夫笔下的鞑靼人（他曾经在黑海鞑靼人的克里米亚居住过）。但为什么叫鞑靼海峡呢？是历史上有吗？还是日本人在此探险的时候对这里充满了他者的想象？

瓦西里说这里的南风算是不冷的。真正寒冷的是北风。大家在草莽中观望着大海，因为天气并非全然晴空，我们远眺萨哈林岛的愿望似乎没能实现。我沉浸在风中思索，任凭头发凌乱，疏朗的枯黄的野草和野花，又让人想起塔尔科夫斯基的黑白电影。作为异乡人，我发现，原来我们欣赏的并不是影像之美，而是他们真切的自然。塔尔科夫斯基之所以神圣，不过是因为他一定程度上首先忠实地传达了这里的风景和思想。这时，我因自己的渺小而感到忧郁而安心。

下午两点，大家登上了去庙街机场的大巴。路上偶遇的一个在当地做服装生意的佳木斯男人过来同我们告别。他给我们带来鱼干，并在旅馆的大厅沙发上接受了我们“此起彼伏”的访问。他 19 岁就出来谋生，辗转到这儿，现在拥有几百平方米的服装城。他说在庙街的生活成本并不高，一个月的房租 2500 左右，可以四个人住在一起。三年疫情期间，他几乎没有回家。孩子也是由老人带着。

庙街的候机厅很小，但很精致，有咖啡厅，还有记录庙街历史的玻璃公告栏，厕所也很干净。大厅里有一个咖啡机，需要投币。再往里走，还有一个兼做咖啡厅、小卖部和吃简餐的地方。我去买水，看到一个小男孩，也许因为晕车或晕船，大哭着并有节奏地往外呕吐，他应该被自己这样无法自控的反应惊呆了，每吐一次感觉天要塌了似的惊恐，他的母亲则在一旁淡定地用纸巾接着他的呕吐物。

服务员很友好，给我们送免费的热水。我出来在候机座位上听音乐，对面也有一个听音乐的男人望过来。他们像一个一个孤独的颗粒，很安静。我们则习惯扎堆围着开着玩笑。

飞机虽然很小，但很舒适，朴实。一个被年轻父亲抱着的刚会走路的小男孩在座位上不老实，忽闪着大眼睛到处观望。

晚上终于又回到了哈巴。

哈巴现在更显得是一个大都市了。晚上我们又去吃了中餐，这次的餐馆，门口画的是吃竹子的大熊猫，但也许因为接壤黑龙江，仍然是东北菜，又是锅包肉和鱼香茄子、木须肉之类。餐馆的墙上画着绵延的《清明上河图》，零星几个俄罗斯人在煞有介事地享受美味，大概就像我们吃俄餐和法餐一样吧？当初契诃夫在远东漫游的时候见过不少中国人，他一定也吃过中餐吧？

饭后在清冷的夜色中，我们几个人跟着向导伊利亚去了他的母校太平洋国立大学。大学门口有一座普希金塑像。一路上我们看到的雕像有果戈理、普希金和高尔基，只有一个列宁，看来文学人物多过政治人物。沿着大街走，看到对岸的消防单位还是 20 世纪 30 年代的古老建筑。不远处是方方正正的城市剧院，暗夜里散发出粉色和浅蓝色交替的光芒，给人一种梦幻之感。接着，经过一座水上公园，一个东北人正在饭店旁边的烧烤小屋里烤羊肉串。我们见到“故人”，高兴地同他打招呼，但他看起来并不热情，甚至有点百无聊赖。我一边烤着从冰柜里买的冰凉的矿泉水，一边不知趣地和他搭讪：什么时候来的，感觉如何，生意好做吗？他敷衍地回答说，十月份应该会回去了，这里没啥意思。

沿着黑洞洞的大街，我们穿过一个林荫道，经过一个小巧的学校，到了朝鲜的大使馆。然后在黑暗的街道，我看到一家关门的旅行社海报上用俄语写着萨哈林。如果想去的话，是随时可以去的。但我感觉还是暂时停留在想象中比较好，况且，我还要回学校上课。

9 月 13 日

今天又见到吉玛了，也许是因为跟我们熟了，他更喜欢回忆往昔的生活。要么是苏联时期，要么是他在中国留学时期。他说，90 年代中国人很欢迎外国人，现在就严格很多。他的口音本来就很滑稽，总是逗得大家发笑。

我们跟着吉玛去了俄罗斯民族村，同样又封闭式地感受了他们的民族生活。我在那里吃了小馅饼和果酱，喝了茶。接着去了江边，乌苏里江就在眼前。吉玛说，在哈巴生活的人们周末会到这里游玩。不远处还有一个溥仪故居，溥仪在“二战”之后在此被软禁六个月。据说他就是在这儿读马列主义著作，要求加入苏联共产党。因为“故居”在“装修”，我们没能进去参观。看着干净而辽阔的江水，想起大国之间的战争、政治与博弈，实在令人唏嘘。

傍晚，登上去抚远的船之后，夕阳很快染红了江面。走的时候和来时的心绪完全不同：大都市还有什么呢？那里没有江河明月、繁星和森林。一瞬间，我似乎明白为什么总有一些学者或文人批评鲁迅晚年的“不豁达”：世界这么大，消耗于人事是非，值得吗？自己逍遥物外不好吗？然而，他是不知道这些吗？他不是给徐梵澄写信表达过隐居如何令人眷恋吗？明月山河是永恒的，只有人是麻烦的。他选择麻烦的人，看来是迎难而上。

晚上到了抚远的宾馆，和我们初来时住的一样。我们分开在两个包间大吃了一顿铁锅炖。铁锅里有鱼和鸡，土豆和玉米是配菜，铺上玉米饼和发酵的白面饼。我暗暗感慨，同样的气候，生活习惯完全不同，这就是文明的力量。大家欢畅一堂，开着无关紧要的玩笑。时光静静地流淌，我的心中却涌出前所未有的孤寂。随着年龄增长，我的快乐好像越来越难。或者，人为什么要去追求快乐呢？突然想起在哪里看到的，建筑师安藤忠雄说的一句话：困难才是人类的好朋友。

2023 年 9 月

第十六章　影的告别

我希望到了另一个世界里我能够这样思考这儿的生活：那是美妙的幻象。[①]

夏季。周一早晨醒来，嘴巴里一阵酸涩，掺杂着雾霾的味道，嗓子好像被卡住了，想要呕吐却又呕吐不出来。下楼，一阵凉气袭到两腋，继而是零星的雨滴落在身上。走出小区，经过一条小径，头顶上的树叶被雨滴打得沙沙响，地上灰白色的水泥板上立即平添许多的黑点，又一阵凉风，从北方吹过来。远处大马路上有一辆出租车，司机正在用一块布擦前面的玻璃窗，然后站直了身体，背对着我，整理自己的衣着。他转身，看到了我，我微笑，经过，在与世界的一种隐约关系中渐渐复活。

晚上夜跑，路上几乎没有什么人。只能看到自行车道和人行道上洒落的米白色的老槐花。如果不是夜晚，我甚至都不知道它们开过。路灯照耀下的槐树很漂亮，在它们的顶端，点缀着这样的米白色：一种仪式般的顶点。我随意顺着街道走。看到青年剧院，再右拐，大剧院。走累了，我就跑，远远地，一只小狗抬头看我，明亮的眼睛。更远处，高架桥旁“北京北

---

① 契诃夫:《笔记本》,《契诃夫文集》第 13 卷，第 536 页。

站”在闪亮——我没有想要去的地方。

有时我会跑得远一点。展览馆对面有一个小的广场，喧闹异常。无数孩子在滑旱冰，风一样奔跑的少年。再往里走，是唱歌和跳舞的中老年人。他们配着简陋的音响设备，尽情地抒发情怀。广场角落里，人们互相对面摆摊，中间隔出一条小路。一个小女孩在妈妈卖衣服的地摊儿上打滚。一个老太太胳肢窝里挟着一只小狗，停在堆满各式各样瓷器的三轮车旁挑杯子。小狗安静地东张西望，偶尔扭扭屁股换个舒服的姿势。广场下面就是川流不息的车辆，像一条宽阔的河流，对应着天上墨蓝。这少有的晴朗，仿佛照干净了地上的人和事。

最后，我绕着宾馆围墙旁的路灯下走，纵横交错的黑色高压线，墙外是消防队，我看到消防车的驾驶舱里有几个年轻的孩子，他们穿着红色的消防服在里面说笑。还有一个远远地跑过来，赶上他们。然后，车从院子里开出来。空荡荡的院子，在路灯下显得光明而盛大，一棵更为优雅的老槐树，像一大片墨绿色的瀑布，沐浴在金黄色的灯光里。

那幢灰色的我暂时工作的庄严的大楼，院子里有我喜欢的那棵矮矮的紫薇花。在电梯口的走廊里，总有一个人坐在那里值班。上午是一个三十多岁的男人。下午则是一个更年轻的小伙子。他坐在那里，面前只有一个桌子。手里什么都没有。后来，我渐渐地学会了同他们打招呼。他们似乎感到很愉快，我自己也有一丝愉快。和我一组的新同事，正在自己的房间里看足球，他干干净净，眼角朝下，平静和低调，像我用契诃夫打发其余的时光，他背来了黄永年关于艺术史的书。

已经没有什么事情值得我匆忙地往前赶，好像一棵看起来青葱的树木已经长出了树洞，并且被表面很坚固曲折的黑褐色树皮给掩盖。但当到了风雨交加的夜晚，树洞就开始渗进雨水。我还学会了临帖，大半夜爬起来，把单位宿舍的两张桌子拼起来，然后放上《张黑女墓志铭》，凭借过去父亲在灰色的水泥地上教我的几个笔法。我反复地练习着，直到恍惚间满屋子米黄色的草纸麦田那样铺陈，直到二十多层楼的窗外淡紫色的夜空转亮，橙红的朝阳从那个长满脚手架、如同缠满了绷带的怪物一样的叮叮当当的建筑头顶升起。后来，我甚至搬出了集体宿舍，消耗掉工资租房，然后买来颜料，找到了灰暗而充满艺术气息的 19 世纪那个短命鬼，那个从头到尾的失败者和苦瓜梵高。我临摹他的每一幅画。他笨拙和捉襟见肘的线条，他狂暴和神经质的油彩。他一会儿像圣徒那样虔诚地画一个母亲和摇篮里的孩子，一会儿像基督那样画一个女人满是赘肉、备受生活摧残的身体。我临摹那幅在泥泞中行走的夫妻，那幅在春天的气息中播种的没有面容的男人、他的椅子和插着桃花还是杏花的水杯。他像一个孩子或者圣徒那样临摹米勒，像学着大人的情怀和步伐，高尚地蹒跚地行走着。这个失败者从前辈米勒那里找到了一种黎明般的悲悯的灰暗光辉。这光辉一层一层地叠加着没有意义的广大、虚无，这美只有人间才会有，又是那样地和死亡接近。然后，从梵高到毕沙罗的轻柔、莫奈编织的带有中亚气质的毛毯、德加流连于流莺女性的速写、高更的丰乳肥臀……这是我在这个城市存在的唯一必要。

深秋。依旧是霾。依旧是树。没有叶。没有花。一种安心的温柔。朦胧。怪异。病态美。就像在某种腐殖质上生长。不悲不喜，连同人也如同静止的物质，像窗户或瓦片。夜晚，《海鸥》。立陶宛演员，干练，干净，由身体联接契诃夫的语言，自然又充满表现力。三个小时。好几次，我哭了起来。他的无力、病态，失神，就像一个干瘪的狄奥尼索斯，莫名让人渴望圆润的内在焕发。结束的时候，我将身上唯一无用的钥匙链上的无尾小熊扯下来，跑上台，送给谢幕的他们。离我最近的小伙子，那个刚刚自杀的“特里波列夫”，他的失败给人震撼。我热情而笨拙地转身，尴尬地走下来。这时，焦虑的保安迎上来，走向我，眼神充满了惊恐和责备：没有安排你不能上去。散场后，已经快十一点，我激动地在公交站台来回徘徊。深夜里，我翻来覆去没有睡好。过去读的剧本里的边边角角，因为他们的演出，纷纷立体起来。就好像契诃夫亲自过来跟我说了一次他的戏。我终于明白了为什么妮娜要坐在一块大石头上，发表她关于“宇宙灵魂”的演说。一种感动涌上心头。

冬季。一个月夜，我和朋友沿着北京的小街走着，在一个商场背后看到了闪烁着霓虹灯的俄罗斯餐厅。这是一间半地下室。闹哄哄。许多饭桌簇拥着中间一个吧台。上面挂满了各种各样的酒。我听到有人在唱歌。一个高大的老人拉着手风琴，另外几个更为高大的人在唱。他们声音高亢嘹亮，男人穿着西装，女人穿着长裙，浓妆。歌队不时转移到不同的桌面，有些机械，据说这些人都是基辅和俄罗斯有名的歌唱家，因为经济不景气，来到这里唱歌。我们点了红菜汤、凉菜、黑啤酒、砂锅牛肉和深海鱼，以及面包、冰淇淋。我们喝着黑啤，看着别的在这里闹哄哄的顾客，他们有的也身材高大，也许俄罗斯是他们曾经留学和生活的地方。

昏暗的灯光中，我看到了墙上画着粗劣的海岸风景的油画。

渐渐地，吃饭的人都走得差不多了。还剩下几个寥落的客人。歌队也慢慢停歇下来。没过多久，一个小个子的中年男人带着他的老风琴手走过来。他带着抒情的手势唱着歌曲，坦率而忧伤。我想起契诃夫在小说中描写过的无数会唱歌的男人和女人。靠近唱歌的男人的几个食客开始朝他拍照。男人唱歌的声音突然微弱下来，失去了抒情，但坚持到了最后。

我终于意识到这是一个 19 世纪远去的时代，墙上异域的太阳底下的海风和这个城市里的味道都是相似的：粗糙的被涂抹的自然，粗糙的现代化。就像本雅明笔下保罗利克的“新天使”所观望的灰暗的世界。这真相令人感到莫名痛快。

未来。暴雨无休止地下了好几天，在暴雨中，我常常有一种怪异的孤独感，自然以一种完全暴力的、温柔的方式穿透你，融化你，让你意识到你不过是一片树叶，一个刺猬，一个井底之蛙，树丛中的一只飞鸟。你无法再被文明包装，自然没有时间，对渺小的人类来说，它们既是过去，也是未来。自然轰鸣的信号让我们意识到自身的脆弱，让我们退回云雾，退回雨雪，退回海洋。当然，也退回未来。在暴雨的清晨，我想起“樱桃园”在清脆而沉闷的“丁丁”伐木声中渐渐陨落。伐木的声音，仿佛是心灵面向未来舞台时等待帷幕揭开的计时器。

契诃夫提醒人们将眼下和未来充分连接，提醒此刻的讲述和行动都能够引起未来的震颤，如他在《大学生》中所说的那样。因此，每个人也活在自己的未来之中。

傍晚的马路，我前面走着一个穿连衣裙的女人，她整洁、肃穆，一丝不苟。她手里拎着两个包子，包子被透明的塑料袋认真地包裹着，然后，她停在一辆共享单车旁边，将包子放在黄色的车篮里。她认真地在现在活着，也活在自己整饬的未来当中。

从未来马路到未来商场，全是未来人。每上一层电梯，我都要环绕半个楼层的商铺，我在二楼看到了虚拟的太空穿梭机，一对父母对面坐着一个头上戴着 VR 的孩子，他的软而大的座位上摆设着各种操纵杆，他的右侧是父母都能检测观察的虚拟空间。他们的儿子，正穿越着时空，同时避开各种障碍物，险峻中翱翔。

因为疫情，饭铺里只能容纳一半的顾客。我一边等待一边东张西望，电梯旁的角落里有几张黑色按摩椅。我坐上去，按摩椅的右侧立即有了一个声音，她说，请您坐好。她先对我的身体结构进行摸底，然后像一个盲人一样，从小腿肚一直到脖颈、头皮。我躺在那里，望着商场的天花板，身边是走来走去的人。一种藏匿和惊险感共存：人和次元类的人，看似相处愉快，欲言又止。

过去未来解构了，自我与他者之间的信任也解构了。在充满凶险的未来，也就是现在，人们不过是在不断考虑换一种方式应对自身。

契诃夫面对自然、科学时，他会将人的心灵置于其中，与周遭的世界共同呼吸、领会。契诃夫在文学中相对削弱了现实的道德重负，增添了许多抽象的痛苦，即渺小的人与永恒的自然之间的矛盾带来的痛苦。他的很多故事里都暗暗地探索了未来，只不过常常以一种稳定甚至静止的方式。一直到晚年，契诃夫都没有放弃对未来的评价和想象。他在《三姊妹》中借助屠森巴赫之口说："有什么呢？我们过后会有人坐在气球上飞翔，衣服会变样子，也许，人们还会发现第六感官，并使它发展起来，但生活仍然会是老样子的、艰辛的充满神秘和幸福的生活。"[①] 他一方面希冀未来，另一方面，他又坚信人类的精神内部有一种稳定的必须面临的挑战。就像对待未来的想象方面，尽管，科幻小说被冠上时空错乱、心理变现、生死穿越、平行世界的假说，但无论如何，这些形式也不过以一种重复、变形的方式，复归当下人类的情感和道德。因此，除了生命时间的奔驰，还有什么罔顾当下而急切和渴望的未来事物吗？

契诃夫曾经在写给苏沃林的信中说："我不能为我的病负责，也不能医好我的病，因为我们必须假定，这种病自有一种潜藏着为我们不知道的好目标，上帝不是白白把它送到我们这儿来的……"[②] 他终于以一种一遍遍书写这种"疾病"的方式告

---

① 格罗莫夫：《契诃夫传》，第 440 页。

② 1892 年 11 月 25 日致苏沃林，《契诃夫文集》第 15 卷，第 265 页。

别了那个时代和他自己，它像一层鬼魅的暗影一样，尾随着过渡时期或精神生活艰难时期的人们。

契诃夫一生总像一个贪婪的农人那样购买土地和别墅，亲自修缮和种植。他认为自己是没有信仰的修士：安静、沉静、离群索居。如果从一个凡人的角度考虑，契诃夫是一个缺少激情的人；但是从僧侣或修士的角度，他又对尘世生活中的痛苦和欢愉太过着迷。他一边在文学中雕塑着人类心灵的欢欣和病苦，就像一个带有象征风格的装置艺术家那样，以这种心灵雕塑的方式探索着人类内在的奇观和边界；另一边，他又殚精竭虑、身体力行地为污浊、肮脏、丑陋的一切贡献启蒙、洁净与美好。他不相信一切，但也希冀一切。他内心似乎常常病患于虚无，在行动上却竭尽所能。这是一种多么强大的自持与平衡的能量。

契诃夫的文学，完全的巨大的存在，将我围追堵截在很多个昏暗的夜晚，它恰到好处地将我的躯壳保护在这样一个有限的范围之内，我借助他的影子摆脱了孤独和恐惧，并且相信这个影子也曾经在白天这样明媚地活着：那些苹果花，那些森林，树木，那一百多种玫瑰、铃兰，那庭院里黑色的小狗和兀自展翅的白鹤……都仿佛就在目前晃动。继而是心灵，日复一日的麻木，梦幻的明媚瞬间坍塌，生活的蛛网再次暗结，我重又必须与它决斗，在暴风雨中屹立。最后以回望的尊严面对废墟。……

有趣的是，只要你愿意，任何一个时代，都可以被称作“过渡时代”。

参考文献

契诃夫:《契诃夫文集》，汝龙译，上海译文出版社，1999 年。
——《契诃夫小说全集》，汝龙译，人民文学出版社，2016 年。
——《契诃夫戏剧全集》，焦菊隐等译，上海译文出版社，2014 年。
——《契诃夫独幕剧集：从小说到剧本》，童道明、童宁译，线装书局，2014 年。
——《契诃夫文集》，汝龙译，人民文学出版社，2020 年。
——《契诃夫手记》，贾植芳译，湖南文艺出版社，2006 年。
——《契诃夫论文学》，汝龙译，东方出版社，2021 年。
——《萨哈林旅行记》，刁绍华、姜长斌译，黑龙江人民出版社，1980 年。
——《坏孩子和别的奇闻》，鲁迅译，三闲书屋，1935 年。
——《樱桃园》，《契诃夫戏剧全集》，焦菊隐译，上海译文出版社，2018 年。
——《万尼亚舅舅》，焦菊隐译，上海译文出版社，2024 年。
——《没有父亲的人》，童道明译，上海译文出版社，2024 年。
契诃夫、高尔基:《契诃夫高尔基通信集》，新文艺出版社，适夷译，1954 年。
列夫・托尔斯泰:《列夫・托尔斯泰文集》，冯增义等译，人民文学出版社，2013 年。
——《人生论》，许海燕译，商务印书馆，2023 年。
——《忏悔录》，《托尔斯泰文集》第 15 卷，冯增义译，人民文学出版社，2013 年。
——《列夫・托尔斯泰文集》，陈燊等译，人民文学出版社，2013 年。
——《列夫・托尔斯泰文集》，陈馥等译，人民文学出版社，2000 年。
——《列夫・托尔斯泰论创作》，戴启篁译，漓江出版社，1982 年。

弗拉基米尔·纳博科夫:《俄罗斯文学讲稿》，丁骏、王建开译，上海三联书店，2015 年。
德·斯·米尔斯基:《俄国文学史》，刘文飞译，人民出版社，2013 年。
满涛编著:《契诃夫画传》，上海人民美术出版社，1957 年。
叶尔米洛夫:《契诃夫传》，张守慎译，人民文学出版社，1960 年。
亨利·特罗亚:《契诃夫传》，侯贵信等译，世界知识出版社，1992 年。
童道明:《契诃夫传》，线装书局，2014 年。
童道明译著:《爱的故事：契诃夫和米奇诺娃》，中国人民大学出版社，2014 年。
伊莱娜·内米洛夫斯基:《契诃夫的一生》，陈剑译，人民文学出版社，2018 年。
米哈伊尔·彼得洛维奇·格罗莫夫:《契诃夫传》，郑文樾等译，上海译文出版社，2022 年。
唐纳德·雷菲尔德:《契诃夫传》，徐菡译，浙江大学出版社，2023 年。
鲍里斯·扎伊采夫:《契诃夫传》，刘溪译，广西师范大学出版社，2023 年。
格·彼·别尔德尼科夫:《契诃夫传》，陈玉增等译，黑龙江人民出版社，1988 年。
帕佩尔内:《契诃夫怎样写作》，朱逸森译，上海译文出版社，1991 年。
格·彼·别尔德尼科夫:《契诃夫传》，陈玉增等译，黑龙江人民出版社，1988 年。
玛丽雅·巴甫洛芙娜·契诃娃:《遥远的过去：我的哥哥契诃夫》，史永利译，中央编译出版社，2011 年。
玛·契诃娃:《给契诃夫的信》，王金陵译，人民文学出版社，1963 年。
谢·尼·戈鲁勃夫等:《同时代人回忆契诃夫》，倪亮等译，广西师大出版社，2016 年。
马克西姆·高尔基:《文学写照》，人民文学出版社，1959 年。
帕佩尔内:《契诃夫怎样创作》，朱逸森译，上海译文出版社，1991 年。
安·屠尔科夫:《安·巴·契诃夫和他的时代》，朱逸森译，中国社会科学出版社，1984 年。
B. B. 津科夫斯基:《俄罗斯思想家与欧洲》，徐文静译，上海三联书店，2016 年。
尼·亚·别尔嘉耶夫:《俄罗斯的命运》，汪剑钊译，云南人民出版社，1999 年。
——《自我认识——思想自传》，雷永生译，广西师范大学出版社，2001 年。
——《别尔嘉耶夫集》，汪剑钊译，上海远东出版社，2004 年。
——《路标：论俄国知识分子文集》，徐凤林、张百春等译，西苑出版社，

2023 年。
列夫·舍斯托夫:《开端与终结》,方珊译,商务印书馆,2023 年。
德米特里·谢尔盖耶维奇·梅列日科夫斯基:《先知》,赵桂莲译,东方出版社,2000 年。
莫里斯·梅特林克:《玛兰公主:梅特林克剧作选》,管震湖、李胥森译,湖南人民出版社,1985 年。
智量等:《俄国文学与中国》,华东师范大学出版社,1991 年。
徐乐:《契诃夫的创作与俄国思想的现代意义》,中国社会科学出版社,2018 年。
理查德·派普斯:《旧制度下的俄国》,郝葵译,民主与建设出版社,2023 年。
尼·洛斯基:《俄国哲学史》,徐凤林译,浙江人民出版社,1998 年。
伍尔夫:《普通读者》,瞿世镜译,上海译文出版社,2022 年。
詹姆斯·伍德:《破格:论文学与信仰》,黄远帆译,北京联合出版公司,2024 年。
左拉:《杰作——一部关于塞尚的小说》,冷杉、冷枞译,金城出版社,2014 年。
D. H. 劳伦斯:《意大利的黄昏》,刘志刚译,上海译文出版社,2015 年。
毛姆:《毛姆读书心得》,刘文荣译,文汇出版社,2011 年。
埃米尔·米歇尔·齐奥朗:《在绝望之巅》,唐江译,北京联合出版公司,2022 年。
季娜伊达·吉皮乌斯:《往事如昨——吉皮乌斯回忆录》,郑体武、岳永红译,学林出版社,1998 年。
贾东海、孙振玉主编:《世界民族学史》,宁夏人民出版社,1995 年。
杰夫·戴尔:《一怒之下:与 D. H. 劳伦斯搏斗》,叶芽译,浙江文艺出版社,2016 年。
谢默斯·希尼:《希尼诗文集》,马永波、吴德安等译,作家出版社,2001 年。
艾里希·弗洛姆:《逃避自由》,刘林海译,上海译文出版社,2015 年。
鲁迅:《鲁迅全集》,人民文学出版社,1981 年。
鲁迅博物馆:《鲁迅译文全集》,福建教育出版社,2008 年。
乔治·斯坦纳:《人文素养》(1963),《语言与沉默》,李小均译,上海人民出版社,2013 年。

——《托尔斯泰或陀思妥耶夫斯基》，严忠志译，浙江大学出版社，2011 年。

孔朝晖：《火车上的安娜：19—20 世纪俄罗斯文学城乡叙事的现代性》，生活 · 读书 · 新知三联书店，2023 年。

George Saunders, *A Swim in a Pond in the Rain: In Which Four Russians Give a Master Class on Writing, Reading, and Life*, Random House，2021.